O tempo da política

Coleção
HISTÓRIA & HISTORIOGRAFIA

Elías Palti

O tempo da política
O século XIX reconsiderado

TRADUÇÃO
Rômulo Monte Alto

autêntica

Copyright © Siglo XXI Editores Argentina, 2016

Título original: *El tiempo de la política: el siglo XIX reconsiderado*

Todos os direitos reservados pela Autêntica Editora Ltda. Nenhuma parte desta publicação poderá ser reproduzida, seja por meios mecânicos, eletrônicos, seja via cópia xerográfica, sem a autorização prévia da Editora.

COORDENADORA DA COLEÇÃO HISTÓRIA E HISTORIOGRAFIA
Eliana de Freitas Dutra

EDITORA RESPONSÁVEL
Rejane Dias

EDITORA ASSISTENTE
Cecília Martins

REVISÃO
Luiza Mançano

PROJETO GRÁFICO
Diogo Droschi

CAPA
Alberto Bittencourt (Sobre tela de Julio Ruelas, Magnolia, 1900. Museu Nacional de Arte/ Wikimedia Commons)

DIAGRAMAÇÃO
Larissa Carvalho Mazzoni

Dados Internacionais de Catalogação na Publicação (CIP)
(Câmara Brasileira do Livro, SP, Brasil)

Palti, Elías
   O tempo da política : o século XIX reconsiderado / Elías Palti ; tradução de Rômulo Monte Alto. -- 1.ed. -- Belo Horizonte : Autêntica, 2020. -- (Coleção História e Historiografia / coordenação Eliana de Freitas Dutra)

   Título original: El tiempo de la política : el siglo XIX reconsiderado
   Bibliografia.
   ISBN 978-85-513-0800-4

   1. América Latina - História - Filosofia 2. América Latina - Historiografia 3. América Latina - Política e governo - Século 19 4. América Latina - Política e governo - Século 19 - Historiografia 5. América Latina - Vida intelectual - Século 19 I. Dutra, Eliana de Freitas . II. Título. III. Série.

20-33317   CDD-320.09

Índices para catálogo sistemático:
1. Política : História   320.09

Cibele Maria Dias - Bibliotecária - CRB-8/9427

Belo Horizonte
Rua Carlos Turner, 420
Silveira . 31140-520
Belo Horizonte . MG
Tel.: (55 31) 3465 4500

São Paulo
Av. Paulista, 2.073, Conjunto Nacional, Horsa I
23º andar . Conj. 2310-2312
Cerqueira César . 01311-940 São Paulo . SP
Tel.: (55 11) 3034 4468

www.grupoautentica.com.br

*Para quem continua sonhando
e lutando para que o pesadelo não o alcance.*

SUMÁRIO

Prólogo 9

Introdução
Ideias, teleologismo e revisionismo
na História político-intelectual latino-americana 17

Capítulo 1
Historicismo / Organicismo / Poder constituinte 49

Capítulo 2
Povo / Nação / Soberania 87

Capítulo 3
Opinião pública / Razão / Vontade geral 137

Capítulo 4
Representação / Sociedade civil / Democracia 173

Conclusão
A História político-intelectual como História de problemas 209

Apêndice
Lugares e não lugares das ideias na América Latina 223

Referências 267

Agradecimentos 281

Prólogo

> *Ter colado em mim uma linguagem da qual imaginam que nunca poderei me servir sem me confessar de sua tribo, a bela astúcia. Mas vou dar um jeito nela para eles, na sua algaravia.*
>
> Samuel Beckett, O *inominável*

Em *Many Méxicos* [Muitos Méxicos] (1966), Lesley Byrd Simpson relata as honrosas cerimônias fúnebres que a perna de Santa Anna, amputada por uma bala de canhão, recebeu. Anos mais tarde, ela seria desenterrada e arrastada por toda a cidade durante um protesto popular. "É difícil encontrar o fio da razão através da geração que veio após a independência", conclui Simpson.[1] O século XIX sempre pareceu, com efeito, um período estranho, povoado por acontecimentos anômalos e personagens grotescos, por caudilhismos e anarquia. Nesse cenário caótico e irregular, torna-se difícil, sem dúvida, "encontrar o fio da razão", entender as controvérsias que, então, agitaram a cena local. Para Simpson, o fato de que homens e mulheres tenham se apegado a condutas e ideias tão incompatíveis com os ideais modernos de democracia representativa que eles mesmos haviam consagrado somente podia ser explicado por fatores psicológicos ou culturais (a ambição e a ignorância dos caudilhos, a imprudência e frivolidade das classes altas, etc.).

Por trás dessa explicação, no entanto, aparece uma suposição implícita, não articulada, que é o da perfeita transparência e racionalidade de tais ideais. Assim, o que ela perde de vista é,

---

[1] SIMPSON, 1966, p. 230.

precisamente, o ponto em que radica o verdadeiro interesse histórico desse período. O século XIX seria um momento de refundação e incerteza, no qual tudo estava por ser feito e nada era certo e estável. Com as ideias e as instituições tradicionais caindo por terra, um novo horizonte se abriria vasto e incerto. O sentido desses novos valores e práticas a serem seguidos era algo que somente poderia ser decidido num terreno estritamente político.

Isto que, visto em retrospecto – sob a perspectiva de nossa política estatizada – parece insondável, não é nada mais que esse momento em que a vida comunal vai se recolher à instância de sua instituição, momento em que a política, no sentido forte do termo, emerge abarcando todos os aspectos da existência social. Esse será, enfim, *o tempo da política*.

Para descobrir as razões particulares que o atravessam é necessário, no entanto, abandonar nossas certezas presentes, colocar entre parênteses nossas ideias e nossos valores, e adentrar o universo conceitual no qual a crise da Independência e o posterior processo de construção de novos Estados nacionais se deram. A análise dos modos através dos quais haverá de se definir e redefinir, ao longo deste universo conceitual, o sentido das categorias políticas fundamentais – como representação, soberania, etc. –, assim como a série de debates que se produziu em torno delas naqueles anos, servirá para nos introduzir nesse rico e complexo entramado de problemáticas que subjaz em seu caos manifesto.

Linguagens políticas e História

A importância que a História intelectual assumiu nos últimos anos torna desnecessário justificar um estudo focado na linguagem política. De maneira lenta, porém constante, a necessidade de problematizar os usos da linguagem foi se difundindo, numa área tradicionalmente resistente a fazê-lo. Um primeiro impulso provém das próprias exigências de rigor nela enraizadas: é paradoxal observar que pesquisadores zelosos da precisão de seus dados, porém pouco inclinados a questionar os conceitos, cujo sentido imaginam que seja perfeitamente expressável na língua natural e transparente para qualquer falante nativo, utilizem os conceitos com pouco rigor, atribuindo a alguns autores, com frequência, ideias que não correspondem a seu tempo. Este último caso poderia ser evitado, em grande medida, apenas com uma consulta a um dicionário histórico. No entanto, existe uma segunda questão, intimamente relacionada com o ressurgimento recente da História intelectual, muito mais complicada de resolver.

De acordo com o que se imagina, o estudo dos usos da linguagem é necessário não apenas para a finalidade de se conseguir um maior rigor conceitual, mas também por sua relevância intrínseca. A análise de como foram sendo reformuladas as linguagens políticas, ao longo de um determinado período, oferece elementos para entender aspectos históricos mais gerais, cuja importância excede inclusive o marco específico da própria disciplina. Como assinalava Raymond Williams no prólogo a seu livro *Keywords* [Palavras-chave] (1976):

> Evidentemente, nem todos os temas podem ser compreendidos mediante a análise das palavras. Pelo contrário, a maior parte das questões sociais e intelectuais, incluindo o desenvolvimento gradual das controvérsias e conflitos mais explícitos, persistem dentro e mais além da análise linguística. No entanto, muitas delas, isso descobri, não podiam ser realmente apreendidas e algumas, creio, nem mesmo ser analisadas, a menos que sejamos conscientes das palavras como elementos.[2]

Segundo assinalava Williams, no entanto, um dicionário se torna completamente insuficiente para revelar o sentido histórico de uma mudança semântica. A análise de qualquer termo ou qualquer categoria particular, por mais profunda e sutil que seja, seria insuficiente para descobrir a significação histórica das reconfigurações conceituais observadas. Para isso, dizia Williams, não é necessário transcender a instância linguística, mas reconstruir um campo completo de significações. Ele afirmava que seu texto *Keywords*

---

[2] WILLIAMS, 1983, p. 15-16.

não deveria ser tomado como um dicionário ou glossário, mas como "o registro da interrogação num *vocabulário*".[3] "O objetivo intrínseco de seu livro", assegurava, "é enfatizar as interconexões".

Não obstante, tal projeto sofrerá, no curso de sua realização, uma inflexão fundamental. Segundo suas palavras, seu procedimento original tomava como unidade de análise "grupos [*clusters*], conjuntos particulares de palavras que em determinado momento aparecem articulando referências inter-relacionadas".[4] Apesar de não ter abandonado esse projeto inicial, obstáculos metodológicos intransponíveis obrigaram a alterá-lo, recaindo num formato mais tradicional.[5] Na verdade, Williams ainda carecia do instrumental conceitual para abordar as linguagens políticas como tais. Nos anos imediatamente posteriores à publicação de *Keywords*, distintos autores, entre os quais se destacam as figuras de J. G. A. Pocock, Quentin Skinner e Reinhart Koselleck, ainda que partindo de perspectivas e enfoques bem diferentes, iriam encarar sistematicamente a tarefa de prover as ferramentas necessárias para isso, fazendo o trânsito da antiga História das ideias para a chamada "nova História intelectual".

Apoiando-se nesses novos marcos teóricos, o presente estudo procura retomar o projeto original de Williams, aplicado, neste caso, ao século XIX latino-americano. Assim, o que se pretende não é a construção de um dicionário, dado que não resulta, de nenhum modo, suficientemente compreensivo ou sistemático, mas é, ao mesmo tempo, algo mais do que um dicionário; trata-se de um trabalho de *História intelectual*. O que fazemos aqui não é traçar todas as mudanças semânticas sofridas pelos termos ao longo do período em questão, mas tentar reconstruir as *linguagens políticas*. As diversas categorias que tensionam seu desenvolvimento não devem

---

[3] WILLIAMS, 1983, p. 15.
[4] WILLIAMS, 1983, p. 22.
[5] Quentin Skinner questionaria isso posteriormente. Ele afirmava: "Continuo acreditando que não é possível existir histórias de conceitos como tais" (SKINNER, 1988a, p. 283). Para uma crítica específica de *Keywords*, de Raymond Williams, ver Skinner (2002).

ser tomadas como se cada uma remetesse a um objeto diverso, mas como distintas entradas a uma mesma realidade, como instâncias através das quais circundarm aquele núcleo comum que subjaz a elas e, que, no entanto, não podem ser penetradas diretamente sem transitar antes pelos infinitos meandros através dos quais se manifesta, incluídos os eventuais extravios aos quais todo uso público das linguagens se encontra inevitavelmente submetido. Somente tomadas em seu conjunto, no jogo de suas inter-relações e defasagens recíprocas, é que serão reveladas a natureza e o sentido das profundas mudanças conceituais ocorridas ao longo do século analisado.

Encontramos aqui a primeira das marcas que diferencia a chamada "nova História intelectual" da velha tradição da História das "ideias". Esta última supõe uma redefinição fundamental de seu objeto. Uma linguagem política não é um conjunto de ideias ou conceitos, mas um modo característico de produzi-los. Para reconstruir a linguagem política de um período não basta, assim, analisar as mudanças de sentido sofridas pelas diversas categorias, mas penetrar na lógica que as articula, entender como se recompõe o sistema de suas relações recíprocas. Certamente, essa não será a única diferença entre História intelectual e História das ideias. Dela derivam uma série de reformulações teóricas e metodológicas fundamentais, as quais, de forma ideal, abririam o horizonte a uma perspectiva muito distinta e mais complexa dos processos histórico-conceituais. Tais diferenças, espero, serão reveladas ao longo do presente estudo.

O revisionismo histórico reconsiderado

Em todo caso, é importante assinalar, esta não é uma empresa inaudita na região. Algumas obras bem conhecidas já avançaram em muitas das direções que aqui são exploradas. O ponto de referência obrigatório parte dos trabalhos do recentemente falecido François-Xavier Guerra. Ele é o responsável pelo impulso inicial dado à historiografia político-intelectual latino-americana, demonstrando a importância da análise da dimensão simbólica na compreensão dos fatos históricos. Desse modo, assegurou, com uma base nova, o que, especialmente no México, é conhecido há alguns anos como uma nova corrente de "estudos revisionistas" (a qual encontraria seu ponto de partida na obra de outro grande autor recente, Charles Hale).

O que vem a seguir, como veremos, dá continuação e discute, ao mesmo tempo, os enfoques e perspectivas de Guerra. Conforme se busca demonstrar, não será em sua "tese revisionista" o local em que radicará o fundamental de seu aporte à historiografia latino-americana. Pelo contrário, seu alegado "revisionismo", na verdade, impede um melhor conhecimento de sua análise histórica, bloqueando muitas das possíveis linhas de pesquisa às quais se abrem, conspirando inclusive contra seu próprio objeto, que é desmantelar as perspectivas dominantes da História político-intelectual latino-americana, de caráter altamente teleológico.

Na realidade, partindo novamente do caso mexicano – que de fato se converteu numa espécie de referência para o resto da região – cabe dizer que ficou muito difícil, hoje em dia, saber exatamente o que se entende por "revisionismo". Quase todos os trabalhos históricos atuais produzidos naquele país – excessivamente desiguais entre si para poder juntá-los numa única categoria – incluídos os escritos anteriores deste que escreve, costumam ser definidos desse modo. O termo se tornou, entretanto, uma espécie de senha, mediante a qual simplesmente se constataria a suposta atualidade e validade acadêmica do texto em questão, livre do teologismo e nacionalismo que impregnaram a antiga historiografia liberal. Se por um lado é impossível definir de modo preciso esse "revisionismo histórico",[6] por outro, podemos descobrir certas tendências mais gerais que o distanciam daquelas perspectivas tradicionais que viria a questionar. Segundo afirma Rafael Rojas em *La escritura da Independência* (2003),

> Se a imagem é apenas de "caos", "instabilidade", "caudilhismo", "anarquia" [...], o enfoque se acerca ao modelo

---

[6] O uso desse termo toma certa distância da forma como é usado em outros países, como na Argentina. Sobre o revisionismo histórico argentino, ver Quatrocchi-Woisson (1995); Donghi (1996).

liberal clássico, concebido na República Restaurada e no Porfiriato, sendo renovado na etapa pós-revolucionária. Por outro lado, se o valor da forma jurídica do antigo regime e sua ativação pós-colonial é reconhecido, o enfoque já se inscreve na corrente revisionista que tem predominado no campo acadêmico durante as últimas décadas.[7]

Assim entendido, o presente estudo não poderia ser considerado como "revisionista", apesar de que também não aparece necessariamente como "antirrevisionista" ou "liberal". Da perspectiva da qual partimos, a pergunta sobre as continuidades e as mudanças na História se encontraria ali simplesmente mal colocada. De fato, também não se poderia dizer que entre ambas as perspectivas alegadamente opostas (a "liberal" e "revisionista") exista na verdade alguma contradição; a imagem de "caos", "instabilidade", "caudilhismo", "anarquia", que definiria o enfoque liberal, não é somente incompatível, como se desvincula, justamente, da crença supostamente "revisionista", porém igualmente compartilhada pela historiografia liberal, na persistência de formas institucionais e ideias provenientes do antigo regime.

Seja como for, segundo veremos, não será por ali que ocorrerá a renovação que, desde alguns anos, vem reconfigurando profundamente o campo da História político-intelectual latino-americana (na verdade, a tese "revisionista" é tão ou mais antiga que o próprio enfoque liberal). Esta tese começa a nos revelar uma imagem bem distinta do século XIX latino-americano, num sentido mais profundo e complexo que o da ideia da permanência de padrões sociais e imaginários tradicionais consegue expressar. Certamente, a análise das linguagens políticas vai nos revelar por que os postulados revisionistas precisam hoje, do mesmo modo que os postulados liberais clássicos, serem igualmente revisados.

[7] ROJAS, 2003, p. 269.

INTRODUÇÃO

Ideias, teleologismo e revisionismo na História político-intelectual latino-americana

> *A ambição de reduzir o conjunto de processos naturais a um pequeno número de leis foi totalmente abandonada. Atualmente, as Ciências naturais descrevem um universo fragmentado, rico em diferenças qualitativas e em potenciais surpresas. Descobrimos que o diálogo racional com a natureza já não significa apenas uma decepcionante observação de um mundo lunar, mas a exploração, sempre opcional e local, de uma natureza cambiante e múltipla.*
>
> Ilya Prigogine e Isabelle Stengers, *La nueva alianza*

Conforme afirma François-Xavier Guerra, a escrita da História na América Latina foi concebida "não como uma atividade universitária, mas como um ato político no sentido etimológico da palavra, o do cidadão defendendo sua *polis* e narrando a epopeia dos heróis que a fundaram".[8] Isso seria particularmente certo para o caso da História das ideias políticas. Somente nos últimos vinte anos é que ela conseguiria se livrar da pressão de demandas externas e estranhas a seu âmbito particular. A crescente profissionalização do meio historiográfico, combinada com o mal-estar generalizado a respeito da velha tradição da História das "ideias", dará lugar à proliferação de algo que, especialmente no México, é chamado de "estudos revisionistas", que buscam superar os relatos maniqueístas

---

[8] GUERRA; OLABARRI, 1989, p. 595.

próprios daquela tradição. Por trás dessa contenda explícita referida aos conteúdos ideológicos, subjaz, no entanto, um deslocamento ainda mais fundamental de ordem epistemológica. Com efeito, a História político-intelectual começará a se distanciar dos velhos e profundamente enraizados moldes teóricos cimentados nessa tradição, para enfocar na análise de como se formaram e se transformaram historicamente as "linguagens políticas". Como veremos, isso vai supor uma verdadeira revolução teórica na disciplina, que terá de reconfigurar completamente seu objeto e seus modos de aproximação a ele, abrindo o terreno para a definição de um novo campo de problemáticas, bem diferentes das que prevaleceram até agora. Em *Modernidad e independencias* (1993), Guerra assinala, nesse sentido, o ponto-chave na historiografia latino-americana recente que servirá aqui como ponto de partida para debater essas novas perspectivas, no sentido das redefinições que são operadas com elas, seus alcances, além dos problemas e desafios que suscitam.[9]

O aparecimento da História das ideias latino-americanas

Vejamos brevemente como a História das "ideias" foi instituída como disciplina acadêmica. O ponto de referência ineludível é o mexicano Leopoldo Zea. Se por um lado seria exagerado afirmar que ele "inventou" a História das ideias na América Latina,[10] por outro, foi ele quem fixou suas pautas metodológicas que, mesmo modificadas, perduram até os dias de hoje, abarcando inclusive as perspectivas de seus próprios críticos. Em sua obra clássica, *El positivismo en México* (1943), ele abordou pela primeira vez, de maneira sistemática, a problemática particular que a escrita das

---

[9] Aqui deixaremos de lado outras obras deste autor e os deslocamentos conceituais observados nelas, a fim de nos concentrarmos neste texto, que consideramos fundamental. Sobre as alterações que seu enfoque historiográfico foi sofrendo, ver Palti (2004, p. 461-483).

[10] Obras como *A filosofia no Brasil* (1876), de Sílvio Romero, ou *La evolución de las ideas argentinas* (1918), de José Ingenieros, o comprovam.

ideias suscita na "periferia" do Ocidente (isto é, nas regiões cujas culturas têm um caráter "derivativo", conforme são denominadas desde então); mais concretamente, ele refletiu sobre o sentido e o objetivo de analisar a obra de pensadores que, segundo se admite, não fizeram nenhuma contribuição para a História das ideias em geral, bem como quais tipos de enfoques são necessários para tornar relevante seu estudo.[11]

Esta perspectiva abre as portas para uma reconfiguração funcional do campo. Desenganados já da possibilidade de que o pensamento latino-americano ocupasse um lugar na História universal das ideias e de que a marginalidade cultural da região fosse algo meramente circunstancial,[12] Zea e sua geração se veriam obrigados a problematizar e redefinir os enfoques precedentes que tomavam como "a luta de um conjunto de ideias contra outro conjunto de ideias". "Numa interpretação desse tipo", dizia Zea, "acabam sem lugar o México e todos os positivistas mexicanos, os quais se tornariam somente pobres intérpretes de uma doutrina para a qual não fizeram nenhum aporte digno da atenção universal" (ZEA, 1943, p. 35). Porém, conforme assinala, se houvesse tais aportes, descobri-los também não seria relevante para a compreensão da cultura local. "O fato de que aqueles que aportassem algo fossem mexicanos não passaria de ser um mero incidente. Estes aportes poderiam ter sido feitos por homens de outros países" (ZEA, 1943, p. 17). Definitivamente, não será de seu vínculo com o "reino do eternamente válido", mas "de sua relação com uma circunstância chamada México" (ZEA, 1943, p. 17), que a história local das ideias toma seu sentido. O que é verdadeiramente relevante já não são

---

[11] Esta problemática, no entanto, seria deslocada em seu pensamento no exato momento em que abraça as doutrinas chamadas "independentistas". Com efeito, nos anos 1960 se produz um giro no pensamento de Zea, cujo título de sua obra escrita em 1969 é ilustrativo: *La filosofía americana como filosofía sin más*. Para um excelente estudo das diversas fases que seu conceito histórico atravessa, ver Medin (1992).

[12] Até então, a debilidade intelectual da América Latina era costumeiramente atribuída a uma "falta de maturidade", à "juventude" das nações latino-americanas, algo que, portanto, seria resolvida – ou ao menos poderia ser –, com o tempo.

as possíveis "contribuições" mexicanas (e latino-americanas) ao pensamento em geral, mas, ao contrário, seus "erros", ou seja, o tipo de refrações que as ideias europeias sofreram quando foram transplantadas para esta região. Zea também especificava a unidade de análise para esta empresa comparativa: os "filosofemas" (um equivalente ao que, naqueles mesmos anos, Arthur Lovejoy começava a definir como "ideias-unidade", definição que lhe permitiu estabelecer a História das ideias como disciplina particular no meio acadêmico anglo-saxão).[13] Conforme assinala, será nos conceitos particulares onde serão registrados os "desvios" de sentido produzidos pelas transferências contextuais. "Ao comparar os filosofemas utilizados por duas ou mais culturas diversas", afirma, "resulta que estes filosofemas, ainda que se apresentem verbalmente como os mesmos, revelam conteúdos já modificados".[14]

Encontramos aqui plenamente definido o desenho básico da aproximação fundada no esquema de "modelos" e "desvios", que ainda hoje predomina na disciplina. Esta resulta de uma tentativa de historicização das ideias, do desejo de arrancar de sua abstração as categorias genéricas nas quais a disciplina se funda, para situá-las em seu contexto particular de enunciação. Quando considerado assim, em suas premissas fundamentais, o projeto de Zea não é tão simples de refutar. Um de seus problemas é que nem sempre se pode distinguir os "aspectos metodológicos" de seu modelo dos seus "aspectos substantivos" (para dizê-lo com as palavras de Hale),[15] algo bem resguardado perante a crítica.[16] A articulação da História das ideias como disciplina particular esteve, no México,

---

[13] Ver Lovejoy (1940, p. 3-23).

[14] ZEA, 1943 p. 24.

[15] HALE, 1971, p. 59-70.

[16] Deste ponto de vista, são perfeitamente justificadas afirmações como as de Alexander Betancourt Mendieta, quando ele afirma que a perspectiva de Zea "acaba impondo à realidade histórica um esquema que foi elaborado *a priori*, forçando a realidade histórica" (MENDIETA, 2001, p. 42). Silvestre Villegas, no entanto, prefere destacar as orientações pluriculturalistas que acredita descobrir na obra desse autor; ver Villegas (1999, p. 727-732).

intimamente associada ao surgimento do movimento *lo mexicano*[17] e sua empresa se veria atada, desde então, à busca do "ser nacional" (que subsequentemente se expande para compreender o "ser latino-americano" em seu conjunto). Existe, no entanto, uma segunda razão que afetou os aportes de Zea; uma menos óbvia, porém muito mais importante. O esquema de "modelos" e "desvios" logo passou a fazer parte do sentido comum dos historiadores das ideias latino-americanas, à custa de que isso pudesse obstruir o fato de que a busca das "refrações locais" não fosse um objeto natural, mas o resultado de um esforço teórico que respondeu a condições históricas e epistemológicas precisas. Convertido numa espécie de pressuposto impensado, cuja validade resultaria imediatamente óbvia, aquilo que constitui seu fundamento metodológico escaparia a toda e qualquer tematização.

As origens do revisionismo histórico

O ponto de partida das novas correntes revisionistas da história político-intelectual mexicana, em particular, e latino-americana em geral, costuma ser encontrado na obra de Charles Hale. Segundo afirma um de seus cultores mais notórios, Fernando Escalante Gonzalbo:

> Antes de que [Hale] se intrometera, era possível contar um conto delicioso, comovedor; aqui tivemos – desde sempre – uma bela e heroica tradição de liberais, que eram democratas, eram nacionalistas, eram republicanos, eram revolucionários e até zapatistas (e eram bons); uma tradição oposta, com um empenho patriótico, à de uma minoria de conservadores: monárquicos, autoritários, estrangeirizantes, positivistas (que eram muito ruins).[18]

O próprio Hale afirmou reiteradamente que sua principal contribuição foi ter arrancado a historiografia local das ideias do plano ideológico subjetivo (do qual, dizia ele, que por ser estrangeiro,

---

[17] Sobre a trajetória desse movimento, ver Hewes (1954, p. 209-222); Schmidt (1978).
[18] GONZALBO, 1991, p. 14.

não participava), para situá-la no solo firme da História objetiva.[19] Como surge da afirmação de Escalante, Hale direcionará sua crítica, na realidade, àquela região que, como vimos, foi a mais errática no enfoque de Zea, seu "aspecto substantivo": uma visão ideológica e maniqueísta articulada sobre a base da antinomia essencial ("um subterrâneo forcejo ontológico", como dizia Edmundo O'Gorman)[20] entre liberalismo e conservadorismo. O primeiro, identificado com os princípios da independência, e o segundo, associado aos intentos de restauração da situação colonial. Desse modo, dizia Hale, Zea ignora que, em sua tentativa de "emancipação mental" da colônia, os liberais mexicanos apenas continuavam a tradição reformista borbônica.[21] Hale extrai dali suas duas teses centrais. A primeira é que entre liberais e conservadores houve menos diferenças do que costumavam acreditar os historiadores das ideias mexicanas. "Por detrás do liberalismo e do conservadorismo políticos", assegura, "existe no pensamento e na ação mexicana alguns pontos de comunicação mais profundos",[22] que estão dados por suas comuns tendências centralistas. A segunda é que esta mescla contraditória entre liberalismo e centralismo, que caracterizou o liberalismo mexicano e latino-americano, não é, no entanto, alheia à tradição liberal europeia. Seguindo a Guido

---

[19] Diante da afirmação de um antropólogo mexicano, seu amigo, de que Hale, como estrangeiro, não conseguiria compreender o pensamento mexicano, o historiador estadunidense respondeu: "cheguei à conclusão, no entanto, de que um estrangeiro não comprometido pode estar melhor capacitado para aportar uma compreensão inovadora de um tópico histórico, tão sensível como o liberalismo mexicano" (HALE, 1968, p. 6). Em um artigo sobre a obra de Zea, o autor insiste na ideia de que "um historiador estrangeiro tem uma oportunidade única. Alheio às considerações patrióticas, ele se encontra livre para identificar as ideias dentro de seu contexto histórico particular" (HALE, 1971, p. 69).

[20] O'GORMAN, 1969, p. 13.

[21] Especificamente em relação a Mora, Hale afirma que "apesar de o programa de Reforma de 1833 ter sido um ataque ao regime de privilégio corporativo herdado da Colônia, dificilmente pode ser considerado uma negação da herança espanhola". De fato, os modelos mais relevantes para Mora eram espanhóis: Carlos III e as Cortes de Cádis (Cf. HALE, 1968, p. 147).

[22] HALE, 1968, p. 8.

de Ruggiero (1981),[23] Hale descobre nela dois "tipos ideais", em permanente conflito, os quais define respectivamente como o "liberalismo burguês" (encarnado em Locke) e o "liberalismo francês" (representado por Rousseau). O primeiro é defensor dos direitos individuais e da descentralização política, enquanto o segundo é fortemente organicista e centralista. Hale afirma que "o conflito interno entre estes dois tipos ideais pode ser encontrado em todas as nações ocidentais".[24] Encontramos aqui a contribuição mais importante de Hale ao estudo da história intelectual mexicana do século XIX. Esta contribuição não reside, como afirma ele, no fato de tê-la arrancado do terreno ideológico para convertê-la numa empresa acadêmica objetiva, mas no fato de tê-la desprovincializado. Como estava familiarizado com os debates que se deram na França sobre a Revolução de 1789, impulsionados pelas correntes neotocquevilleanas surgidas nos anos em que Hale estava fazendo seus estudos doutorais, ele pôde comprovar que a maioria dos dilemas em torno dos quais se debatiam os latino-americanos eram menos idiossincráticos do que eles gostariam de acreditar. Isso lhe permite, em *Mexican Liberalism in the Age of Mora* [Liberalismo mexicano na era de Mora], arrancar de seu marco local os debates relativos às supostas tensões observadas no pensamento liberal mexicano, a fim de situá-las num cenário mais amplo, de projeções atlânticas. Entretanto, é também o momento em que as limitações inerentes à História das ideias se manifestam mais claramente.

Como vimos, por trás dos antagonismos políticos, Hale descobre a ação de padrões culturais que atravessam as diversas correntes ideológicas e épocas, os quais ele identifica com o *ethos hispânico* ("é inegável", diz ele, "que o liberalismo no México tenha sido condicionado pelo tradicional *ethos hispânico*").[25] Este substrato cultural unitário contém, para ele, a resposta que explica as contradições que tensionaram e tensionam a história mexicana (e latino-americana, em geral), dando a elas sentido. Segundo suas palavras:

[23] RUGGIERO, 1981.
[24] HALE, 1968, p. 54-55.
[25] HALE, 1968, p. 304.

> [...] seguindo com a questão da continuidade, podemos encontrar na era de Mora um modelo que ajuda a compreender a deriva recente da política socioeconômica no México que aparece com a revolução [...]. É novamente a inspiração da Espanha do século XIX tardio que prevalece.[26]

Se por um lado a ideia da cultura latino-americana como "tradicionalista", "organicista", "centralista", etc., é uma representação de longa data no imaginário coletivo, tanto latino-americano como norte-americano, na versão de Hale é possível detectar traços mais precisos que provêm da "escola culturalista", iniciada por um de seus mestres na Universidade de Columbia, Richard Morse. As perspectivas de ambos remetem a uma fonte comum, Louis Hartz, sobre a qual discutem ao mesmo tempo. Em *The Liberal Tradition in America* [A tradição liberal na América] (1955), Hartz definiu o que viria a ser a visão estândar da história intelectual norte-americana. Conforme assegura, uma vez trasladado aos Estados Unidos, o liberalismo, na falta de uma aristocracia tradicional que pudesse se opor à sua expansão, perdeu a dinâmica conflituosa que o caracterizava em seu contexto de origem, para se converter numa espécie de mito unificador, uma espécie de "segunda natureza" para os norte-americanos, cumprindo assim, finalmente, naquele país, sua vocação universalista.[27] Em um texto posterior, Hartz amplia seu modelo interpretativo para o conjunto das sociedades surgidas com a expansão europeia. Em cada uma delas, sustenta, a cultura e a tradição política dominante na nação ocupante no momento da conquista acabariam se impondo. Assim, enquanto nos Estados Unidos uma cultura burguesa e liberal se impôs, a América Latina ficou marcada por uma cultura feudal.[28] Morse retoma esse enfoque, mas introduz uma precisão. Segundo ele, como Sánchez Albornoz e outros já haviam demonstrado,[29] na Espanha o feudalismo nunca

---

[26] HALE, 1968, p. 304.

[27] HARTZ, 1955.

[28] HARTZ, 1964, p. 3-23.

[29] ALBORNOZ, 1956, p. 186-187. Marc Bloch também sustentou uma postura análoga em *La sociedad feudal* (México: Unión Tipográfica Editorial, 1979).

se afirmou. A Reconquista havia dado lugar a um impulso centralizador, encarnado em Castela, que, no século XVI, após a derrota das cortes e da nobreza (representantes de tradições democráticas mais antigas), acaba sendo imposto ao conjunto da península e se traslada, uniforme, às colônias. Os habsburgos eram a melhor expressão do absolutismo recente. A Espanha e, por extensão, a América hispânica, seriam assim vítimas de uma modernização precoce. Segundo afirma Morse,

> [...] exatamente porque Espanha e Portugal haviam modernizado prematuramente suas instituições políticas e renovado sua ideologia escolástica no período inicial de construção nacional e expansão ultramarina europeia, é que resistiram às implicações das grandes revoluções e fracassaram em internalizar sua força gerativa.[30]

As sociedades de herança hispânica sempre vão tender a perseverar em seu ser, dado que carecem de um princípio de desenvolvimento imanente. "Uma civilização protestante", afirma Morse, "consegue desenvolver suas energias infinitamente no isolamento, como ocorre nos Estados Unidos. Uma civilização católica estanca quando não está em contato vital com as diversas culturas e tribos humanas".[31] Isso explicaria o fato de que o legado patrimonialista tenha permanecido sem modificações na região até o presente momento, determinando toda evolução subsequente à Conquista. Como afirma um dos membros da escola culturalista de Morse, Howard J. Wiarda, o resultado foi que "em lugar de instituir regimes democráticos, os fundadores da América Latina se preocuparam por preservar as hierarquias sociais e as instituições tradicionais antidemocráticas";[32] "diferentemente das colônias norte-americanas, as colônias latino-americanas se mantiveram essencialmente autoritárias, absolutistas, feudais (no sentido ibérico do termo), patrimonialistas,

---

[30] MORSE, 1989, p. 106. Morse expõe originalmente este ponto de vista em 1964, como contribuição ao livro de Louis Hartz.

[31] MORSE, 1964, p. 177.

[32] WIARDA, 1982, p. 17.

elitistas e orgânico-corporativas".[33] Em *Mexican Liberalism in the Age of Mora,* Hale retoma e discute, por sua vez, a reinterpretação que Morse realiza da perspectiva de Hartz. Apesar de estar de acordo com a afirmação de que na América nunca houve uma tradição política feudal (apesar de ter havido uma sociedade feudal), o autor assegura que as raízes das tendências centralistas presentes no liberalismo local não remetem à herança dos habsburgos, mas à tradição reformista borbônica. Hale desafia, assim, as interpretações culturalistas (indubitavelmente, os bourbons eram bem melhores candidatos como antecedentes do reformismo liberal, do século XVI ao século XVIII, do que os habsburgos), sem se retirar, no entanto, de seus marcos. Ele simplesmente traslada o momento da *origem*, do século XVI ao século XVIII, mantendo seu pressuposto fundamental de que, dado que sempre opera um processo de seleção de ideias estrangeiras, nenhum "empréstimo externo" consegue explicar, por si mesmo, o fracasso ao instituir governos democráticos na região (como assinala Claudio Véliz: "na França e Inglaterra existia uma complexidade [de ideias] suficientemente rica como para satisfazer desde os mais radicais até os mais conservadores na América Latina").[34] Assim, seria preciso buscar sua razão última na própria cultura, nas tradições centralistas locais.[35] Porém, o traslado que Hale realiza do momento originário do liberalismo mexicano, dos habsburgos para os bourbons, leva, no entanto, a desestabilizar esse modo característico de comportamento intelectual desde o momento em que tende, de fato, a expandir o processo de seletividade para a própria tradição; parafraseando Véliz (1980), poderíamos dizer que também nas tradições locais haveria uma complexidade de ideias

---

[33] WIARDA, 1982, p. 10.

[34] VÉLIZ, 1980, p. 170.

[35] "Nem a falta de experiência prévia, nem as ideologias políticas importadas podem explicar o fracasso dos hispano-americanos em estabelecer uma democracia viável, tal como a conhecemos. Pelo contrário, parece que eles escolheram conscientemente implementar um sistema de governo no qual, tanto sua teoria quanto sua prática, tivessem muito em comum com suas tradições" (DEALY, 1982, p. 170).

suficientemente rica para satisfazer a todos, desde os mais radicais até os mais conservadores. A pergunta que a sua afirmação coloca é por que, entre as diversas tradições disponíveis, Mora "escolhe" a borbônica e não a habsburga, por exemplo. A introdução de tal questão inevitavelmente retém as aproximações culturalistas num círculo argumentativo; assim como, segundo afirma Hale, se Mora chegou a Constant, e não a Locke, por influência de Carlos III, também é possível dizer que, inversamente, se Mora viu Carlos III como modelo, e não Felipe II, foi por influência das ideias de Constant. A expansão da ideia de seletividade às próprias tradições revela, em última instância, o fato de que estas não estão simplesmente dadas, mas estão em constante renovação e que somente algumas delas perduram, refuncionalizadas, enquanto outras são esquecidas ou redefinidas. Isso tornaria impossível distinguir até que ponto estas são causa ou, por outro lado, consequência da história política. A relação entre o passado e o presente (entre "tradições" e "ideias") se tornaria um problema, pois já não se saberia qual é o *explanans* e qual o *explanandum*.

Depois da publicação de *Mexican Liberalism in the Age of Mora*, Morse aborda o problema modificando seu ponto de vista anterior, tal como havia sido exposto em sua contribuição ao livro de Hartz, *The Founding of New Societes* [A fundação de novas sociedades] (1964). Ele, na realidade, redescobre algo que já havia assinalado antes, que é a presença, na América Latina, de duas tradições em conflito em sua origem, uma medieval e tomista, representada por Castela, e outra renascentista e maquiavélica, encarnada em Aragão. Se por um lado, afirma Morse, inicialmente o legado tomista se impõe, no final do século XVIII, e especialmente, após a independência, ressurge o substrato renascentista, travando-se um conflito entre ambas as tradições. Deste modo, os hispano-americanos, segundo Morse, "são novamente introduzidos no conflito histórico da Espanha do século XVI, entre a lei natural neotomista e o realismo maquiavélico".[36] Ainda assim, ele insiste em que as ideias

[36] MORSE, 1989, p. 112.

neotomistas seguiriam predominando na região. De fato, este autor afirma que a doutrina maquiavélica só pôde ser assimilada no mundo ibérico na medida em que "foi reelaborada em termos aceitáveis" para a tradição neoescolástica de pensamento herdada.[37] As ideologias reformistas e iluministas se caracterizariam, assim, por seu radical ecletismo, conformando "um mosaico ideológico, em lugar de um sistema".[38] Definitivamente, aqui Morse aplica à própria "hipótese borbônica" o *método genético*, que busca sempre "identificar a matriz histórica subjacente à atitude e ação social".[39] Seguindo tal método, dado que, como Hale mesmo assinala, nenhuma política pode ser explicada por uma pura influência externa, o próprio projeto reformista borbônico deveria, por seu lado, explicar-se a partir das tradições preexistentes.[40] Assim, a lógica do método genético remete sempre a um momento primigênio, que funciona como um *arkh*, o fundamento último infundado. Ao relacionar a oposição entre habsburgos e bourbons a outra anterior e mais antiga, entre castelhanos e aragoneses, a reinterpretação de Morse resgata o método genético do círculo entre tradições e influências, ao qual a proposta de Hale parecia conduzi-lo, porém

---

[37] MORSE, 1989, p. 112.

[38] MORSE, 1989, p. 107

[39] MORSE, 1964, p. 171. "A questão crítica não é tanto a pergunta vazia se a figura intelectual tutelar das Juntas soberanas hispano-americanas de 1809 e 1810, às portas da independência, foi o neotomista Suárez ou o jacobino Rousseau. Se tomamos seriamente a noção de que a América hispânica já havia estabelecido com anterioridade suas bases políticas e institucionais, devemos procurar identificar a matriz de pensamentos e atitudes subjacentes, e não a retórica com a qual esta pode se valer em algum momento dado" (MORSE, 1989, p. 153).

[40] Sem sombra de dúvida, em sua interpretação das raízes do liberalismo de Mora, Hale confere uma dimensão desproporcional a um conjunto de políticas aplicadas nas colônias apenas tardiamente e de modo inconsistente. Como assinala Tulio Halperín Donghi, em sua crítica a *The Centralist Tradition of Latin America*, de Claudio Véliz: "O absolutismo foi, mais do que um regime de contornos definidos no qual toda autoridade emanava de um soberano legislador, uma meta na direção da qual orientavam todos seus esforços de reorganização monárquica, cuja estrutura original estava muito distante desse ideal, e cuja marcha, sempre contrastada, estava destinada a não se completar nunca" (DONGHI, 1987, p. 2).

reforça nele seu caráter essencialista. Em última instância, as explicações culturalistas pressupõem a ideia de "totalidade cultural", de um substrato orgânico de tradições e valores. Todo e qualquer questionamento da existência de tal fundo orgânico converte as explicações em necessariamente instáveis e precárias. No entanto, a afirmação da existência de tais entidades, de algo semelhante a um *ethos hispano*, nunca consegue deixar de ser um mero postulado não demonstrável. Como assinalou Edmundo O'Gorman, que existam países mais ricos e países mais pobres, governos mais democráticos e menos democráticos, etc., são questões que podem ser analisadas e discutidas a partir de bases empíricas. Por outro lado, a afirmação de que isto se deva a alguma espécie de determinação cultural resulta impossível de se comprovar, pois nos conduz a um lugar fora da História, a um terreno ontológico de essências eternas e ideias *a priori*, de "enteléquias".

> É pequena a distância que existe entre caracterizar como "espírito" o que se concebe como "essência". Assim, apesar de seu lugar no devir histórico, a Ibero-América acaba sendo um ente em si ou por natureza "idealista", ao passo que a América do Norte é um ente em si ou por natureza "pragmática". Dois entes, pois, que embora atualizem seu modo de ser na História, serão como enteléquias da potência de suas respectivas essências; dois entes, digamos, que como um centauro e um unicórnio, são históricos, sem realmente sê-lo.[41]

Nada impede a postulação da existência de enteléquias; porém, a História já não tem nada a dizer a respeito. E como dizia Wittgenstein (*Tractus*, proposição 7), "do que não se pode falar, é melhor calar".

---

[41] O'GORMAN, 1977, p. 69. Vale a pena ressaltar que O'Gorman mantém a discussão num terreno que denomina "ontológico". Ele afirma conceber as tendências culturais não como "enteléquias", ou essências dadas de uma vez e para sempre, mas como "projetos vitais", que só se constituem como tais historicamente. Em *A invenção da América* ele fala de "invenção", em oposição a "criação", pois supõe um começo *ex nihilo*. A respeito, ver Hale (2000, p. 11-28).

"Ideias" e "tipos ideais" na América Latina

A pergunta que a História das "ideias" coloca é, por outro lado, como *não* falar da "cultura local", como *não* relacionar as ideias na América Latina a algum suposto substrato cultural que explique o sistema de "desvios" e "distorções locais". A "escola culturalista", como tal, não teve, na verdade, um papel central nos estudos latino-americanos. Basicamente, trata-se de uma tentativa de superar os preconceitos existentes no meio acadêmico norte-americano e compreender a cultura latino-americana "em seus próprios termos",[42] o que, em última instância, apenas reproduz de forma acrítica todos os estereótipos circulantes.[43] Assim, mesmo quando a "escola culturalista" é marginal entre os especialistas, a referência na História das ideias latino-americana às peculiaridades da "cultura local" (que a tornariam contraditórias com os princípios liberais) constitui uma prática universal. Apesar de suas origens "culturalistas", a afirmação de Hale de que "a experiência distintiva do liberalismo latino-americano derivou do fato de que as ideias liberais foram aplicadas [...] num âmbito que era refratário e hostil a elas",[44] parece uma verdade cristalina, transcendendo a escola e se tornando parte do sentido comum na profissão.

Não se trata, no entanto, de uma mera verdade de fato, mas de uma afirmação com fundamentos históricos e epistemológicos precisos. Novamente, como disse Guerra, a interrogação sobre os

---

[42] "Devemos ver a América Latina em seus próprios termos, em seu próprio contexto histórico deixando de lado os preconceitos e o etnocentrismo, as atitudes superiores que constantemente determinam as percepções, especialmente na sociedade política norte-americana, de outros países cujas tradições são peculiares" (WIARDA, 1982, p. 353).

[43] Apesar das denúncias dos "preconceitos dos acadêmicos norte-americanos" (ou, talvez, exatamente por isso), os defensores do enfoque "culturalista" se encontram a tal ponto tão mal protegidos perante os estereótipos a tal ponto que, em sua tentativa de compreender a "peculiaridade latino-americana", Morse chega a dar crédito inclusive aos disparates de Lord Keysserling, como, por exemplo, sua definição da *vontade* como o "princípio original", que informa a cultura latino-americana. Ver Morse (1982, p. 120).

[44] HALE, 1989, p. 368.

descompassos entre a cultura local e os princípios liberais deveria também se tornar matéria de escrutínio.[45] Apesar de seu conteúdo particular (que sempre varia com as circunstâncias históricas), o certo é que tal referência à cultura local vem preencher uma exigência conceitual na disciplina, ocupando um lugar numa determinada grade teórica. As "particularidades latino-americanas" funcionam como esse substrato material objetivo, no qual as próprias formas abstratas dos "tipos ideais" são inscritas e se encarnam historicamente, como aquilo que concretiza as categorias genéricas da História das ideias, tornando relevante seu estudo no contexto local.

Com efeito, dentro dos marcos da História das "ideias", sem "peculiaridades locais", sem "desvios", a análise da evolução das ideias na América Latina perde todo sentido (como dizia Zea, o México e todos os autores mexicanos "acabam sem lugar"). No entanto, parafraseando um dos fundadores da "Escola de Cambridge", J. G. A. Pocock, este procedimento não chega a resgatar o historiador das ideias "da circunstância de que as construções intelectuais que procura controlar não são, de forma alguma, fenômenos históricos, na medida em que foram construídas mediante modos a-históricos de questionamento".[46] Enquanto os "modelos" de pensamento (os "tipos ideais"), considerados em si mesmos, aparecem como perfeitamente consistentes, logicamente integrados e, portanto, definíveis *a priori* – daí que todo o seu "desvio" (o *logos*) só possa ser concebido como sintomático de alguma espécie de *pathos oculto* (uma cultura tradicionalista e uma cultura hierárquica) que o historiador deve redescobrir – as culturas locais, permanentes como substratos (o *ethos* hispânico) são, por definição, essências estáticas. O resultado é uma narrativa pseudo-histórica que conecta duas abstrações.

---

[45] Edmundo O'Gorman rastreia sua origem na crise que ocorreu em meados do século XIX. "A evidência do fracasso levou ao convencimento de que o projeto liberal pretendia edificar um castelo na areia movediça de um gigantesco equívoco: que o princípio ilustrado e moderno da igualdade natural era uma abstração sem fundamento real, produto de uma tradição filosófica da qual precisamente haviam ficado à margem os povos ibero-americanos" (Cf. O'GORMAN, 1977, p. 43).

[46] POCOCK, 1989, p. 11.

Os "tipos culturais", definitivamente, não são mais que a contrapartida necessária dos "tipos ideais", da historiografia das ideias políticas. Isso explica por que não basta questionar as aproximações culturais, a fim de deixar para trás definitivamente os apelos essencialistas à tradição e às culturas locais como princípio último de explicação. Para isso é necessário penetrar e minar os pressupostos epistemológicos nos quais se fundam tais apelos, indagar de maneira crítica aqueles "modelos" que na História das ideias funcionam simplesmente como uma premissa, como algo dado. Isso nos leva a um ponto mais além dos limites da História intelectual latino-americana e nos obriga a confrontar aquilo que constitui um limite inerente à História das "ideias", os "tipos ideais". Aqui também encontramos a limitação da renovação historiográfica de Hale. Se por um lado, como vimos, seu enfoque rompe com o provincialismo da historiografia das ideias locais, a fim de situar as contradições que observa no pensamento liberal mexicano num contexto mais amplo, ele mantém, no entanto, as antinomias próprias da História das "ideias", agora inscritas no seio da própria tradição liberal. Tudo aquilo que foi visto até então como decididamente antiliberal, uma "peculiaridade latino-americana" (o centralismo, o autoritarismo, o organicismo, etc.), passa agora a integrar a definição de um *liberalismo que não verdadeiramente liberal* (o "liberalismo francês"), enfrentado a outro *liberalismo que é autenticamente liberal* (o "liberalismo inglês"). Essa perspectiva, não obstante, logo começaria também a perder seu sustento conceitual.

Formas, conteúdos e usos da linguagem

Nos anos em que Hale publicava *Mexican Liberalism in the Age of Mora* começava a ser demolido,[47] justamente nos Estados Unidos, com *The Ideological Origins of American Revolution* [Origens ideológicas da Revolução Americana] (1967), de Bernard Bailyn,[48] o modelo proposto por Hartz. Como vimos, para Hartz,

---

[47] BAILY, 1992.
[48] BAILY, 1992.

os princípios liberais e democráticos que presidiram a Revolução da Independência encarnavam a cultura política norte-americana. Analisando os panfletos da época, Bailyn, pelo contrário, descobriu no discurso revolucionário daquele país a presença determinante de um universo conceitual que remetia a uma tradição de pensamento muito diferente da liberal, de data mais anterior, à qual definiu genericamente como "humanista cívica". Essa perspectiva se tornou tão popular que o humanismo cívico, posteriormente redefinido por obra de Gordon Wood[49] e J. G. A. Pocock[50] como "republicanismo", terminaria praticamente tomando o lugar do liberalismo como a suposta matriz do pensamento fundacional que identifica o universo das ideias políticas norte-americanas.

Isso levaria a uma problematização das narrativas tradicionais da história das ideias latino-americanas. O debate em torno do "republicanismo" terminaria minando as distintas definições em voga a respeito do liberalismo (e sua delimitação do republicanismo), dando lugar a sucessivas reformulações,[51] das quais nenhuma se encontraria livre de objeções fundamentais. Tais complicações resultam, no entanto, inassimiláveis para a História local das ideias. O esquema clássico dos "modelos" e os "desvios" supõem sistemas de pensamento ("tipos ideais") claramente definidos e delimitados. Desse modo, temos o paradoxo de que serão os historiadores das ideias latino-americanas os únicos que, ao parecer, desfrutam de certa clareza hoje em dia sobre o que é, por exemplo, o "liberalismo de Locke" (e, consequentemente, em que sentido o liberalismo nativo teria se desviado dele), enquanto que, entre os especialistas, não existe consenso a respeito.[52]

---

[49] WOOD, 1969.

[50] POCOCK, 1975.

[51] Em *Liberty before Liberalism* [Liberdade antes do liberalismo] (1998), Skinner trata de esclarecer a confusão reinante a respeito, discutindo a identificação da oposição entre republicanismo e liberalismo com aquela outra colocada antes por Isaiah Berlin, entre liberdade positiva e liberdade negativa.

[52] Ver Dunn (1995).

De todo modo, não será ali o ponto em que reside o aspecto crucial do processo de renovação atravessado pela disciplina. O debate suscitado em torno do republicanismo (e do liberalismo) ocultou, na realidade, seu verdadeiro núcleo, que era de índole teórico-metodológica. O que se buscava, nas palavras de Pocock, não era acrescentar um elemento a mais na grade da História das "ideias" (o "republicanismo clássico"), mas de traduzir esta história numa "História dos discursos" ou das "linguagens políticas". Segundo esse historiador:

> ponto aqui é que, sob pressão da dicotomia da historiografia nas duas décadas passadas pode ser caracterizada como um movimento que deixa de enfatizar a História do pensamento (ou, mais explicitamente, "das ideias") para enfatizar algo diferente, para o qual a "História da fala" ou a "História dos discursos", apesar de nenhum dos termos carecer de problemas ou serem perfeitos, podem ser os melhores termos até agora encontrados.[53]

Isso supõe uma redefinição do próprio objeto de estudo, a noção de *texto*, mediante a qual se procura incorporar a esta noção aquelas outras dimensões, além da puramente referencial, inerentes aos usos políticos da linguagem. Como assinala novamente Pocock,

> [...] na verdade, o ponto aqui é que, sob pressão da dicotomia idealismo/materialismo, concentramos toda nossa atenção no pensamento como condicionado pelos fatos sociais, que são externos a ele, mas não o vemos denotando, referindo, assumindo, aludindo, implicando, realizando, assim, uma série de funções entre as quais a de conter e prover informação é a mais simples de todas.[54]

Essa perspectiva traz implícita uma definição do tipo de dilema colocado pelo modelo de Zea, bem diferente da assinalada por Hartz e pelos revisionistas. Ela nos ajuda a desprovincializar a própria critica

---

[53] POCOCK, 1991.
[54] POCOCK, 1975, p. 37.

desse modelo, a fim de vincular os problemas encontrados nele às limitações inerentes à História das *ideias*. Segundo revela Pocock, o próprio projeto de "historicizar" as "ideias" gera contradições intransponíveis. As ideias são, de fato, a-históricas, por definição (seu *significado* – que é o que disse um autor – pode ser perfeitamente definido *a priori*, mas não seu *sentido*, que tem a ver com quem disse, ou quem o fez, em quais circunstâncias, etc.). Elas aparecem ou não em um meio dado, porém isso é apenas uma circunstância externa a elas, não as define. Enfim, a História, a temporalidade, é algo que chega às ideias "de fora" (do "contexto externo" de sua aplicação), não é uma dimensão constitutiva da mesma.

Tal apriorismo metodológico tem consequências históricas substantivas. A a-historicidade das ideias tende inevitavelmente a produzir uma imagem de estabilidade trans-histórica na História intelectual. Isso resulta, em última instância, da própria viscosidade relativa das ideias. Sem dúvida alguma, em torno de 1825, os latino-americanos não pensavam muito diferente de como o faziam antes de 1810, o que costuma levar à conclusão de que, do ponto de vista da História intelectual, nada mudou na América Latina entre ambas as datas. Como sabemos, a realidade é outra. A ruptura do vínculo colonial supôs uma ruptura irreversível também no nível da História intelectual. As mesmas velhas ideias cobrarão, novamente, um novo sentido. O problema é que as "ideias" não conseguem registrar as mudanças produzidas, uma vez que elas não remetem aos conteúdos propositivos dos discursos, resultando, portanto, imperceptíveis. Assim, se enfocamos nossa análise exclusivamente na dimensão referencial dos discursos (as "ideias"), não teremos como encontrar as marcas linguísticas das transformações em seu contexto de enunciação.[55] Para descobrir essas marcas é necessário transpor o

---

[55] Daí que, nos marcos deste tipo de aproximações, o traçado das conexões entre "textos" e "contextos" gere, de modo inevitável, uma circularidade lógica; os pontos de vista relativos a sua circulação não são realmente (e nunca serão, dada a natureza dos objetos dos quais trata) os resultados da investigação empírica, mas constituem suas premissas (que serão subsequentemente projetadas como resultados dela). "O clichê de que as ideias deveriam ser estudadas em seu contexto social e político

plano semântico dos discursos (o nível de seus conteúdos ideológicos explícitos), a fim de tentar compreender como as *linguagens políticas* subjacentes foram reconfiguradas, apesar da persistência das ideias.

François-Xavier Guerra: linguagens, modernidade e ruptura no mundo hispânico

O impulso na direção de uma renovação ainda mais radical na disciplina viria da obra de François-Xavier Guerra, que coloca no centro de sua análise as mudanças operadas no discurso político. "A linguagem", assegurava, "não é uma realidade separável das realidades sociais, um elenco de instrumentos neutros e atemporais do qual se pode dispor à vontade, mas uma parte essencial da realidade humana".[56] Desse modo, integrava a historiografia político-intelectual latino-americana ao processo de renovação conceitual que, naqueles anos, estava transformando profundamente a disciplina. Esse enfoque lhe abrirá as portas a uma nova visão do fenômeno revolucionário. De forma sintética, sua perspectiva vai derivar em cinco deslocamentos fundamentais que colocarão a historiografia sobre a crise da independência em um novo terreno.

---

corre, para mim, o risco de se converter em pura tagarelice. A maioria das pessoas que o pronunciam supõem, normalmente de forma inconsciente, saber qual é a relação entre as ideias e a realidade social. Ela toma, comumente, a forma de uma teoria direta da correspondência: se supõe que as ideias em discussão são características daquela facção, classe ou grupo ao que determinado autor pertence, sendo explicadas como a razão mediante a qual se expressam os interesses, esperanças, medos ou racionalizações típicas daquele grupo. O perigo aqui é a circularidade da argumentação. De fato, é sumamente difícil identificar sem ambiguidades a adscrição social de um indivíduo, e mais ainda a de uma ideia, sendo a consciência algo sempre tão contraditório. Normalmente, uma pessoa tende a relacionar o que ela imagina a respeito da posição social do pensador com as suposições que imagina da significação social de suas ideias; logo, o mesmo procedimento se repetirá na direção inversa, produzindo definitivamente uma deplorável perversão metodológica" (POCOCK, 1975, p. 105).

[56] "A atenção prestada às palavras e aos valores próprios dos atores concretos da história é uma condição necessária para a inteligibilidade" (GUERRA; LEMPÉRIÈRE, 1998, p. 8).

Em primeiro lugar, Guerra rompe com o esquema tradicional presente na História das "ideias" das "influências ideológicas". O que desencadeia a mutação cultural que ele analisa não é tanto a leitura de livros importados, mas a série de transformações que altera, de forma objetiva, as condições de enunciação dos discursos. Como afirma, a convergência com a França no nível das linguagens políticas "não se trata de fenômenos de moda ou influências – ainda que estes também existam – mas, fundamentalmente, de uma mesma lógica que surge um comum nascimento com a política moderna [a 'modernidade de ruptura']".[57] Ele descobre, assim, um vínculo *interno* entre ambos os níveis (o discursivo e o extradiscursivo). O "contexto" deixa de ser um cenário externo para o desenvolvimento das "ideias" e passa a constituir um aspecto inerente aos discursos, determinando, a partir de dentro, a lógica de sua articulação.

Em segundo lugar, Guerra conecta estas transformações conceituais com alterações ocorridas no plano das práticas políticas, como resultado do aparecimento de novos âmbitos de sociabilidade e de sujeitos políticos. Os deslocamentos semânticos observados cobram seu sentido em função de seus novos meios e lugares de articulação, ou seja, de seus novos espaços de enunciação (as sociabilidades modernas), modos de socialização ou publicidade (a imprensa) e sistemas de autorização (a opinião), os quais não existem previamente à própria crise política, mas surgem como resultado delas, dando lugar à conformação de uma incipiente "esfera pública" independente, em princípio, do poder do Estado.

Em terceiro lugar, a referência anterior permite a Guerra superar o dualismo entre o tradicionalismo espanhol e o liberalismo americano. Como ele revela claramente, tratou-se de um processo revolucionário único, que abarcou em sua totalidade o Império, tendo seu epicentro na península, a qual se viu, de fato, mais diretamente impactada pela crise do sistema monárquico e o subsequente aparecimento de uma "vontade nacional" que irrompeu através das mobilizações em defesa de seu monarca cativo.

---

[57] GUERRA, 1993, p. 370.

Em quarto lugar, essa perspectiva reposiciona as visões a respeito dos modos de inscrição das guerras de independência na América Latina, no marco da chamada "era das revoluções democráticas" e das peculiaridades da modernização hispânica. Seu traço característico aparece, de forma mais notável nas províncias ultramarinas, como uma conjunção de modernidade política e arcaísmo social que se expressa na hibridez da linguagem política na qual se superpõem referências culturais modernas com categorias e valores que remetem claramente a imaginários tradicionais.

Por último, as contradições geradas por essa via não evolutiva para a modernidade permitiriam compreender e explicar as dificuldades para conceber e constituir os novos Estados nacionais como entidades abstratas, unificadas e genéricas, desprendidas de toda e qualquer estrutura corporativa concreta, além dos laços de subordinação pessoal próprios do Antigo Regime. Os vínculos de pertencimento continuarão sendo aqui esses "povos" bem concretos, cada um com os direitos e obrigações particulares que lhes corresponderiam tradicionalmente como corpo.

Estes dois últimos pontos, no entanto, não parecem facilmente compatíveis com os três anteriores. Como veremos mais adiante, ali se encontra a base de uma série de problemas conceituais que marcam os enfoques de Guerra. Tais problemas estão associados ao rígido dualismo entre "modernidade" e "tradição" que acaba reinscrevendo sua perspectiva dentro dos mesmos marcos teleológicos os quais se propõe e, em grande medida, consegue desmontar em seus escritos, gerando tensões inevitáveis no interior de seu modelo interpretativo. Enfim, enquanto os três primeiros postulados antes assinalados se fundam numa clara delimitação entre "linguagens políticas" e "ideias políticas", os dois segundos conduzem novamente a uma confusão entre ambos.

As antinomias de Guerra e a crítica do teleologismo

O que foi visto anteriormente gira, na realidade, em torno de um objetivo fundamental. Guerra se propõe a recuperar a historicidade dos processos políticos e culturais, deslocando as visões marcadamente teleológicas predominantes na área. "Em lugar de imaginar um misterioso determinismo histórico, a ação de uma 'mão invisível' ou a intervenção da divina Providência, não existe para um historiador, nesses processos históricos", afirma, "nem diretor, nem roteiro, nem papéis definidos de antemão".[58] Segundo afirma em outra obra,

> [...] posto que nossos modos de conceber o homem, a sociedade ou o poder político não são universais nem no espaço nem no tempo, a compreensão dos regimes políticos modernos é, antes de mais nada, uma tarefa histórica: estudar um longo e complexo processo de invenção no qual os elementos intelectuais, culturais, sociais e econômicos estão intimamente imbricados com a política.[59]

No entanto, Guerra assegura que não foi esta a tessitura que informou a maioria dos estudos na área.

> Consciente ou inconscientemente, muitas dessas análises estão impregnadas de pressupostos morais ou teleológicos por sua referência a modelos ideais. Estima-se de maneira implícita que, em todos os lugares e desde sempre – ou ao menos nos tempos modernos –, a sociedade e a política deveriam responder a uma série de princípios como a igualdade, a participação de todos na política, a existência de autoridades surgidas do povo, controladas por ele e movidas somente pelo bem geral da sociedade... Não se sabe se este "deveriam" corresponde a uma exigência ética baseada na natureza do homem ou da sociedade, ou se a evolução das sociedades modernas conduz inexoravelmente a esta situação.[60]

Guerra distingue, assim, dois tipos de teleologismo: o ético, que imagina que a imposição final do modelo liberal moderno é uma espécie de imperativo moral, e o historicista, que acredita,

---

[58] GUERRA, 1999a, p. 56.
[59] GUERRA, 1999a, p. 35.
[60] GUERRA, 1999a, p. 34.

além disso, que se trata de uma tendência histórica efetiva. No entanto, afirma o historiador, isso leva a perder de vista o fato de que a concepção individualista e democrática da sociedade é um fenômeno recente, além do fato de que também não se aplica atualmente a todos os países.

> Ambas as posturas absolutizam o modelo ideal da modernidade ocidental; a primeira, ao considerar o homem como naturalmente individualista e democrático; a segunda, por sua universalização dos processos históricos, o que levou alguns países a regimes políticos nos quais até certo ponto ocorrem estes elementos. Cada vez conhecemos melhor até que ponto a modernidade ocidental – por suas ideias e imaginários, seus valores, suas práticas sociais e comportamentos – é diferente não apenas das sociedades não ocidentais, mas também das sociedades ocidentais do Antigo Regime.[61]

Definitivamente, conforme alega, esta perspectiva resulta inapropriada para compreender o desenvolvimento histórico efetivo da América Latina, onde os imaginários modernos sempre servem de albergue para práticas e imaginários incompatíveis com eles, escondendo-os. Dito isto, fica claro que o argumento de que o ideal de sociedade moderna ("homem-indivíduo-cidadão") não se aplica à América Latina não o invalida como tal; pelo contrário, pressupõe o mesmo como uma espécie de "princípio regulativo" kantiano.

Tal argumento situa claramente seu modelo dentro dos marcos da primeira das formas de teleologismo que ele mesmo denuncia, o teleologismo ético. Também seria possível encontrar em seus escritos vestígios do segundo tipo de teleologismo assinalado, o historicista. A modernização da América Latina, apesar de frustrada na prática, uma vez realizada, poderia revelar, para ele, um horizonte que tende, de um modo ou de outro, a se abrir historicamente.

> De todo modo, nem no México nem em nenhum outro lugar, era possível deter a lógica do povo soberano [...]. Cedo ou tarde, à medida que os novos membros da sociedade

[61] GUERRA, 1999a, p. 34.

tradicional vão tendo acesso ao mundo da cultura moderna, graças à imprensa, à educação e especialmente às novas formas de sociabilidade, a equação de base da modernização política (povo = indivíduo$_1$ + indivíduo$_2$ + ... + indivíduo$_n$) recupera toda sua capacidade de mobilização.[62]

A ideia do caráter irreversível da ruptura produzida entre 1808 e 1812, que localiza seu enfoque numa perspectiva propriamente histórica, desprendida de todo essencialismo e toda teleologia, termina se revelando aqui como seu contrário; o que torna irreversível o processo de modernização política não é tanto o tipo de ruptura a respeito do passado que ela representou, seguida de sua consequente abertura a um horizonte de desenvolvimento contingente e aberto, mas o determinismo, pelo menos em princípio (isto é, mesmo que isso nunca tenha sido verificado de forma efetiva na região), de sua lógica prospectiva pressuposta de evolução. Por detrás dos fenômenos estaria operando, assim, um princípio gerador que os articula numa unidade de sentido. O intento de resgatar a *historicidade* dos fenômenos se resolve numa forma de *idealismo historicista*. Mesmo quando este já não apareça como ponto de partida efetivo, mas somente como uma meta, nunca alcançada porém sempre pressuposta, o essencial para esse modelo continua sendo o pressuposto da determinabilidade *a priori* do ideal, para cuja realização todo o processo tende, ou deveria tender.[63]

---

[62] GUERRA, 1993, p. 375.

[63] Cabe fazer aqui uma precisão conceitual. Um modelo teleológico de evolução é, *stricto sensu*, aquele que baseia todo o desenvolvimento em seu ponto de chegada. O que Guerra chama de teleologismo historicista é apenas uma das formas possíveis que ele toma, que é o biológico. Este incorpora ao princípio *teleológico* o que podemos chamar de um princípio *arqueológico* ou *genético*. Segundo o paradigma preformista-evolucionista de desenvolvimento orgânico, um organismo dado (seja natural ou social) pode evoluir até seu estado final somente se este encontra já virtualmente contido em seu estado inicial, seu gérmen primitivo, como um princípio imanente de desenvolvimento. Neste segundo caso, tanto o estado inicial como o final se encontrariam já predeterminados de forma imanente. O único contingente é o curso que media entre um e outro, o modo concreto da passagem da *potência* ao *ato*.

Esta perspectiva teleológica se encontra, de fato, já implícita na dicotomia, própria da História das ideias, entre "modernidade = individualismo = democracia" e "tradição = organicismo = autoritarismo", sobre a qual giram também as diversas vertentes revisionistas, incluída a de Guerra. Daí que a crítica às perspectivas teleológicas só possa ser formulada, nestes marcos, unicamente nos termos do velho "argumento empirista" (a ideia da impossibilidade de uma realidade dada de se elevar ao ideal).[64] A "historicidade", a contingência dos fenômenos e dos processos históricos, aparece recluída dentro de um âmbito estreito de determinações *a priori*. A questão é que este esquema bipolar leva a encobrir, mais que revelar, o verdadeiro sentido da renovação historiográfica produzida por Guerra, que consiste, justamente, em haver desestabilizado os estreitos limites dos marcos dicotômicos tradicionais próprios da História das "ideias". A seguir tentaremos precisar, em termos estritamente lógicos, qual é a série de operações conceituais implicadas no deslocamento dos esquemas teleológicos próprio da História das ideias.

A dissolução dos teleologismos: sua estrutura lógica

A fim de dissolver os marcos teleológicos próprios da História das ideias, o primeiro passo consistiria em desacoplar os dois primeiros termos de ambas as equações antinômicas antes mencionadas. Ou seja, é preciso pensar que não existe um vínculo lógico e necessário entre modernidade e atomismo, por um lado, e tradicionalismo e organicismo, por outro. A modernidade, em tal caso, poderia também dar lugar a esquemas mentais e imaginários de tipo organicista, como de fato já ocorreu. Não se trata de meras recaídas em visões tradicionais, mas de esquemas que seriam tão

---

[64] Como dizia Montesquieu, a respeito de seu modelo: "Não me refiro aos casos particulares, pois na mecânica existem certos atritos que podem mudar ou impedir os efeitos da teoria; na prática, ocorre o mesmo" (MONTESQUIEU, 1984, p. 235). Os problemas latino-americanos para aplicar os princípios liberais de governo remeteriam a esses "atritos" que dificultam ou impedem "os efeitos da teoria", porém sem questioná-la de modo algum.

inerentes à modernidade como as perspectivas individualistas do social. Assim, se por um lado o tradicionalismo seguiria sendo sempre organicista, o contrário já não seria totalmente certo; o organicismo não remeteria necessariamente agora a um conceito tradicionalista. Isso introduz um novo elemento de incerteza no esquema da "tradição" à "modernidade", que não apenas remete ao transcurso que media entre ambos os termos. Porém também seria difícil estabelecer o ponto de chegada *a priori*; a modernidade já não se identifica com um tipo de modelo social ou tipo ideal, mas compreenderia diversas alternativas possíveis (ao menos duas, ainda que, como veremos, serão muitos os modelos de sociedade que haverão de ser elaborados historicamente ao longo do século XIX).

O desacoplamento dos primeiros termos das equações antinômicas leva, como vemos, a desarticular a segunda forma de teleologismo, o historicista. No entanto, não será ainda a primeira forma de teleologismo que Guerra denuncia: o ético. Alguém poderia argumentar que se a modernidade pode dar lugar tanto a um conceito atomista quanto organicista do social, somente o primeiro deles resulta moralmente legítimo, uma vez que somente ele inscreve a modernidade num horizonte democrático. Para desmontar esta segunda forma de teleologismo, é necessário desacoplar agora os dois últimos termos da dupla equação. Ou seja, é necessário pensar que não existe uma relação lógica e necessária entre atomismo e democracia, por um lado, e organicismo e autoritarismo, por outro. Encontramos aqui a diferença crucial entre linguagens e ideias ou ideologias. As linguagens, na realidade, são sempre indeterminadas semanticamente; alguém pode afirmar algo, assim como seu contrário, em perfeito espanhol. Do mesmo modo, a partir de uma linguagem atomista alguém poderia afirmar indistintamente uma perspectiva democrática ou autoritária; de forma inversa, o mesmo se pode afirmar para o organicismo. As "ideias" (os conteúdos ideológicos) não estão, afinal, prefixadas pela linguagem de base. Entre as linguagens políticas e seus possíveis desvios ideológicos media sempre um processo aberto de tradução, em diversas instâncias, com cursos alternativos possíveis. Em suma, o individualismo atomista já não seria apenas o único modelo propriamente moderno da sociedade, *como também seu conteúdo ético já não resultaria plenamente inequívoco.*

Produzidos esses dois desacoplamentos conceituais, o mecanismo das relações entre os termos envolvidos também se rompe, o que desarticula, em princípio, ambas as formas de teleologismo assinaladas por Guerra. No entanto, as premissas teleológicas do esquema ainda se mantêm de pé. O modelo se torna mais complexo, sem superar seu apriorismo. Já não conseguimos determinar de antemão nem o resultado do processo de modernização, nem o curso da sua direção, mas podemos estabelecer *a priori* a categoria de suas alternativas possíveis. A contingência dos processos históricos segue remetendo a um plano estritamente empírico. Para romper também esta forma de apriorismo é necessário penetrar na problemática mais fundamental que a História das "ideais" coloca.

Após esse desacoplamento dos pares, atomismo e organicismo já deixam de aparecer de maneira ineludível como modernos e tradicionais, democráticos e autoritários, respectivamente, porém, continuam sendo ainda concebidos como dois princípios opostos, perfeitamente consistentes em seus próprios termos, ou seja, logicamente integrados e autocontidos. Assim, a historicidade se localiza na aresta que une ideias com realidades, sem chegar a penetrar no próprio plano conceitual; a temporalidade (a "invenção" de que fala Guerra) não é ainda uma dimensão inerente e constitutiva dela. Na verdade, o esquema "da tradição à modernidade" é apenas o resultado do desdobramento sequencial de princípios concebidos mediante procedimentos a-históricos (o que contradiz, definitivamente, os três primeiros pontos anteriormente assinalados em relação aos deslocamentos fundamentais que Guerra realizou na historiografia do período). Se o que se busca é deslocar efetivamente as aproximações teleológicas da história político-intelectual, restam ainda dois passos fundamentais.

O primeiro deles consiste em recobrar um princípio de irreversibilidade temporal imanente à História intelectual. Uma das chaves para isso é aportada por outro fundador da Escola de Cambridge, Quentin Skinner. Este autor revelou o que chamava de "mitologia da prolepse", na qual toda perspectiva teleológica se funda, que é a busca retrospectiva de anunciações ou antecipações de nossas crenças. É necessário, no entanto, acrescentar a esta uma segunda forma, inversa, de "mitologia", que chamaremos de "mitologia da retrolepse": a crença de que seja possível reativar e trazer ao presente, sem mais problemas, linguagens passadas, uma vez que uma série de pressupostos nas quais se fundavam (que incluem ideias de temporalidade, hipótese científica, etc.) já se perdeu. Estes pressupostos não podem se desprender de suas premissas discursivas sem reduzi-las a uma série de postulados ("ideias") mais ou menos triviais que, efetivamente, poderiam ser descobertos nos contextos conceituais mais diversos. Definitivamente, para reconstruir a história das linguagens políticas não devemos apenas reconhecer a superfície dos conteúdos ideológicos dos textos; devemos descobrir também estes *umbrais da historicidade*, que uma vez ultrapassados, seria impossível pensar num simples retorno a situações histórico-conceituais precedentes. Somente assim evitamos o tipo de anacronismo a que as visões dicotômicas inevitavelmente conduzem, que nos leva a entender os sistemas conceituais como uma espécie de princípios eternos (como o bem e o mal nas antigas escatologias), ou quase eternos (como a democracia e o autoritarismo nas modernas filosofias políticas), em perpétuo antagonismo.

A compreensão desses sistemas conceituais como formações históricas contingentes ainda supõe, no entanto, mais uma operação. Como vimos, para minar os teleologismos próprios da História das "ideias" não basta questionar as condições locais de aplicabilidade do tipo ideal, mas é preciso levá-lo ao questionamento, indagar de maneira crítica suas premissas e fundamentos. O que se busca, justamente, numa História das linguagens políticas, é retroceder os postulados ideológicos de um modelo a suas premissas discursivas, *a fim de descobrir ali seus pontos cegos inerentes*, aqueles pressupostos implícitos que, ao serem expostos, seriam destrutivos para o próprio modelo. Somente esse princípio permite abrir a perspectiva à existência de contradições, que não se reduzem a uma mera oposição entre modelos opostos, perfeitamente coerentes entre si e correspondentes, cada um, a duas épocas diversas superpostas de maneira acidental. O antagonismo no nível dos imaginários se revela, assim, já não como expressão de alguma espécie de assincronia ocasional, mas como uma dimensão intrínseca a toda formação discursiva.

Podemos definir o que foi mencionado anteriormente como o princípio da incompletude constitutiva dos sistemas conceituais. Essa é a premissa fundamental para pensar a historicidade dos fenômenos conceituais. Nenhuma nova definição, nenhum deslocamento semântico põe em xeque uma linguagem dada; isso ocorre apenas quando se desnudam suas inconsistências inerentes. Caso contrário, caberia apenas atribuir as mudanças conceituais a meras circunstâncias ou acidentes históricos. Não fosse o caso de que alguém – que nunca falta – decidisse questioná-los, ou porque algumas mudanças no "clima geral das ideias" (*l'air du temps*, ao que Guerra costuma apelar como marco explicativo último das mudanças conceituais)[65] tornassem os conceitos eventualmente obsoletos, as linguagens poderiam se sustentar de maneira indefinida, já que não existe nada intrínseco a elas que as historize, que impeça eventualmente sua perpetuação.

Com esse princípio se rompe finalmente a premissa fundamental na qual se sustenta todo o esquema dos "modelos" e dos "desvios", baseado no pressuposto da perfeita consistência e racionalidade dos "tipos ideais". Chegamos assim ao segundo aspecto fundamental que distingue a História das linguagens frente à História das "ideias". As linguagens, diferentemente dos "sistemas de pensamento", não são entidades autocontidas e logicamente integradas, mas apenas histórica e precariamente articuladas. Elas se fundam em premissas contingentes, não apenas no sentido de que não se sustentam na pura razão, e sim em pressupostos eventualmente contestáveis, mas também no sentido de que nenhuma formação discursiva é consistente em seus próprios termos, encontrando-se sempre deslocada com respeito a si mesma; enfim, que a temporalidade (historicidade) não é uma dimensão externa a elas, algo que lhes vem desde fora (de seu "contexto exterior"),

---

[65] "Em lugar de procurar uma ponderação impossível das influências teóricas de uma ou outra escola, numa enunciação de princípios, é preciso tentar aprender o 'espírito de uma época' – *l'air du temps*" (GUERRA, 1993, p. 170-171).

mas que brota de seu interior, sendo inerente a elas. Somente, então, começarão a se abrir verdadeiramente as portas para uma perspectiva livre de qualquer teleologismo, como pedia Guerra. A reconstrução da História dos deslocamentos significativos de certos conceitos-chave vai nos revelar, assim, um transcurso muito mais difícil e complexo de analisar, colocando em xeque aquelas categorias com as quais tentamos reter seu sentido, nos obrigando a revisar nossos pressupostos e crenças mais profundamente enraizados, desvendando sua aparente evidência e naturalidade como ilusórias. De forma definitiva, somente quando conseguimos colocar entre parênteses nossas próprias certezas presentes, questionar a suposta transparência e racionalidade de nossas convicções atuais, a História poderá aparecer como *problema*; não como uma mera marcha, uma série de avanços e retrocessos que caminham na direção de uma meta já definida *a priori*, mas como "criação", "invenção", como pedia Guerra, repleta de contradições cujo sentido não é passível de descobrir, nem definir segundo fórmulas genéricas, nem se deixa reduzir ao jogo de antinomias eternas, ou quase eternas, ao qual a História das "ideias" procurou capturar.

CAPÍTULO 1

Historicismo / Organicismo / Poder constituinte

> *Trata-se, portanto, de uma história que tem como função restituir problemas, em lugar de descrever modelos.*
>
> Pierre Rosanvallon, *Por una historia conceptual de lo político*

Um aspecto pouco advertido no enfoque de François-Xavier Guerra é o deslocamento que produz em sua interpretação do próprio processo revolucionário espanhol. O eixo de sua análise não se concentra tanto nos debates nas Cortes Gaditanas, mas no período anterior a estas. Os "dois anos cruciais", para ele, não são os que vão de 1808 a 1812, como normalmente se interpreta,[66] mas de 1808 a 1810.[67] Dois fatos marcantes delimitam e demarcam essa questão. Segundo Guerra, entre as convocatórias para as Cortes de Baiona e de Cádis, escritas respectivamente em ambas as datas mencionadas, é possível observar uma transformação assombrosa. Enquanto a primeira afirma em seu título IX, artigo 61, que "haverá Cortes ou Juntas compostas por 172 indivíduos, divididos em

---

[66] "Poucas datas são tão transcendentes na história política espanhola", afirma, por exemplo, Sánchez Agesta, "como esses dezoito meses, entre 24 de setembro de 1810 e 19 de março de 1812, quando se forjou a Constituição de Cádis" (AGESTA, 1955, p. 45).

[67] "O período que vai das rebeliões peninsulares da primavera de 1808 à dissolução da Junta Central, em janeiro de 1810, é, sem dúvida, a época-chave das revoluções hispânicas, tanto no trânsito rumo à modernidade como na gestação da Independência" (GUERRA, 1993, p. 115).

três estamentos", a Constituição gaditana vai definir taxativamente em seu título III, capítulo 1: "as Cortes são a reunião de todos os deputados que representam a nação, nomeados pelos cidadãos".[68] Estes já não serão os *procuradores* do Antigo Regime, mas constituirão coletivamente um princípio inédito: *a representação unificada da vontade nacional*.[69] Como se deu este deslocamento dos "estamentos" para os "cidadãos" como sujeitos da imputação soberana? O que ocorreu entre uma Constituição e outra que derivou em semelhante inflexão conceitual? Quais foram as premissas e condições que a tornaram possível? Qual seu sentido e quais são suas consequências, tanto conceituais quanto práticas? Essas são algumas questões que organizam a elaboração de *Modernidad e independencias*.

É importante ressaltar que o processo de convocatória para as Cortes de Cádis foi uma das questões mais obscuras, conturbadas e acidentais do período.[70] O decreto da Junta Central, impulsionado por Gaspar Melchor de Jovellanos, estabelecia de maneira taxativa uma representação estamental. Essa convocatória aparentemente se extraviou (um dos membros da Junta, Manuel Quintana, seria posteriormente acusado de ocultá-la de forma deliberada).[71] Por trás

---

[68] Ver *Constituciones de España*. Madrid: Segura, 1988.

[69] "Um dos pontos-chaves da mutação cultural e política da Modernidade", conforme afirma Guerra, "se encontra essencialmente ali, no trânsito de uma concepção antiga da nação para o de nação moderna" (GUERRA, 1993, p. 370).

[70] Para uma análise mais detalhada da questão, ver Suárez (1982); Ortín (1991, p. 13-36).

[71] De fato, logo após a restauração de Fernando VII ao poder, Quintana seria julgado e condenado pelo ocorrido. Segundo a afirmação do promotor que o acusou, "sua decidida inclinação pelas novidades que tanto prejudicam a nação se descobre com a forte presunção que resulta contra Quintana, na ocultação do decreto dado pela Junta Central para a convocação às Cortes por estamentos; presunção que, fundando-se sobre a intervenção que teve no conhecimento e entrega dos papéis da Secretaria da Junta Central, como seu oficial mais antigo, não pode se desvanecer ao dizer, como diz, que se houvesse pensado em fazer o ofício desaparecer, teria agido de maneira que nunca haveria de aparecer novamente e que, como foi feito, e não de outra maneira, apresenta assim a ideia de uma inocente casualidade". "Segunda resposta fiscal na causa de Quintana e do *Semanario*" (QUINTANA, 1996, p. 198).

daquele acidente se ocultavam, no entanto, razões mais poderosas. Como posteriormente afirmaria Quintana em sua defesa, a convocatória original já não correspondia com o estado da "opinião pública".[72] Isso se tornaria evidente na consulta que foi então realizada. O "extravio" da ordenança fez com que o decreto oficial de 22 de maio de 1809 não incluísse nenhuma determinação quanto à composição das Cortes. Um mês depois foi promulgada uma circular, convocando as instituições especializadas e os "sábios e pessoas ilustradas" do reino para fazer chegar à Junta sua opinião a respeito. As respostas que de imediato começaram a chegar (cuja importância seria recentemente comparada com a dos *cahiers de doléances*),[73] apoiavam, por certo, a afirmação de Quintana.[74]

Os fatos que se seguiram, marcados pela rápida deterioração da situação da Junta Central, acompanhando os fracassos da campanha contra as forças de ocupação francesas,[75] resultaram,

---

[72] Como diria posteriormente Agustín Argüelles, o decreto da Junta seria vencido por "um influxo superior", "a força irresistível da opinião pública" (ARGÜELLES, 1835, p. 190, 210).

[73] *Les cahiers des plaintes et doléances* [Cadernos de queixas e reclamos] eram escritos reunidos em todo o reino francês, mediante a convocatória aos estados gerais, através dos quais a população levava seus reclamos e desejos ao monarca. Em torno deles se articulava todo o sistema representativo tradicional (os que eram enviados ao parlamento eram *cahiers*, não deputados, os quais eram somente seus portadores eventuais e estavam obrigados a respeitar o *mandato imperativo* neles depositados). O *cahier général* resultante de sua reunião era, juntamente com o monarca, a encarnação do corpo místico da nação.

[74] Estas respostas foram parcialmente compiladas por Federico Suárez e publicadas em três volumes como *Informes oficiales sobre las Cortes*. Para um exame detalhado delas, ver Artola (1959, p. 257-369). "A primazia de Godoy", conclui Artola, "por razões de naturezas muito diversas, é causa eficiente de um estado de opinião muito generalizado, que haveremos de caracterizar como um cansaço do regime monárquico absolutista, sentimento unânime refletido nos textos de todas as procedências [...]. Em 1809 e 1810, a opinião nacional concorda em condenar não somente as pessoas, mas também o próprio sistema" (ARTOLA, 1959, p. 288).

[75] A derrota de Ocaña, em 19 de novembro de 1809, será decisiva, pois desencadeia um levante em Sevilha. É formada, então, uma Junta Provincial, que reassume o poder soberano e convoca as demais províncias a fazê-lo, enviando seus delegados àquela cidade a fim de constituir uma Regência. O descrédito da Junta Central

não obstante, confusos. A Instrução de 1º de janeiro de 1810 ainda insistia na convocatória por estamentos, fixando, no entanto, somente os modos de eleição de uma das Câmaras (a que correspondia ao Terceiro Estado). Não houve acordo sobre como deveria ser formada a segunda Câmara. Calvo de Rozas, que pretendia submeter a participação dos nobres e do clero a um exame prévio de sua atuação durante a crise, aproveitou estas desavenças para reenviar o ditame à Comissão de Cortes, que já não teria ocasião de decidir. Finalmente, a Regência decretaria, a apenas quatro dias da inauguração oficial das sessões, a reunião sem estamentos. Em última instância, após essas vicissitudes, se tornaram manifestas as complexidades do primeiro liberalismo espanhol.

Distintos autores afirmam que este não pode ser interpretado como um pensamento propriamente moderno. O que aparece, então, é um tecido conceitual amarrado por motivos provenientes de uma tradição contratual hispânica, que remonta ao século XVI. Sua expressão é o constitucionalismo histórico, que buscaria restaurar a "antiga e venerável Constituição da Espanha".[76] No entanto, a filiação do liberalismo gaditano resulta difícil de estabelecer. O contratualismo dos constitucionalistas remetia, em princípio, à tradição neoescolástica de Suárez, mas também à jusnaturalista de Grócio e Pufendorf. Apenas esta comprovação já complica a questão, uma vez que nos obriga a entrar no debate (provavelmente insolúvel) acerca de quando começa a "modernidade" (o jusnaturalismo alemão já é "moderno" ou ainda se situa do outro lado da linha? Onde, exatamente, esta deve ser traçada?). De todo modo, o ponto crítico radica em que, mesmo quando se possa estabelecer a origem precisa das diferentes ideias então circulantes, estas ainda nos diriam pouco a respeito do sentido concreto que então adquiriram.

O constitucionalismo histórico, cujo documento de fundação remete costumeiramente ao discurso de admissão de Jovellanos na

---

se torna mais agudo quando decide, em 13 de janeiro de 1810, se trasladar à ilha de León. Por um decreto de 29 de janeiro, a Junta é finalmente dissolvida e seu poder é transferido a um Conselho de Regência, então criado.

[76] JOVELLANOS, 1999, p. 183.

Real Academia de História, em 1780, e que rapidamente se difunde, daria expressão à percepção generalizada, acentuada posteriormente no reinado de Carlos IV, sobre a decadência do Império hispânico.[77] Não se tratava, assegurava Jovellanos, de constituir a nação, mas de restabelecer aquela que o despotismo, em seu afã centralizador, havia desvirtuado:

> Por acaso não tem a Espanha a sua Constituição? Tem, sem dúvida, pois que outra coisa seria uma Constituição senão o conjunto de leis fundamentais que fixam os direitos do soberano e dos súditos, além dos meios saudáveis para preservar uns e outros? Quem duvida que a Espanha tenha estas leis e as conheça? Existem algumas que o despotismo tenha atacado e destruído? Restabeleçam-se.[78]

As opiniões confluíam espontaneamente para esse ponto. O historicismo constitucionalista marcaria, assim, o tom dos debates que então se deram. No entanto, tal consenso encobria profundas divergências. Se todos estavam de acordo com o fato de que era necessário restaurar a Constituição tradicional do reino,[79] logo descobririam que cada um a tomava à sua maneira.

Para um dos líderes da facção liberal, Agustín Argüelles, a Constituição tradicional (estamental) de que falava Jovellanos era, na realidade, uma invenção sua, copiada do modelo britânico. Para Argüelles, esse modelo de constituição propunha criar algo que nunca existiu na Espanha, um espírito aristocrático. Nem poderia existir. "Teria sentido trasladar a forma e o aparato exterior da Câmara Alta da Inglaterra com seu espírito aristocrático próprio, fruto de ao menos seiscentos anos de exercício parlamentar, de usos, costumes, hábitos e práticas legais com que conseguiu atenuar

---

[77] Para um quadro minucioso de como o Antigo Regime na Espanha foi corroendo, nos anos prévios à revolução liberal, ver Valdéz (2000).

[78] JOVELLANOS, 1999, p. 187.

[79] O *Manifiesto de los persas*, que serviria de base para o restabelecimento do absolutismo em 1814, por parte de Fernando VII, além da abolição da Constituição, invocaria também razões historicistas.

o orgulho e a altivez de tão poderoso corpo da nobreza?",[80] era a pergunta que se fazia, dando três razões fundamentais pelas quais isso era impossível.

A primeira remetia àquela causa mais imediata que havia frustrado o projeto de Jovellanos, que eram as divergências existentes no seio das próprias classes aristocráticas (do mesmo modo que no interior do clero),[81] o que tornava impossível qualquer acordo sobre sua própria definição, sem suscitar rivalidades que o clima de agitação política promovia:

> Não era possível adotar nenhuma regra neste ponto sem promover um cisma entre as categorias nobiliárias de Leão e Castela. Umas imaginavam ter preferência sobre outras, conhecidas por privança e favor, enquanto elas alegavam séculos de distinção e renome. Outras reclamavam contra aquelas que fundavam seu direito nos benefícios concedidos por assentos e empresas lucrativas nas épocas de aperto do erário. Se antes da insurreição haviam adormecido seus desejos e pretensões, juntamente com os do resto da nação, não era possível prever, depois de comovidos os ânimos, aonde chegariam suas rivalidades, queixas e ressentimentos, ofendidas com classificações aristocráticas, feitas arbitrariamente agora, não para se ajustar o cerimonial e a etiqueta palaciana, mas com o fim de negar ou conceder direitos políticos exclusivos, de restabelecer uma instituição extinta há três séculos [as Cortes], que se tivesse que ressuscitar que renascesse de outra forma, com atributos diversos dos que tinha quando expiraram no século XVI, para que fossem assimiladas ao espírito e caráter da era coetânea.[82]

---

[80] ARGÜELLES, 1970, p. 121.

[81] "Com respeito ao braço eclesiástico", afirmava Argüelles, "no mesmo projeto [de Jovellanos] outro erro muito mais grave e prejudicial era cometido. Em Aragão este braço estava formado de uma forma distinta da que mostrava em Castela. Naquele reino, além dos bispos, entravam nele por mérito feudal vários abades, priores e comendadores, e também os apoderados dos conselhos eclesiásticos" (ARGÜELLES, 1970, p. 113).

[82] ARGÜELLES, 1970, p. 101.

Encontramos aqui a segunda razão que conspirava contra a instituição de uma representação estamental: a consciência da natureza histórica e mutante das nações, em relação à sua composição social, incluída a de suas classes privilegiadas.[83] Dada essa situação, a pergunta já não era se deveria ser restaurada ou não a velha Constituição do reino, algo com que todos estavam de acordo, mas qual delas e como fixar o momento preciso em que ela encontrou sua expressão autêntica. Qualquer discussão a respeito já não poderia ocultar sua inevitável arbitrariedade.

> Por acaso a opinião contemporânea, a opinião ilustrada e patriótica daquele tempo de exaltação, de entusiasmo, de paixões nobres, generosas e independentes, podia deixar de analisar cuidadosamente os elementos de que a Junta Central fazia parte da Câmara privilegiada? E quanto mais calma e mais cuidado fossem empregados, não seria melhor para descobrir que o estado real e verdadeiro daqueles estamentos não era o que teórica e especulativamente se supunha? É verdade que o ilustre autor [Jovellanos] desejava que a Câmara ficasse posteriormente aberta ao povo, como recompensa pelos grandes e assinalados serviços. E não seria então uma contradição de seus próprios desejos dar-lhe, ao nascer, uma origem tão exclusiva, revelar como única qualidade para escolher os fundadores de seu patriarcado não somente a nobreza, mas uma nobreza como foi concebida três séculos pelo condestável de Castela?[84]

Chegamos finalmente à terceira e mais fundamental das razões que determinaram a ruptura do Antigo Regime: num momento em que todas as autoridades tradicionais haviam colapsado junto com

---

[83] O próprio Jovellanos reconhecia que "se, por outra parte, respeitando demasiado as antigas formas e antigos privilégios, fossem convocadas umas Cortes como as que foram reunidas em 1789 [por Carlos IV], ou como as dos séculos XVI e XVII, ou ainda como as que precederam o ano de 1538, ou finalmente, como as que foram celebradas sob o domínio godo e as dinastias asturianas e leonesas, com maior razão se diria que sua autoridade seria empregada para ressuscitar um corpo monstruoso, incapaz de representar sua vontade" (JOVELLANOS, 1999, p. 191).

[84] ARGÜELLES, 1970, p. 116-117.

o poder monárquico,[85] a decisão de qual Constituição deveria ser restaurada – algo que, repetimos, todos diziam concordar – somente podia ser estabelecida pela "opinião pública". Esta havia expandido seus domínios a fim de compreender também o passado.

Podemos descobrir aqui aquele traço que determina a natureza revolucionária da situação aberta pela vacância do trono. Essa vacância resulta não da vontade dos sujeitos de alterar a História (todos buscavam, na realidade, preservar a ordem tradicional), mas do fato de que ela já havia se tornado também objeto de debate. Toda postura a respeito já não conseguia superar o status de mera opinião.

Assim, não se tratou tanto de uma "revolução das ideias", no sentido do plano das crenças subjetivas de que é possível descobrir a profunda alteração ocorrida, mas nas condições objetivas do enunciado. Martínez Marina, a seu modo, expressa isso quando afirma que as Cortes passadas "não tiveram como objetivo mudar a Constituição, nem alterar as leis pátrias, ainda que pudessem fazê-lo ao exigir assim a imperiosa e suprema lei de saúde pública".[86] O essencial não é que não tenham tido por objeto alterar a Constituição, mas descobrir que "podiam fazer" isso. O primeiro liberalismo espanhol começaria, assim, apelando à História para terminar encontrando nela seu oposto, o *poder constituinte*, ou seja, a faculdade e a ferramenta para cancelá-la. Na própria busca por restaurar o passado, acabaram por alterá-lo. O constitucionalismo histórico seria, enfim, *a negação historicista da História*.

Isto nos leva ao segundo ponto com o qual, apesar de suas divergências a respeito do passado, todos (salvo a facção absolutista) concordavam: que, independente de se respeitar ou reformar

---

[85] "Também não se esqueça", afirmava o próprio Jovellanos, "que [a representação nacional] não é congregada por uma autoridade constitucional e nem de mais antiguidade, mas por uma autoridade totalmente nova e que seja alta e legítima, pois foi adotada e erigida pelos povos, de tal modo que suas funções e limites não estão suficientemente demarcados, nem infelizmente reconhecidos de forma uniforme" (JOVELLANOS, 1999, p. 191).

[86] MARINA, 1813, p. 472.

a Constituição tradicional, essas e outras questões eram algo que somente às próprias Cortes – isso é, a toda a nação representada nas Cortes – caberia resolver.[87] Como afirmava Argüelles:

> Independente de quais fossem as intenções ou objetivos das Cortes, era esperado que ficasse claro o caminho que ela mesma seguia e chamar sua atenção para o rumo que parecesse mais urgente dirigi-la [...]. As Cortes podiam alterar as formas de governo se julgassem ser conveniente, alternar as pessoas que até então haviam trabalhado em sua administração, fazer as declarações abstratas que considerassem mais adequadas naquelas circunstâncias.[88]

Na sessão inaugural das Cortes, Muñoz Terroso assenta o princípio que demarca verdadeiramente o ponto de inflexão este processo. Seu primeiro decreto, datado de 24 de setembro de 1810, dizia: "Os deputados que compõem esta [Corte] e que representam a nação espanhola se declaram legitimamente constituídos em Cortes gerais e extraordinárias, nas quais reside a soberania nacional".[89] Nesse dia havia sido formalmente estabelecido o poder constituinte, cujo fundamento ficaria definido no artigo 3° da Constituição de 1812: "a soberania", afirmava, "reside essencialmente na nação e, por isso mesmo, pertence a esta exclusivamente o direito de

---

[87] Para Tierno Galván, isso marca o que chama de dissolução da "consciência genética": "A meu juízo", diz, "a conclusão é a seguinte: a mentalidade genética tende a desaparecer e, consequentemente, também o conservadorismo tradicional. O desaparecimento da mentalidade genética não supõe o desaparecimento da História, mas sua assimilação, convertendo-a em um elemento mais do panorama analítico-contemplativo. Em outras palavras, o passado não produz e condiciona o presente, mas é exatamente o contrário, o presente é que determina o sentido cultural do passado" (GALVÁN, 1962, p. 167).

[88] ARGÜELLES, 1970, p. 130-131. Jovellanos, por sua parte, admitia: "basta dizer que o governo, temeroso de usurpar à nação um direito que apenas ela possui, deixe de lado sua própria sabedoria e prudência, a fim de concertar a forma como sua vontade será mais completamente representada" (JOVELLANOS, 1999, p. 193).

[89] Isso dará origem a um conflito com o então presidente do Conselho de Regência, o bispo de Orense, que posteriormente se prolongará num antagonismo que dura até a dissolução das Cortes, em 20 de setembro de 1813. Ver Montequi (1991, p. 36-65).

estabelecer suas leis fundamentais". Já estava claro, dizia Benito Ramón Heredia, "a essencialíssima diferença das Cortes passadas e presentes; aquelas, limitadas à esfera de um Congresso Nacional do Soberano, e estas, elevadas às de um Soberano Congresso, cujo nome corresponde melhor que o equivocado Cortes".[90]

A irrupção do poder constituinte alterava, objetiva e irreversivelmente, as coordenadas em função das quais ocorriam os discursos públicos. A persistência das velhas ideias ocultaria, assim, mudanças fundamentais no sentido que estas então assumem. O certo é que as dificuldades encontradas para designar os novos problemas e fenômenos (como vemos, nada simples de compreender e definir) não passariam inadvertidas aos próprios deputados reunidos em Cádis.[91] A linguagem emerge, assim, como problema.

A linguagem como problema: ideias, modernidade e hibridismo discursivo

É interessante observar o fato de que a linguagem e seus usos já haviam sido motivos centrais de preocupação nas Cortes gaditanas.[92] Para o deputado Dueñas era preciso "retificar as palavras,

---

[90] *Diario de Sesiones de las Cortes* (apud MARTÍN, 1885, p. 703).

[91] Em 1813 é traduzido do italiano e publicado em Sevilha o *Nuevo vocabulario filosófico-democrático, indispensable para los que deseen entender la nueva lengua revolucionaria*, de Lorenzo Ignacio Thiulen. Assim aparece no prólogo (vol. II, p. 96): "A confusão que a Democracia introduziu na linguagem é tal, que conviria pensar seriamente em produzir muitas alterações na língua antiga; enquanto permanecem como estão, só conseguirão chegar a uma confusão de ideias que não nos leva ao entendimento, ou andarão com rodeios e circunlóquios a fim de nos explicarmos bem" (THIULEN *apud* GODOY, 1999, p. 45-46).

[92] As mudanças então operadas na linguagem deram lugar a uma longa série de estudos históricos. Os trabalhos seminais a respeito do termo "liberal" são de Marichal (1995, p. 31-45); Llorens (1958, p. 53-58). Recentemente, apareceram trabalhos mais abrangentes e sistemáticos, sendo alguns deles de caráter comparativo. Ver a respeito Lapesa, (1996, p. 9-42); Seoane (1968); Godoy (1999), Miranda, (1992). *O Diccionario político y social del siglo XIX español* (2002), coordenado por Javier Fernández Sebastián e Juan Francisco Fuentes, uma obra

para que, deste modo, se retifiquem as ideias".[93] Como afirma Javier Fernández Sebastián num interessante e recente estudo:

> A aguda consciência de que o "idioma político", diferentemente do "natural", requer um cuidado especial em cada detalhe, se torna tão relevante a ponto de fazer um exame quase obsessivo sobre a inclusão deste ou daquele advérbio no texto de um artigo, inclusive revisando a sintaxe, a ordem e a colocação de determinados termos. Seria possível dizer que muitos deputados entenderam que a transcendência jurídico-política das reformas resultava inseparável de sua dimensão linguística; a obra de Cádis devia ser tomada, assim, como um ato constituinte na esfera da língua.[94]

Uma Constituição é, com efeito, indissociável do linguístico, não apenas pelo fato óbvio de que se expressa mediante palavras, mas porque supõe, ao mesmo tempo, uma intervenção sobre a linguagem. A Constituição de Cádis, em particular, pode ser vista "como um catálogo de definições, no qual se explica brevemente, de maneira quase aforística, em que consiste a nação, o amor à pátria, a cidadania ou as Cortes".[95] Por outro lado, dado que se trata de um texto revestido de autoridade, continua Fernández Sebastián, "o tom imperioso de seu traçado deixa ver que não se trata de ilustrar ou opinar, mas de enunciar inequivocamente um mandato aos espanhóis".[96] A pergunta é de onde nasce esta exigência imperiosa de "legislar sobre a linguagem", "governar o dicionário"? Sem dúvida, aparece ali um fato profundamente significativo: a impressão generalizada entre os atores do período de que a linguagem havia se tornado um problema, que os velhos nomes já não conseguiam designar as novas

---

de envergadura inusitada, representa uma espécie de síntese e culminação dos estudos antes mencionados.

[93] Citado por SEBASTIÁN, Javier Fernández. *Construir "el idioma de la libertad": El debate político-lingüístico en los umbrales de la España contemporánea*. Manuscrito.

[94] SEBASTIÁN, manuscrito, p. 6.

[95] SEBASTIÁN, manuscrito, p. 14.

[96] SEBASTIÁN, manuscrito, p. 8

realidades, que era necessário, enfim, refundar, junto com a nação, o idioma que a devia representar. "Para uma nação que se aprimora", dizia o periódico *La Abeja Española*, "é indispensável que assinale seu novo sistema com novas vozes e que, a cada uma das novidades que introduz, coloque também um novo nome".[97]

Junto com esta vontade legislativa sobre a linguagem, aparecerá também, no entanto, a consciência de suas limitações, da defasagem inevitável entre as ideias e as instituições, por um lado, e as vozes que as expressam, por outro. Os textos da época sublinham três fontes de desajustes ou formas características de "anfibologia da linguagem" (existe, na realidade, uma quarta, que é de fato a mais fundamental e explica as outras três, mas para chegar a ela será necessário esperar o final do capítulo). A primeira é a prática "escolástica" de criar vozes vazias, carentes de referentes; ou seja, de tentar realizar uma revolução puramente nominal, que não corresponde a nenhum objeto ou fenômeno real.[98] A segunda é uma variante da anterior, "o risco de engano", que consiste em dar novos nomes a velhas realidades. O significado político destas duas primeiras era, na realidade, ambíguo. Enquanto nos círculos liberais se expressavam os temores de que a tarefa de regeneração com a qual estavam comprometidos culminasse em uma mera revolução linguística, os filiados ao partido absolutista viam ali implícito, por outro lado, o perigo de que o *abus des motes*, a confusão de palavras, tornasse ilegíveis os conteúdos valorativos aderidos tradicionalmente às palavras.[99] Por último, a terceira fonte de desajuste, que era especialmente cansativa para o partido monárquico,

---

[97] "Revolución de nombres y no de cosas". *La Abeja Española*. Cádis, 27 jun. 1813. (*apud* SEOANE, 1968, p. 42).

[98] "Os escolásticos – disse *La Abeja Española* – sempre foram muito felizes nesta espécie de 'superposição' de vozes que, por falta de coisas que expressar, foram reputados como castelos de areia e consignados no país das quimeras, ou entes da razão, como eles dizem [...] Revolución de nombres y no de cosas" (*apud* SEOANE, 1968, p. 42).

[99] "Antigamente – dizia o Procurador-Geral – o roubo se chamava roubo, o adultério, adultério, a impiedade, impiedade, e seguindo a mesma lógica, os demais vícios, que conservaram sempre uns nomes muito feios, com os quais os homens se ofendiam e dos quais fugiam. Hoje já temos nomes brilhantes,

e é a que nos interessa aqui em particular, consistia na operação inversa, de tentar legitimar as novidades políticas apelando para velhos termos. O exemplo paradigmático eram as próprias Cortes, cujo nome invocava uma velha tradição para designar um fato que representava, na verdade, sua completa negação.

Com efeito, tentariam defender "quase todos os preceitos constitucionais, rigorosamente contrários aos ordenamentos jurídicos precedentes", assinala Joaquín Varela, "recorrendo a uma suposta tradição espanhola, que permitisse vincular todas as medidas inovadoras a um precedente histórico".[100] Para os absolutistas se tratava de uma argúcia retórica. Como afirma Fernández Sebastián, para os clérigos anticonstitucionalistas, como Lorenzo Thiulen ou Magín Ferrer, "esta maneira insidiosa de atribuir novos sentidos à antiga terminologia resulta não apenas mais perigosa e sedutora, mas também especialmente perversa e repudiável".[101] Muitos liberais, no entanto, acreditavam encontrar na História espanhola fundamentos reais para suas propostas.[102] Sobre isso, Argüelles argumentava:

> [...] somente pessoas que ignoram a História do povo espanhol, da própria nação de que são feitos os indivíduos, podem chamar [de] ideias modernas, as inovações dos pretendidos

---

como 'despreocupação', 'luzes', 'filosofia', 'franqueza', 'liberalidade', etc." (*apud* SEOANE, 1968, p. 211).

[100] SUANZES-CARPEGNA, 1983, p. 46-47.

[101] SEBASTIÁN, manuscrito, p. 10.

[102] Os deputados americanos também recorreram ao mesmo procedimento. Perante a recusa peninsular a outorgar o direito de cidadania às castas – uma vez que, segundo era alegado, tal direito "era desconhecido em nossos códigos, sendo que em todos eles, desde o Fuero Juzgo até a Recopilação, não se encontra uma única lei que fale dele" – pelo fato de que se tratava de "uma denominação nova, tomado das nações estrangeiras", o mexicano José Miguel Guridi y Alcocer insistia que, apesar de não existir a denominação apropriada, "tínhamos a realidade que lhe correspondia". "O que entre elas significava *cidadão* explica a voz *natural* para nós, o que se concede a um estrangeiro com o direito de cidadania, chamávamos de *carta de natureza*" (GURIDI Y ALCOCER, J. M. *Diario de Sesiones de Cortes*, 10 set. [181-?]). Tratava-se, antes de mais nada, de um problema de tradução.

filósofos destes tempos, teorias dos jornalistas, máximas perniciosas dos livros franceses e não sei mais quantas inépcias [...]. Eu busco tranquilizar qualquer um que desconfie desta questão com razão e autoridade embasadas não em monitores franceses ou em escritores estrangeiros, nem em filósofos inovadores, mas nas fontes puras da História da Espanha, nos veneráveis e santos monumentos de nossa antiga liberdade e independência. [103]

Ambas as hipóteses opostas encontraram defensores entre os historiadores.[104] Provavelmente este apelo à tradição escondesse um uso instrumental da história. Ainda assim, isso não contradiz a crença de Argüelles, pois este, "que não é historiador, interpreta as referências que tem do passado no sentido das ideias modernas, alterando as próprias referências de forma radical".[105] É preciso levar em conta, reafirma Fernández Carvajal, que entre os pensadores da época existia "um sentimento histórico deficiente, pouco tocado pela individualidade dos fenômenos históricos".[106]

De forma geral, se o apelo a noções e instituições tradicionais, como as Cortes, serviria, de fato, para transformar de modo radical tal tradição, isso não ocorreria de uma forma necessariamente consciente.[107] Encontramos aqui outro dos aspectos cruciais que separa a história das "linguagens políticas" de uma história das "ideias políticas". Uma linguagem, diferentemente das ideias, não é apenas indeterminada semanticamente, como *também não é um simples atributo subjetivo*. As linguagens políticas são entidades objetivas, que se encontram publicamente disponíveis para diversos

---

[103] ARGÜELLES, 1811.

[104] Enquanto autores como Tierno Galván ou Raymond Carr defendem a primeira das hipóteses, outros como Richard Herr, sustentam a segunda. Ver Galván (1962, p. 138); Carr (1968, p. 105); Herr (1971, p. 108-109).

[105] MARAVALL, 1988, p. 78.

[106] Carvajal (1957, p. 349) *apud* Varela (1983, p. 47).

[107] Encontramos aqui o problema que levou Skinner a modificar sua afirmação primeira, a chamada "falácia intencionalista". Ver, a respeito, a série de textos reunidos em Tully (1988).

usos possíveis por diferentes interlocutores, existindo de maneira independente de sua vontade. Assim, os vocabulários de base não mudam com as posturas de seus porta-vozes, uma vez que definem as coordenadas dentro das quais estas posturas podem eventualmente se deslocar (ao menos sem colocar em crise o próprio discurso). Daí que as mudanças na trajetória ideológica – inevitavelmente errática e mutante – dos atores políticos nem sempre servem de guia para reconhecer mudanças operadas no nível das linguagens subjacentes (e, de modo inverso, a persistência de certas tendências ideológicas dominantes pode ocultar uma recomposição profunda das condições de enunciação dos discursos). A referência que Guerra faz a Tocqueville é particularmente significativa a respeito.

Retomando uma comparação feita por Federico Suárez, Guerra afirma que "como notou Tocqueville, a propósito de idêntica consulta que fez Loménie de Brienne na França, em 1788, ao fazer da Constituição um assunto de debate, passa-se, assim, da restauração das leis fundamentais à política moderna, ao reino da opinião".[108] Com efeito, o aparecimento da "política moderna" faz referência, concretamente, *ao que será então debatido*. São as mudanças nas perguntas que assinalam os deslocamentos nas coordenadas conceituais, alterando os vocabulários de base. Esta será, também, a premissa sobre a qual se funda a perspectiva de Guerra,[109] o núcleo fundamental de sua empresa de renovação historiográfica (que não radica, como vimos, em sua "tese revisionista", como se costuma afirmar). No entanto, aparecem aqui também as hesitações acerca de seu método. Na verdade, a interpretação que oferece imediatamente em seguida contradiz esse postulado.

---

[108] GUERRA, 1992, p. 178.

[109] "Ainda que, de momento", afirma, "tanto as Cortes como a representação americana na Junta Central são concebidas no marco da representação tradicional – representação dos 'povos', que se expressam por seus corpos municipais – os tópicos a serem discutidos adiante serão temas-chaves, que abrem as portas para a revolução política e para a Independência americana. De todas as questões que serão discutidas durante os anos seguintes, através das modalidades práticas da representação, a mais importante é esta: o que é a nação?" (GUERRA, 1993, p. 133).

Os acontecimentos posteriores confirmam esta intuição. Os resultados da consulta – conhecidos em boa parte da Espanha e numa mínima parte da América – mostram como, apesar de o constitucionalismo histórico ser ainda forte, os liberais vão ganhando terreno.[110]

Assim, Guerra extrai da afirmação de Tocqueville a conclusão de que "a vitória dos revolucionários é consequência da vitória ideológica, que é um signo inequívoco e irreversível da mutação da linguagem".[111] Ele identifica a mutação irreversível da linguagem com um giro ideológico: o avanço do ideário liberal e o retrocesso do constitucionalismo histórico. No entanto, está claro que não era exatamente isso o que afirmava Tocqueville. Este assinalava que o simples fato do chamado às Cortes já demarcava uma ruptura fundamental, *independente de quem ganhasse posteriormente as eleições ou quais ideias fossem impostas*. De fato, não teria sido impensável que os constitucionalistas históricos, ou mesmo os absolutistas, tivessem triunfado nas Cortes, porém, isso não teria alterado o dado fundamental para Tocqueville de que *a Constituição tinha se tornado objeto de debate público*. Foi este fato, e não o posterior triunfo do Partido liberal, o que transformaria de um modo irreversível as linguagens políticas. Esse episódio reconfigurava de maneira radical o *terreno* do debate.

Os pontos críticos na análise de Guerra se encontram, precisamente, como vimos, nesses momentos em que transcende o plano estrito dos enunciados, superando a visão da linguagem como mera soma de elementos heterogêneos, para analisar como se dá a recomposição da lógica que os articula e como se reconfigura o solo das problemáticas subjacentes; como, por fim, o aparecimento da questão da *soberania* alterou os discursos de uma forma objetiva e irreversível, ao transformar drasticamente suas condições de enunciação. Como afirma o crítico, apesar dos imaginários tradicionais continuarem sendo dominantes (como atesta a preeminência do constitucionalismo histórico), "pelas preocupações e pelos objetos de reflexão de muitas das elites, já se estava

---

[110] GUERRA, 1992, p. 178.
[111] GUERRA, 1992, p. 179.

entrando em problemáticas modernas"[112] (prestemos atenção nesta citação ao termo "problemáticas" como distintivo, neste caso, com sentido oposto ao das "ideias" dos atores). "Não é necessário, assim, levar ao pé da letra estes argumentos arcaizantes", conclui, "pois muitos dos que os empregam se amparam em termos antigos para expressar novas ideias, difíceis de formular antes de 1808".[113]

Isso nos conduz à "questão americana". Na medida em que se tratou de uma alteração objetiva da linguagem política (relativa às "problemáticas" em questão), independente da vontade dos agentes (suas "ideias"), o que reconfiguraria as coordenadas em função das quais se ordenava o debate político, o discurso dos deputados americanos também não escaparia a ela. Como veremos, se a imagem épica latino-americana que opõe o liberalismo *criollo* hispano-americano ao tradicionalismo espanhol resulta, como demonstrou Guerra, decididamente simplista, em sua imagem contrária, no entanto, não seria tão diferente.

Os deputados americanos e os fundamentos corporativos da nação

Um dos temas clássicos da historiografia espanhola acerca do período gaditano destaca que a escolástica marcou muito mais o discurso dos deputados americanos do que o dos peninsulares.[114] Já, em 1947, Manuel Giménez Fernández afirmava que "a base doutrinal e comum da insurgência americana, salvo certos aditamentos de influência localizada, proveio não do conceito rousseauniano do Pacto Social perenemente constituinte, mas da doutrina suareziana da soberania popular".[115] Retomando essa tese, Guerra assinala que o tradicionalismo hispano-americano se traduziu numa concepção pluralista de nação como constituída por uma diversidade de "povos", os quais serão evocados de forma permanente, impedindo, assim,

---

[112] GUERRA, 1992, p. 171.
[113] GUERRA, 1992, p. 173.
[114] Cf. CHIARAMONTE, 2002, p. 99-123.
[115] FERNÁNDEZ, 1947, p. 29.

o desenvolvimento dos Estados modernos centralizados. Por outro lado, é possível fazer uso do termo "povo", no plural, como índice inequívoco de tradicionalismo cultural e social?[116] É possível que isto tenha ocorrido neste caso particular, mas não necessariamente. Só será possível estabelecer essa suposição analisando como surgiu, de maneira concreta, o apelo americano ao conceito contratual tradicional.[117]

Conforme revelam as fontes, a visão plural do reino como articulada a partir de sistemas tradicionais de subordinação se impõe na delegação de deputados americanos no curso da disputa da designação de uma grande quantidade de deputados suplentes, residentes na Espanha, devido às dificuldades das colônias para enviar seus próprios representantes,[118] algo que seria questionado, uma vez que as populações envolvidas não haviam participado da escolha ("deputados por vontade alheia", assim eram chamados pela *Gaceta de Buenos Aires*, eleitos "por um punhado de aventureiros sem caráter nem representação").[119] A ideia de uma monarquia plural, conformada pela diversidade de "povos" ou "reinos", permitiria a eles impugnar a capacidade de um "reino" de representar a outro (de acordo com o princípio jurídico do *negotiorum gestor*).[120] Frente

---

[116] Como vimos, uma longa tradição de autores espanhóis estendeu essa afirmação também aos liberais peninsulares, revelando suas raízes neoescolásticas; porém, isso serviu não para afirmar seu tradicionalismo, mas, certamente, as raízes nativas do "primeiro liberalismo" espanhol. Ver Agesta (1955, p. 65-73).

[117] Para os estudos recentes sobre os debates gaditanos, bem como a participação americana neles, ver Chust (1999); Rieu-Millan (1998); Varela (1983).

[118] O decreto de 2 de setembro de 1810 designou às províncias de ultramar trinta representantes, num total de cem. No momento em que as Cortes se reuniram, 29 deles eram suplentes, eleitos em Cádis por 177 residentes ali, sendo que apenas um, o representante de Porto Rico, era titular. Na medida em que chegavam os titulares, os suplentes deveriam renunciar a seu cargo, o que nem sempre ocorria, gerando motivo para conflitos.

[119] "Discurso sobre la nulidad de las Cortes que se celebran en España". *Gaceta de Buenos Aires*. Buenos Aires, 25 fev. 1811 (apud RIEU-MILLAN, 1998, p. 6).

[120] Como afirmava o peruano Ramón Feliú, a soberania "está composta de partes real e fisicamente diferentes, sem as quais, ou sem muitas das quais, não se pode entender a soberania" (*apud* RIEU-MILLAN, 1998, p. 15).

a esse argumento, os peninsulares postularam o conceito de uma nação e uma representação unificadas, de um único povo espanhol,[121] o que tornava relativamente indiferente o lugar concreto de residência.[122]

À medida que os debates avançavam, a postura dos deputados americanos se tornava, no entanto, ambígua em relação ao assunto. O eixo da controvérsia logo se deslocaria para a proporcionalidade da representação (artigos 22 e 29). Foi outorgada às províncias de ultramar uma representação bastante minoritária, apesar de que na época as duas seções do Império (Espanha e América) contassem com uma população equivalente.[123] Chegou-se a isso mediante o expediente de excluir do censo os membros das castas. Nesta ocasião, os deputados americanos apelariam a um conceito moderno de cidadania, a fim de protestar contra as desigualdades estabelecidas pelo regime eleitoral.[124] Definitivamente, é preciso admitir que a "tese épica" não carece por completo de fundamento. Ao menos neste ponto específico, que era central para os americanos, eles apareciam como mais coerentemente liberais que os liberais peninsulares.[125]

---

[121] "Eu gostaria de lembrar", insistia o deputado Diego Muñoz Torrero, "que formamos uma única Nação e não um agregado de várias nações" (*Diario de Sesiones de las Cortes*, 2 set. 1811).

[122] Nas palavras de Jovellanos, "reunindo em si a representação nacional pode, sem dúvida, refundir uma parte dela em seus membros" (JOVELLANOS, 1999, p. 187).

[123] A respeito, ver Rieu-Millan (1998). Para uma descrição detalhada das delegações americanas, ver Berruezo (1986).

[124] "Ser parte da soberania nacional", dizia o mexicano José Simeón Uría, "e não ser cidadão da nação sem demérito pessoal, são, na verdade, Senhor, duas coisas inconcebíveis, pois uma destrói a outra" (José Simeón Uría. *Diario de Sesiones de las Cortes*, 4 set. 1811). O mexicano Ramón Arizpe insistia a respeito: "V. N. tem sancionado, com aplauso geral, que a soberania reside essencialmente na nação [...]. As castas, como parte da nação, têm necessariamente uma parte proporcional e respectiva da soberania" (Ramón Arizpe. *Diario de Sesiones de las Cortes*, 14 set. 1811).

[125] É sugestivo, a respeito, que os deputados americanos fossem associados aos setores mais radicais do liberalismo, encontrando-se entre os que mais sofreram denúncias e perseguições logo após a restauração de Fernando VII.

Por um lado, é preciso observar que a linguagem dos americanos combinaria conceitos modernos com outros de matriz claramente contratual escolástica. Inclusive, pode-se admitir que essa matriz constituiu seu núcleo doutrinário. Mas, ainda assim, fica claro que também suas posturas cambiantes obedeceram a uma lógica estritamente política, bem como seus realinhamentos ideológicos dependeram da forma como o debate se apresentou em cada caso. Dada a posição em que se encontravam, a teoria contratual clássica aparecia simplesmente como a que melhor se ajustava a seus objetivos estratégicos. Esta, de fato, permitiria que eles também reivindicassem a igualdade da representação, do mesmo modo que a doutrina liberal,[126] porém oferecia sobre esta última uma vantagem adicional importante: a invocação dos "povos", no plural, resguardava em seu interior a ameaça apenas sugerida de uma possível secessão por parte das colônias[127] (lembremos que os deputados americanos encontravam vícios de origem nas Cortes e, reiteradamente, expressaram dúvidas

---

[126] Como revela Varela: "Não é difícil reconhecer que a ideia de Nação de Martínez Marina se apresentava, sem forçar sua interpretação, como a que facilmente reconduziria ao esquema provincialista do qual partiam os deputados de ultramar. Esse esquema, coerente com seus fins 'particularistas' ou 'autonomistas', alheios a Marina, resultava desde logo incompatível com a ideia de Nação defendida pelos deputados liberais da metrópole. Por outra parte, o conceito de Nação de Marina, ao estar isento de qualquer vestígio estamental – coisa que de modo algum se pode afirmar das teses expostas pelos deputados realistas – podia satisfazer também as ânsias igualitárias que animavam a maioria dos deputados americanos" (VARELA, 1982, p. 230).

[127] "É para se temer", advertia o mexicano Ramón Rizpe, "que a aprovação do artigo em questão venha interferir diretamente no desmembramento das Américas" (*Actas de las Sesiones de las Cortes*, 5 set. 1811). Como reconheceria posteriormente Argüelles: "Além disso, era uma fatalidade inseparável das circunstâncias que acompanharam a insurreição da península o fato de que o a Independência da América se apresentasse na imaginação de seus deputados não como um acontecimento eventual e remoto, mas como próximo e inevitável [...]. Os deputados peninsulares não desconheciam as causas que, algum dia, podiam consumar a separação absoluta da América, bem como as que conspiravam agora para acelerá-la" (ARGÜELLES, 1970, p. 246-247).

sobre a legitimidade de suas disposições sem prévia consulta às populações americanas).[128]

Nada parece, enfim, autorizar ir mais além e pretender extrair daí conclusões a respeito da natureza social ou da identidade cultural dos sujeitos envolvidos. Devemos recordar, por outra parte, que sua coesão como grupo só se deu na defesa dos reclamos específicos a favor das colônias, pois se tratava de uma delegação heterogênea dividida internamente nos demais pontos, seguindo as mesmas linhas de cisão que dividiram o resto dos congressistas.[129] O que foi exposto não se trata apenas de uma precaução metodológica. Uma operação intelectual como essa (extrair conclusões relativas à natureza social ou à identidade cultural dos atores, a partir de suas definições

---

[128] O próprio Martínez Marina logo reconheceria esta deficiência de origem, propondo uma nova convocatória. De fato, não apenas as províncias ultramarinas haviam tido problemas para participar das Cortes, mas também as províncias ocupadas da Espanha. "Muitas províncias da Espanha e as principais da Coroa de Castela", dizia, "não tiveram influência direta e nem mesmo indireta na Constituição, porque não conseguiram eleger deputados e nem outorgar a eles suficientes poderes para levar sua voz às Cortes, sendo nelas os intérpretes da vontade de seus causantes. Daí que, de modo legal e conforme as regras do direito, a autoridade do congresso extraordinário não seja plena, uma vez que sua voz não é o órgão, nem a expressão da vontade dos seus cidadãos, o que, por conseguinte, antes de comunicar a Constituição aos que tiveram parte nela, exigindo o juramento de guardá-la, seria justo e de direito que dessem seu consentimento e aprovação, simples e direta, ou propondo modificações e reformas que melhor parecesse a eles por meio dos deputados livremente eleitos e autorizados, com suficientes poderes para entender este ponto e em tudo o que ocorria nas Cortes" (MARTÍNEZ MARINA, 1988, p. 165-166).

[129] Conforme afirma Rieu-Millan, "não se observa uma relação aparente entre o 'americanismo' daqueles deputados e sua ideologia política; liberais mais ou menos moderados, conservadores ilustrados, absolutistas" (RIEU-MILLAN, 1998, p. 374). Muitos de seus membros, além disso, mantiveram uma postura oscilante perante as adesões partidárias. Frei Servando Teresa de Mier, por exemplo, admitia, nos momentos em que se declarava conservador, ter vivido um período jacobino quando escrevia suas "Cartas a *El Español*". De fato, é difícil falar, para esse período recente, de "partidos" ou mesmo de correntes ideológicas claramente definidas. Ver, a respeito, o interessante artigo de Roberto Breña, "Un momento clave en la historia política moderna de la América hispana: Cádiz, 1812", manuscrito.

ideológicas) supõe uma série de pressupostos relativos aos modos de conceber a História intelectual que, como veremos, são difíceis de sustentar atualmente (e nos devolvem, novamente, à velha História das "ideias"). Isso pode ser observado mais claramente quando analisamos o outro polo da antinomia estabelecido por Guerra.

Como vimos, segundo esse autor, o vetor da mutação cultural produzida no lapso desses "anos cruciais", foi o grupo liberal encabeçado por Quintana. No entanto, essa evolução teve efeitos contraditórios para a Espanha, uma vez que selou seu divórcio com a América. "As Cortes de Cádis", afirma Guerra, "ao tornarem a nação espanhola um Estado unitário, fechavam definitivamente a possibilidade de manter os reinos das Índias no seio da monarquia".[130] Assim como o particularismo americano revelava, para ele, um imaginário tradicionalista, inversamente, o ideal liberal de uma nação unificada impôs uma política estritamente "colonialista" (no sentido de que levaria a uma recusa tenaz dos reclamos de maior autonomia das colônias). "Para estabelecer uma verdadeira igualdade política entre as duas partes da monarquia", assegura, "seria preciso transformar o imaginário das elites peninsulares".[131] Entretanto, se analisamos esta informação, é possível observar nela uma inversão das relações de causalidade. De modo algum se pode atribuir o caráter colonialista da postura da maioria peninsular a suas ideias liberais; em todo caso, seria muito mais correta a afirmação inversa de que, se assumiram neste ponto uma visão moderna de nação, foi porque esta harmonizava com suas posturas colonialistas. O certo, no entanto, é que não existe uma correlação necessária entre ambos os termos (liberalismo e colonialismo). Isso fica claro pelo fato de que tanto os liberais como os absolutistas foram colonialistas.[132] Por outro lado, se o liberalismo servia de

---

[130] GUERRA, 1993, p. 341.

[131] GUERRA, 1994, p. 225.

[132] Na realidade, aqui Guerra está polemizando também com uma longa tradição historiográfica, que vê a origem da dissolução do Império a partir da visão conservadora espanhola que concebia o país, segundo afirma Álvarez Junco, como "uma nação única, antiga, castelhanizada e homogênea", consubstancial, nesse

sustento ideológico para o colonialismo, também era, não obstante, igualmente compatível com uma postura oposta. De fato, como vimos, os deputados americanos também apelaram às premissas liberais a fim de afirmar sua demanda de representação igualitária. O próprio Guerra se contradiz nesse ponto, ao admitir que o fato de advogar pela igualdade de representação obrigava os americanos a aderir a esse mesmo ideal liberal que, segundo afirma, levava os peninsulares a recusar toda reclamação nesse sentido.

> O objetivo fundamental dos americanos foi, neste caso, lutar pela igualdade da representação entre a Espanha e a América. Este era seu objetivo prioritário, o que em parte explica que, apesar de sua concepção plural de monarquia, as reivindicações dos peninsulares fossem aceitas. A petição de igualdade com a península e a obtenção de um elevado número de deputados que isso acarretava, fez com que eles aceitassem, então, uma concepção unitária da monarquia que não coadunava bem com a enraizada visão de que esta correspondia a um conjunto de comunidades políticas diferentes.[133]

Na realidade, não era exatamente assim. Como afirma Rieu-Millan a respeito do princípio de soberania popular, "esta defesa podia se fundamentar, em outro contexto, sobre bases teóricas tradicionais (Estado patrimonial composto por diferentes reinos)".[134] Isso revela as complexidades do debate, bem como a impossível redução mútua entre imaginários sociais e determinadas ideologias políticas. Em suma, se a antinomia "liberais peninsulares = atomicismo = colonialismo" contra "tradicionalismo americano = organicismo = independentismo" pode ser aceita como uma descrição correta do modo pelo qual se alinharam as forças em Cádis, fica claro que tal contraposição não se funda em nenhum nexo conceitual

---

sentido, "com a monarquia, com a religião católica e um estado solidamente centralizado e de vocação uniformista" (JUNCO, 2001, p. 27).
[133] GUERRA, 1993, p. 345.
[134] RIEU-MILLAN, 1998, p. 17.

(nem a defesa americana de uma concepção plural de monarquia era, em si mesmo, "tradicional", nem a ideia moderna de uma nação unificada era necessariamente colonialista), mas em algo puramente contingente, derivado das circunstâncias e das formas pelas quais se deu o debate e foram estabelecidos, eventualmente, movimentos de aliança e ruptura nas próprias Cortes.[135]

Voltemos, pois, à nossa pergunta inicial: até que ponto o apelo às doutrinas escolásticas representava verdadeiramente um retorno a um tipo de imaginário tradicional? Como afirmamos, determinar isso de maneira precisa é impossível. Na realidade, diferenciar os motivos "tradicionais" dos "modernos" nem sempre é algo factível. Eles se misturam, variam e se complexificam nos discursos do período de tal modo que muitas vezes não é possível discerni-los. O certo é que, como assinala Antonio Annino, o corporativismo vai ser então "reinventado". Como assegura esse crítico, "os fundamentos municipalistas dos futuros Estados republicanos foram criados na crise do Império e não antes".[136]

Annino introduz uma precisão fundamental no conceito de Guerra; o corporativismo territorialista ou municipalista foi, em vez de uma persistência da ordem colonial, o resultado de seu deslocamento ("o deslize da cidadania na direção das comunidades territoriais", afirma, "não foi uma 'herança colonial' direta, mas se originou no curto período de sua crise").[137] No nível das instituições sociais ocorreria o mesmo que passou com os imaginários sociais. O corporativismo, da mesma maneira que o escolasticismo, era uma

---

[135] Na verdade, se um por lado o colonialismo dos deputados peninsulares não necessariamente contradizia seu liberalismo, colocava para eles, por outro, contradições sérias a partir do momento que os obrigava a se aliar aos setores ultrarrealistas na América. Os deputados americanos em Cádis forçariam os peninsulares a se enfrentar algumas vezes com esta contradição, levando propostas de remoção dos vice-reis Abascal, do Peru, e Venegas, do México, por desconhecerem as sanções constitucionais. Eles apareciam como baluartes do absolutismo, o que era desprezado pelos liberais, mas constituíam os pilares fundamentais, em suas respectivas regiões, da ordem colonial que eles também defendiam ou não estavam dispostos a alterar.

[136] ANNINO, 1994, p. 251.

[137] ANNINO, 2002, p. 209.

tradição que, apesar de não estar de todo esquecida, já se encontrava em pleno retrocesso no mundo hispânico, como já afirmava Guerra. Sua reativação no século XVIII não significaria, assim, um mero retorno ao passado, pois "o ponto mais importante", assegura Annino, "é que os novos agrupamentos eletivos representaram um fenômeno de neocorporativismo no interior de um quadro constitucional".[138] Recolocadas objetivamente num novo quadro discursivo, as mesmas ideias e as próprias instituições adquiriam um sentido e uma dinâmica já bem distinta da que tinham no Antigo Regime. Num interessante estudo de caso, José Antonio Serrano Ortega revela, com efeito, como foram então alterados os modos de articulação do poder.

> A multiplicação dos conselhos constitucionais, amparada pelo liberalismo gaditano, colocou em marcha um processo de igualação jurisdicional nas vilas e nas cidades, o que anulou a subordinação das populações "sujeitas" a suas capitais. [139]

Assim, a instalação de um sistema representativo fundado no princípio corporativo territorial, ainda que baseado em pautas claramente

---

[138] ANNINO, 1994, p. 251. Para alguns autores, como Richard Morse, tratava-se simplesmente de uma invenção, uma ficção, que não revelava nenhum vínculo histórico. O corporativismo medieval nunca teria acontecido de fato na Espanha. O texto de referência clássico aqui é o de Albornoz (1956).

[139] SERRANO ORTEGA, 2001, p. 137. Após a Independência, esta tendência será reforçada na direção de uma "democracia" corporativa. "A Constituição de 1826", afirma Serrano Ortega, "modificou substancialmente a hierarquia territorial e a organização política de Guanajuato. Em 1809, funcionava uma hierarquia piramidal no corpo político provincial, pois as administrações de Guanajuato, León, Celaya e San Miguel eram os representantes da 'voz' da província. Em 1820 e 1823 esse corpo político se modificou, ao incorporar os eleitores de partidos aos conselhos das vilas e dos povoados, ainda que quatro conselhos continuassem conservando um peso maior em termos de votos eleitorais, ao designar 16 dos 36 eleitores dos partidos. Em contrapartida, a partir de 1826, cada partido teria o direito ao mesmo número de votos para designar deputados" (SERRANO ORTEGA, 2001, p. 185.). Esta tendência teria se iniciado, na verdade, com a reorganização territorial realizada pelos bourbons. Ver Rabiela (2003, p. 39-76); Pietschamnn (1996).

tradicionais, acabaria deslocando a premissa fundamental na qual estava assentada a ordem social do Antigo Regime: sua estrutura piramidal. Todo o sistema de subordinações e hierarquias, que até então ordenava a sociedade, seria completamente desarticulado em poucos anos.

Do ponto de vista teórico, esta torção de categoria tem duas consequências fundamentais. Em primeiro lugar, ela questiona a identidade da oposição entre tradição e modernidade com aquela outra, entre mudança e permanência, e, em última instância, entre natureza e artifício; muitos dos arcaísmos sociais ou atavismos ideológicos observados poderiam não estar relacionados simplesmente à persistência de arraigados padrões comunais ou imaginários tradicionais. Esses serão, então, reinventados de algum modo. Definitivamente, o corporativismo municipalista não expressa meramente uma forma natural tradicional de sociabilidade política, mas, assim como a noção moderna para Guerra, seria um fenômeno de origem "estritamente político" (isto é, "artificial").[140]

A segunda consequência, ainda mais fundamental, deriva da anterior. A verificação de Annino rompe com o "teleologismo do ponto de partida", inverso ao discurso nacionalista latino-americano que impregna a perspectiva de Guerra. O que, para este, estava na origem, na "estrutura profunda" que a independência permite que apareça, não era a nacionalidade, mas os germens da desagregação

---

[140] A postura de Annino, no entanto, resulta oscilante nesse ponto, permanecendo em alguns momentos ainda presa à equação dicotômica entre tradição e modernidade com aquela outra entre natureza e artifício. Conforme assinala o crítico: "Essa notável singularidade do mundo hispânico, especialmente no México, fez com que, após a Independência, a república liberal tivesse por muito tempo duas fontes de legitimidade: os povos e os congressos constituintes, ou seja, dois atores que encarnavam, um o 'natural' e outro o 'constituído'" (ANNINO, 2003, p. 427-428). Em um texto recente, por outro lado, ele assinala a ingenuidade de se identificar, sem critérios claros, as instituições do Antigo Regime como expressão de uma *ordem natural*, em oposição à artificialidade do sistema moderno. "Todas as sociedades foram e sempre serão imaginárias pela simples razão de que foram e serão imaginadas. Assim como também foi o Antigo Regime. O mesmo casuísmo jurídico, que parece tão concreto e pragmático, não foi outra coisa senão um enorme esforço para imaginar e controlar a multiplicidade social" (ANNINO, 2004).

política e social.[141] Na perspectiva de Annino, pelo contrário, a desarticulação das unidades político-administrativas coloniais não teria sido um elemento fatal resultante das condições preexistentes (as tradições corporativas), mas, ao menos em parte, teria resultado do próprio modo e das circunstâncias específicas sob as quais se produziu a ruptura do vínculo colonial, entre as quais se podem mencionar as longas guerras, com a série de deslocamentos sociais, políticos, econômicos, etc., que trazem a tiracolo, ou o contexto internacional, dominado, naquele tempo, pelo clima da restauração, o que não foi, de modo algum, alheio ao resultado alcançado.

As vacilações de Guerra têm, em última instância, uma fonte comum. Como vimos, o fato de não distinguir claramente linguagens e ideias o leva a confundir e identificá-las como atributos subjetivos, ou seja, ele projeta as linguagens no plano da consciência dos atores, a fim de extrair dali, posteriormente, conclusões relativas à sua natureza social ou identidade cultural. Isso terminaria desviando seu projeto historiográfico.[142] Após desmontar a antinomia

---

[141] De alguma forma, trata-se do velho jogo de encontrar o "ovo da serpente", aquele pecado original que explica todos os problemas subsequentes. As palavras com que Guerra encerra *Modernidad e independencias* são eloquentes a respeito; vistos retrospectivamente, os eventos que agitaram a história latino-americana recente aparecem como "avatares deste problema essencial, que conhecem todos os países latinos no século XIX e explica a concordância de suas conjunturas políticas: a brusca instauração, em sociedades tradicionais, do imaginário, das instituições e de práticas da política moderna" (GUERRA, 1993, p. 381). Guerra retoma aqui, de forma crítica, a visão, não menos mística, sempre refutada pela historiografia recente, da preexistência da nação e das liberdades norte-americanas, em oposição a não preexistência destas na América Latina, como explicação última de seus destinos divergentes (dando lugar à oposição entre as vias evolutivas e não evolutivas rumo à modernidade).

[142] Com efeito, esta confusão, como assinalamos, deriva inevitavelmente numa recaída naquela visão idealista e, em última instância, teleológica da revolução da Independência que Guerra se propõe a questionar. Comprovada a carência de fundamentos endógenos, de raízes sociais e culturais nativas, não seria difícil concluir que a modernização das estruturas políticas locais, sem as quais, segundo ele afirma, a revolução independentista teria sido inconcebível, somente poderia ser atribuída à "influência ideológica" externa. A "mutação conceitual" que então se produziu nas colônias teria seu embasamento estritamente no plano das ideias.

entre liberalismo americano e atavismo peninsular, sobre a qual descansa a tese épica da revolução da Independência, ao invés de analisar todas as consequências dessa descoberta, crucial em muitos aspectos, ele se limitará simplesmente a inverter os termos, o que o leva a forçar de forma excessiva seu argumento. Assim, a dicotomia entre modernidade e tradição, longe de se enfraquecer, será reforçada, abrindo-se numa segunda antinomia, contrária à anterior, entre liberalismo espanhol (modernista) e organicismo americano (tradicionalista), o que tornará a "tese revisionista" uma espécie de reflexo invertido da velha "tese épica". Na verdade, ainda que opostas em seus conteúdos, por trás de ambas as perspectivas, a revisionista e a épica, subjaz uma mesma visão idealista e teleológica da história. Somente seu *locus* é alterado, sem modificar o essencial. Isso nos devolverá à historiografia espanhola das ideias.

As raízes do constitucionalismo histórico

Para grande parte da historiografia espanhola das ideias, as Cortes de Cádis representam muito mais que um fato histórico, mais, inclusive, do que uma autêntica revolução política e cultural; representam uma espécie de epifania da liberdade.[143] Como afirma

---

"Aí se encontra, sem dúvida – afirma Guerra – uma das chaves que para ele explicam as particularidades da vida política moderna em todos os novos países: a existência de atores, de imaginários e de comportamentos tradicionais, em contradição com os *novos princípios que aparecem nos textos*" (GUERRA, 1993, p. 205, grifo nosso.). Não será outra coisa, de fato, o que afirma a velha tradição da História das "ideias" latino-americana. Neste caso, sua contribuição se limitaria simplesmente a precisar que tal influência ideológica, que impregnou a nova elite governante *criolla* ("os novos princípios que aparecem nos textos") não provém diretamente da França, mas procedem da Espanha. Se por um lado isso resulta interessante como uma referência, é necessário convir que de nenhum modo poderia ser considerado uma revolução historiográfica. Na verdade, simplesmente revela que o marco teórico do qual parte Guerra não faz jus ao sentido e à verdadeira dimensão de sua contribuição ao tema, que certamente não radica ali.

[143] A Constituição de 1812, afirma Sánchez Agesta, "se transformava num mito do constitucionalismo espanhol" (AGESTA, 1955, p. 84). Seu estudo, portanto, teria um interesse que transcende o plano estritamente histórico.

Varela, após essa curta porém convulsiva marcha, "a soberania se apresentava agora *como o que realmente é*: uma faculdade unitária e indivisível, inalienável e perpétua, originária e juridicamente ilimitada". E logo conclui que "estes pressupostos eram capazes de servir de cimento para a ideia e também para a vertebração prática e histórica do Estado".[144]

O que afirma Varela não é diferente, na realidade, do que afirmavam, a partir de uma perspectiva também oposta (a tese "épica"), os atores e observadores latino-americanos do período, como o mexicano Carlos María de Bustamante.

> "Que a soberania reside essencialmente na nação e, por esta razão, pertence a ela exclusivamente o direito de estabelecer suas leis fundamentais". Mas que dor! Foi necessário o decurso de vários séculos, o derramamento de muito sangue nas batalhas e o enfrentamento mais duro contra o fanatismo e a ignorância mais servil, para aclarar esta verdade importante e apresentar ao universo uma proposição tão simples como verdadeira.[145]

De fato, ambas as teses opostas (a épica hispanista e a épica americana) giram sobre a base de um conjunto de premissas comuns. A mais importante delas é a da racionalidade, em princípio (ou seja, mais além de sua aplicabilidade ou não ao meio específico), dos ideais liberais. Neste caso, tal percepção, longe de expressar um mero fato da realidade, é sintomática do processo de naturalização de uma série de pressupostos que, para os anos que estudamos, não pareciam totalmente autoevidentes para seus contemporâneos. Isso ocorreu por razões muito mais plausíveis do que o suposto ofuscamento dos sentidos, produzido pela persistência dos preconceitos e preocupações antigas. Isso nos conduz finalmente à quarta fonte da anfibologia da linguagem, que preocupava tanto os liberais como os absolutistas (explicando as outras três assinaladas anteriormente).

---

[144] VARELA, 1983, p. 430 (grifo nosso).
[145] BUSTAMANTE, 1971, p. 28.

O problema crítico que apareceu não era tanto a manipulação ilegítima da linguagem, seja inventando nomes sem referentes ou criando neologismos para designar antigos objetos, ou, finalmente, apelando a termos familiares para fenômenos inauditos (os três tipos de anfibologia dos quais falávamos antes). O ponto crucial é a consciência ou sensação generalizada de se enfrentar a um fenômeno anômalo, *para o qual não haviam categorias que pudessem designá-lo apropriadamente*. Como afirma o deputado americano Lispeguer, na sessão de 25 de janeiro de 1811:

> Temos entendido que este Congresso é muito diferente das demais Cortes; seu objeto tem sido outro. Nenhuma das anteriores havia experimentado a soberania absoluta; nunca nelas o povo havia exercido tanta autoridade. Este Congresso não é como as Cortes, é coisa nova, nem sei que nome podemos dar a ele.[146]

Aquilo que não pode ser nomeado, que aparece simplesmente como impossível de se definir, é apenas a ideia de um *poder constituinte*. Este vazio conceitual, no entanto, já não se deve simplesmente à persistência de imaginários tradicionais, de uma linguagem que não continha nomes para expressá-lo. A própria ideia de um ato instituinte, que não reconhece nenhuma legalidade preexistente, de um Congresso que fala em nome de uma vontade nacional a qual diz representar, porém que, ao mesmo tempo, ele mesmo a constitui como tal; que não aceita, portanto, nenhuma autoridade que seja externa a ele mesmo e cuja legitimidade depende do postulado da preexistência de uma soberania da qual emanam suas prerrogativas, de onde procede sua autoridade e dignidade, em suma, uma entidade ao mesmo tempo heterônima e autocontida, que deve afirmar e negar ao mesmo tempo suas próprias premissas, parecia conduzir a paradoxos irremediáveis.

Com o poder constituinte aparece algo que não poderia ser designado com velhos *e nem com novos nomes*. A afirmação de Varela

---

[146] *Diario de Sesiones de las Cortes*, 25 jan. 1811, *apud* EOANE, 1968, p. 430.

anteriormente citada revela algumas das fissuras que começam a se manifestar (e que, chegado o momento, colocariam os "tipos ideais" sob questionamento). A ideia da soberania "como uma faculdade unitária, indivisível, inalienável e perpétua" é, como afirma Varela, a única capaz de "servir de cimento para a ideia e a vertebração prática, histórica, do Estado",[147] e, no entanto, resulta ao mesmo tempo destrutiva para o próprio Estado. Por um lado, ela pressupõe a alienação de parte do povo em seus representantes, posto que, ao ser uma faculdade "unitária e indivisível" não consegue se conservar depois de ter se transferido, o que, por outro lado, é precisamente aquilo que essa mesma noção torna inconcebível, na medida em que, por se tratar justamente de uma faculdade "unitária e indivisível", resulta também "inalienável e perpétua". Enfim, como indica Varela, aquilo que constitui a premissa do Estado ao mesmo tempo se choca permanentemente contra ele.

Essa aporia emerge nas Cortes nos debates suscitados a respeito de como conseguir a "rigidez constitucional". A pergunta que então foi levantada era esta: uma vez consagrado o dogma da soberania popular, como poderiam ser fixados os limites para o seu exercício, como evitar que aqueles que deram origem à Constituição acreditassem terem o direito de alterá-la a qualquer momento que quisessem, sem mais controle que sua própria vontade soberana? Do contrário, de não ser possível fixar um limite ao seu exercício, a Constituição somente haveria de estabelecer o princípio de sua própria destruição. O único que restaria dela seria o poder e a faculdade de derrocá-la.[148]

Evitar isso, pensavam, supunha a criação de um órgão revisor, ou seja, a imediata redução do poder constituinte a poder constituído,

---

[147] VARELA, 1983, p. 430.

[148] "Existem leis" – dizia o deputado asturiano Inguanzo – "que são por essência inalteráveis, e outras que, ao contrário, podem e devem variar segundo os tempos e circunstâncias. No primeiro grupo colocamos as que se chamam, e são realmente, *fundamentais*, porque constituem os fundamentos do Estado e, uma vez destruídas, o edifício social vem abaixo" (*Diario de Sesiones de las Cortes*, apud VARELA, 1983, p. 363).

que é o âmbito no qual está circunscrita a atuação de todo Congresso. Como afirma Varela:

> Os deputados liberais, ao instituir o órgão de reforma constitucional bem diferente de uma Assembleia Constituinte, reconheceram objetivamente um fato que deveria ser óbvio, a saber: que no Estado só pode haver órgãos constituídos, o que, antes de mais nada, significa que é em sua norma constitucional, como norma suprema do ordenamento jurídico, em que reside realmente a soberania e não na nação ou em qualquer outro sujeito pré-jurídico [...]. O problema do *pouvoir constituant* se reduz a um mero problema de competências orgânicas; indagar qual órgão e com qual procedimento corresponde à máxima parcela de soberania no Estado, a máxima cota de seu exercício: reformar sua Constituição.[149]

Para romper com esta espécie de *mise en abîme* era necessário, pois, reduzir aquilo que definia, justamente, o caráter revolucionário do processo aberto em 1808 (a irrupção do poder constituinte) a uma questão meramente procedimental: definir sob quais circunstâncias, em quais prazos e seguindo quais normas se poderia eventualmente alterar a carta constitucional. Chegaram, assim, ao paradoxo de pretender criar um "poder constituinte constituído", segundo a expressão de Sánchez Agesta.[150] Por detrás desse paradoxo, no entanto, assoma uma questão muito mais fundamental, que vai revelar as limitações inerentes ao primeiro liberalismo espanhol. Com efeito, a importância da irrupção do poder constituinte escondeu, na realidade, um aspecto-chave para compreender a natureza deste primeiro liberalismo: *em toda esta primeira etapa, a questão da nação ainda não haveria de aparecer como problema.* Ali podemos ver, enfim, o sentido profundo do historicismo gaditano.

Nas palavras de Menéndez y Pelayo, este historicismo se tratava de um "estranho espelhismo", o qual é explicado por Sánchez Agesta

---

[149] VARELA, 1983, p. 346.
[150] AGESTA, 1979, p. 329.

como a recusa generalizada do absolutismo, que tomava o passado remoto como uma espécie de idade dourada, na qual as liberdades tradicionais ainda resistiam, com certo êxito, ao impulso centralista abrumador do poder monárquico.[151] Não obstante, por trás dessa invocação mítica do passado — que, como vimos, efetivamente ocorre, o que nos levou a relativizar seu suposto "tradicionalismo" — se esconde, no entanto, um fundamento muito menos ilusório. Isso nos devolve à questão da "hibridez" da linguagem política do período, que se relaciona não com as ideias dos atores, como normalmente se interpreta, mas com a natureza das problemáticas que estavam então em debate.[152]

Para Martínez Marina, entre a nação e o poder político há uma diferença essencial. A primeira, ele afirma, é uma entidade que existe independente da vontade dos sujeitos. Essa entidade articula um sistema espontâneo de subordinações sociais que encontram sua raiz primeira na autoridade paterna. Nas palavras de Althusio, a nação constituía uma *consociatio symbiotica*.[153] No entanto, para Martínez Marina, ao contrário do que pensa Althusio,

---

[151] AGESTA, 1974, p. 63. Essa recusa do absolutismo, afirma Varela, vai se traduzir, por sua vez, numa desconfiança do poder executivo (Cf. VARELA, 1987, p. 123-195).

[152] Essa distinção é fundamental para compreender a natureza do debate político do período. A percepção da presença de motivos contraditórios, ou provenientes de universos conceituais diversos, não é em si mesmo uma prova da inconsistência das linguagens políticas de um período dado, mas costuma revelar, simplesmente, uma inadequação do próprio instrumento de análise. Se concentramos nosso enfoque exclusivamente no nível superficial dos conteúdos ideológicos dos discursos, será natural encontrar misturas de todo gênero, mesclas incoerentes de motivos contraditórios, perdendo de vista qual é a lógica que os organiza (ou, eventualmente, como tal lógica se rompe). Definitivamente, o que torna plausível a postura de Guerra é o fato de que, num primeiro momento, seriam superpostas, não tanto as "ideias", mas as problemáticas contraditórias. A "hibridez" remete à natureza equívoca do campo discursivo de referências.

[153] A ciência que a estuda teria, assim, um alcance maior que a *política*, a ciência da cidade, a qual se superpõe a uma *econômica* ou ciência do lar, para constituir a *symbiotica*. Esta, por sua vez, estudará todos os grupos que vivem em comunidade orgânica, assim como as leis de sua associação natural. Althusio a define como a arte de estabelecer, cultivar e conservar entre os homens o laço orgânico da vida social.

entre esses vínculos naturais de subordinação que constituem a nação e o poder político havia uma descontinuidade radical. As formas de governo, diferentemente das nações, têm uma origem estritamente convencional; elas mudam, portanto, com o tempo, podendo ser alteradas unicamente pela vontade de seus membros. "Nem Deus, nem a natureza", assegura, "obrigam os homens a seguir precisamente este ou aquele sistema de governo" (MARTÍNEZ MARINA, 1988, p. 87).[154] O "sonho" absolutista de uma correlação estrita entre autoridade paterna (que é um fato natural) e poder monárquico (que é um resultado convencional), segundo afirma, não resiste à menor análise.[155]

> A autoridade paterna e o governo patriarcal, o primeiro e único que por muitos séculos predominou entre os homens, não têm semelhanças ou conexão com a autoridade política, nem com a monarquia absoluta, nem com nenhuma das formas legítimas de governo adotadas pelas nações em diferentes idades e tempos. [...] A autoridade paterna, desde uma primeira consideração, provém da natureza e precede a toda convenção, é independente de qualquer pacto, é invariável, incomunicável, imprescritível, circunstâncias que, de nenhuma maneira, não convêm nem são aplicáveis à autoridade política e menos ainda à monarquia absoluta. Este gênero de governo foi introduzido pelo tempo, pela necessidade e pelo livre consentimento dos homens; é variável em suas formas e sujeito a mil vicissitudes.[156]

Essa diferenciação conceitual estabelecida por Martínez Marina realça algo mais que uma mistura ideológica entre modernismo e

---

[154] MARTÍNEZ MARINA, 1988, p. 87.

[155] É preciso esclarecer que a ideia de Althusio não era de uma continuidade essencial entre ordem social e ordem política (o que demonstra, uma vez mais, a dificuldade de estabelecer correlações diretas entre doutrinas sociais e ideologias). O caráter natural dos laços de subordinação funda em Althusio, pelo contrário, uma perspectiva "democrática", opondo, de fato, a monarquia à ideia de poliarquia como a expressão mais autêntica de vínculo político orgânico.

[156] MARTÍNEZ MARINA, 1988, p. 92-93.

tradicionalismo; nela se condensa um traço objetivo do discurso político do período (que nos permite falar de "hibridez das problemáticas"). O processo revolucionário que começa na península está totalmente fundado, em última instância, num pressuposto: o da preexistência da nação. Daí a afirmação de que, quando o monarca desaparece, a soberania seria revertida novamente nela. O *poder constituinte* que emerge em Cádis encontra aqui seu limite.

Conforma afirma Artola, em *Los orígenes de la España contemporánea* [Origens da Espanha contemporânea], "carecendo por inteiro de instruções ou regras de conduta, não é estranho que [os deputados] se sentissem como os criadores de um novo pacto social" (ARTOLA, 1959, p. 395).[157] No entanto, isto daria lugar a um mal entendido, que pode ser observado na afirmação de Guerra, de que "se trata de fundar uma nação e proclamar sua soberania, construindo, a partir dela, através da promulgação de uma Constituição, um governo livre".[158] A ideia de um poder constituinte fazia referência estritamente à faculdade de estabelecer ou alterar o *sistema de governo*. O artigo 3° da Constituição antes citado, em sua redação original, tornava isso explícito: "A soberania reside essencialmente na nação e, por isso, pertence a ela exclusivamente o direito de estabelecer suas leis fundamentais, adotando a forma de governo que mais lhe convenha".[159]

O novo pacto social refundaria o Estado, mas isso já pressupunha que a nação poderia realizar este trabalho. A ideia da necessidade de *constituir a nação* ainda era inconcebível. Mesmo

---

[157] ARTOLA, 1959, p. 395.

[158] GUERRA, 1993, p. 175.

[159] *Diario de Sesiones de las Cortes*, 25 ago. 1811. A última expressão foi posteriormente suprimida, uma vez que colocava em discussão a permanência do sistema monárquico, algo que um grupo importante de deputados não estava disposto a fazer. Este era o conceito original de *soberania*. Como veremos no capítulo correspondente, este conceito surge no final do século XVI com Jean Bodin, associado à faculdade do monarca de dar e receber leis. Ainda não existia nenhuma relação com a ideia de *soberania nacional* e, evidentemente, menos ainda com a da faculdade de *constituí-la*.

quando, como vimos, não existia acordo a respeito de *como* estava constituída, se sua estrutura era imutável ou cambiante com o passar do tempo, algo que eventualmente pode ser reformado ou não, ninguém duvidava de sua existência como tal.[160] Inclusive para aqueles que concebiam sua origem como convencionalmente estabelecida, tal acordo primevo se encontrava, para eles, sempre pressuposto já no conceito de um poder constituinte.[161] As declarações de Juan Nicasio Gallego, que Artola cita como exemplo do surgimento de uma visão contratual do social, de viés "rousseauniano", mostram claramente essa dupla dimensão do conceito (o que revela que a questão da preexistência da nação não se relaciona estritamente com o caráter – tradicional ou moderno – das referências conceituais):

> Uma nação – disse Gallego – *antes de estabelecer suas leis constitucionais e adotar uma forma de governo já é uma nação*, ou seja, uma associação de homens livres que concordaram voluntariamente em construir um corpo moral, o qual haverá de ser regido por leis que sejam o resultado da vontade dos indivíduos que o formam e cujo único objetivo é o bem e a utilidade de toda a sociedade (ARTOLA, 1959, p. 409, grifos do autor).[162]

---

[160] "Existe, no entanto, uma primeira acepção que, apesar de suas diferenças, todos compartilham: a nação designa o conjunto da Monarquia. Como se evidenciou de maneira patente na reação unânime de seus habitantes nos dois continentes, a nação espanhola é uma comunidade de homens que se sentem unidos pelos mesmos sentimentos, valores, religião, costumes e, principalmente, por uma comum lealdade ao rei. Neste sentido, a unidade da nação é um dado experimental que não admite oposição" (GUERRA, 1993, p. 324-325).

[161] Isso pressupunha que o gesto primitivo de articulação da ordem política devia ser aceita, de agora em diante, como um fato incontestável. Se aquelas Cortes foram constituintes, explicavam Guridi e Alcocer, foi porque "encontrando a monarquia sem Constituição, por não estar no uso de suas leis fundamentais, estas foram restabelecidas, o que deixa as Cortes futuras desobrigadas de fazê-lo" (*Diario de Sesiones de las Cortes*, 18 jan. 1811). Dizer que se tratava de um corpo constituinte, assegurava Argüelles, "era dizer tacitamente que não podia ser perpétuo" (ARGÜELLES,1810).

[162] Citado por ARTOLA, 1959, p. 409 (grifo do autor).

Na verdade, a questão relativa à existência da nação escapava ao universo prático de problemas desse primeiro liberalismo (era uma questão puramente "técnica", para Argüelles, que não fazia sentido debater).[163] Como o próprio Guerra afirma, o movimento revolucionário que havia dado origem ao poder constituinte: "Uma insurreição popular", nas palavras de Argüelles, "na qual a nação de fato havia se reintegrado consigo em todos os direitos" (ARGÜELLES, 1970, p. 215)[164] havia dado prova também da entidade dela.[165] A ideia da preexistência da nação era, em última instância, o dado a partir do qual se levantava o edifício constitucional gaditano e a premissa da qual os novos poderes representativos tomavam a sua legitimidade.[166] Colocada esta legitimidade em dúvida, todo o discurso do primeiro liberalismo hispânico desmoronava. No entanto, não será na península que isso haveria de ocorrer. Chegamos assim ao ponto fundamental que marca a dinâmica diferencial entre a península e as colônias; somente nas colônias, efetivamente, se colocará a necessidade de criar, no próprio ato de constituição da ordem política, também aquela entidade a qual esta devia representar

---

[163] "Não se trata, aqui", se desculpava, "de ideias técnicas ou filosóficas sobre o estado primitivo da sociedade" (*Diario de Sesiones de las Cortes*, 25 ago. 1811).

[164] ARGÜELLES, 1970, p. 215.

[165] "A unanimidade e a intensidade da reação patriótica, a recusa por parte da população de umas abdicações às quais não deu seu consentimento, remete a algo muito mais moderno: a nação e o sentimento nacional" (GUERRA, 1999a, p. 121). "A comunidade de sentimentos e de valores é tão grande, e a recusa ao inimigo tão generalizada, que esta unidade vai servir de base para a construção de uma identidade nacional moderna. [...] Essas glórias são as de uma Espanha – no singular – única, que se supõe existente desde os tempos mais remotos" (GUERRA, 1999a, p. 162.).

[166] Para Martínez Marina, sua origem data do século XII, quando o povo é convocado pela primeira vez às Cortes. "O povo, que realmente é a própria nação, no qual reside a autoridade soberana, foi chamado a um augusto congresso, adquiriu o direito de voz e voto nas Cortes das quais havia estado privado, teve parte nas deliberações e somente ele formava a representação nacional: revolução política que produziu os mais felizes resultados e preparou a regeneração da monarquia. Castela começou, de certa maneira, a ser uma nação" (MARTÍNEZ MARINA, 1988, p. 133).

(a nação). A pergunta fundamental ali já não será verdadeiramente *como* estava constituída a nação, mas *qual* seria esta nação. Para além da questão de um grande tradicionalismo ou não das ideias dos atores, a revolução americana produzirá, assim, uma segunda ruptura no nível das problemáticas subjacentes. O primeiro liberalismo havia começado apelando à História e às tradições para terminar encontrando nelas sua negação, o poder constituinte. O que surge agora é a pergunta a respeito de como se constitui, por sua vez, o próprio poder constituinte, o que resultará, como veremos, numa nova inflexão conceitual.

CAPÍTULO 2

Povo / Nação / Soberania

> *Se, tal como foi visto, a originalidade de um pensamento político reside excepcionalmente apenas em cada uma das ideias nele coordenadas, procurar a fonte de cada uma delas parece o caminho menos frutífero – também menos seguro – para reconstruir a história desse pensamento.*
>
> Tulio Halperín Donghi, *Tradición política española e ideología revolucionaria de Mayo*

As sinuosidades observadas no primeiro liberalismo espanhol, determinadas por tensões próprias do discurso constitucionalista histórico, ilustram, em última instância, uma questão mais geral de ordem epistemológica.

Segundo assinalam distintos autores, entre eles Pocock e Skinner, embora a dinâmica das mudanças nas linguagens políticas suporte rearticulações drásticas de sentido, as novidades linguísticas devem se legitimar sempre segundo as linguagens preexistentes. Isto nos coloca diante do paradoxo sobre como conceitos inassimiláveis no interior de seu universo semântico podem, contudo, tornar-se compreensíveis e articuláveis dentro do vocabulário disponível (visto que do contrário não poderiam circular socialmente); dito de outro modo, como esses conceitos se desdobram no interior de sua própria lógica, corroendo-a.

Nesse contexto, certos termos são relevantes porque eventualmente atuam como *"conceitos bisagra"*, isto é, categorias que em determinadas circunstâncias servem de pivô para dois tipos de discursos incomensuráveis entre si, tornando-se, assim, núcleo de condensação de problemáticas histórico-conceituais mais vastas.[167] Em *A gênese do mundo copernicano* (1996), Hans Blumenberg oferece alguns exemplos disso.[168]

A astronomia copernicana, como demonstrou Blumenberg, apareceu basicamente a partir das premissas do pensamento escolástico medieval e a ele se uniu. Por um lado, essa união ofereceu a bagagem categorial necessária para Copérnico imaginar um Universo em que nosso planeta estivesse deslocado a uma posição excêntrica; por outro lado, regulou os critérios de aceitabilidade dessa nova doutrina.[169] De fato, aponta Blumenberg, a cosmologia copernicana surgiu como uma tentativa de salvar a física aristotélica ao invés de destruí-la. No entanto, acabou utilizando os mesmos princípios de Aristóteles para subverter, na própria base, a sua concepção física.[170] Contudo, para que isso fosse possível, foi necessário antes um processo de *afrouxamento* de seu sistema para abrir *margem* (*Spielraum*) para que a revolução copernicana pudesse se tornar concebível – ainda que não tenha sido antecipada por isso.[171] O caminho de inflexão a partir do qual a física moderna nasceu ilustraria, assim, o que se chama de *história de efeitos* (*Wirkungsgeschichte*), a partir da qual se forma um novo imaginário.

---

[167] Encontramos aqui a distinção estabelecida por Koselleck entre História das "ideias" e História dos "conceitos". "Uma palavra – afirma Koselleck – se converte num conceito se a totalidade de um contexto de experiência e significado sociopolítico, no qual e para o qual ela é utilizada, passa globalmente a ser parte dessa única palavra" (KOSELLECK, 1993, p. 117).

[168] Ver Blumenberg (1996). Aqui Blumenberg estuda o caso de dois "conceitos dobradiça", isto é, dois princípios da astronomia antiga que cumpririam funções análogas a duas das categorias principais que tornaram possível a revolução astronômica moderna: as noções de *appetentia partium* (tendência das partes a se unirem), para a lei da gravidade, e a de *impetus*, para a inércia. A esse respeito, ver Palti (2001, p. 83-312).

[169] BLUMENBERG (1996, p. 155).

[170] Desse modo, Blumenberg se distanciaria tanto das versões "vulcanistas", que imaginam as rupturas conceituais como abruptas reconfigurações de sentido, quanto das "netunianas", que veem tais rupturas como o resultado de um longo processo de transformações graduais.

[171] BLUMENBERG, 1996, p.158.

A ruptura conceitual analisada poderia ser igualmente entendida como uma *história de efeitos*. Essa perspectiva expressa melhor a série de deslocamentos pelos quais as linguagens foram sendo distorcidas; como formas de discurso radicalmente incompatíveis com os imaginários tradicionais, nasceriam, contudo, de recomposições trabalhadas a partir de suas próprias categorias. A ideia de justaposição de conceitos tradicionais e modernos transmite uma imagem que, se não é equivocada, tem algo de pobre e deficiente em relação aos fenômenos de distorção dos vocabulários políticos, visto que ainda não consegue abranger o paradoxo sobre como novos horizontes conceituais irrompem no seio dos velhos, desdobrando e se reordenando no interior de sua própria lógica, ao mesmo tempo em que a desarticulam.

Nesse aspecto, faz-se necessária uma distinção. As razões sobre por que a vacância do poder deixou o Império em crise parecem óbvias. A pergunta subjacente aqui, ao contrário, não é tão simples de responder: por que tal fato minou a *monarquia* como tal. A primeira questão responde a razões de caráter estritamente fático; a segunda, pelo contrário, envolve algo mais, que não se limita à ordem do simbólico, mas o compreende. Essa concepção distintiva está presente na base da revolução historiográfica produzida por Guerra. No entanto, a esta primeira distinção é necessário adicionar uma segunda. A corrosão dos fundamentos conceituais que sustentavam a instituição monárquica, por sua vez, não poderia ser explicada simplesmente pela emergência de outro princípio de legitimidade antagônico, o qual, como apontou o próprio Guerra, vai ser, na realidade, o ponto de chegada da crise e não o seu ponto de partida. Por essa mesma razão, embora não fossem estranhas a tal fato, também não se poderia atribuir apenas à influência das ideias estrangeiras, que por si só já deveria ser explicada (como estas ideias tiveram tal influência? quais foram as suas condições de recepção?). Por fim, trata-se de compreender como a vacância do poder minou os princípios tradicionais de legitimidade a partir de dentro, permitindo, assim, distorções conceituais que terminariam por deslocá-los, tornando manifestas, enfim, as contradições contidas em tais princípios. Encontramos aqui nosso primeiro elo na cadeia de efeitos que resultou na mutação conceitual apontada por Guerra. Se a crise do sistema político levou o discurso político hispânico a se reencontrar com suas tradições pactuais neoescolásticas, o que ressurgiu com ela, como veremos, *não seriam propriamente os seus postulados fundamentais, mas seus dilemas nunca resolvidos.*

O pacto neoescolástico e suas aporias

O neoescolasticismo espanhol, mais do que uma teoria política ou um conjunto de conceitos e categorias, estabeleceu no pensamento político ocidental uma problemática, isto é, uma forma característica de interrogar as origens e fundamentos da ordem política.[172] Originalmente concebida como um modo de pensar os limites do poder régio, a ideia de pacto neoescolástico continha, no entanto, uma ambiguidade fundamental.[173] De acordo

---

[172] Há, então – aponta Tulio Halperín Donghi –, "uma problemática comum, que dá certa unidade ao pensamento político espanhol seiscentista. Essa unidade, mais que de coerência, é feita de monotonia, pois não se demonstra muito bem qual nexo racional pode ser encontrado entre os distintos temas preferidos pelos tratadistas políticos daquele século. Mas já é notável que quase todos eles tenham feito, apesar do amplo leque de temas que a tradição lhes oferecia, uma escolha quase idêntica. Ao optar por uma escolha, percebe-se que o que os une é uma coerência histórica, se não lógica. O pensamento político agora parece uma reação – interessante enquanto sintoma – diante de situações históricas, cujo conteúdo problemático os escritores conseguiram perceber, embora não pudessem defini-lo de acordo com seus traços mais profundos e essenciais, e muito menos resolvê-lo". Ver Donghi (1988, p. 50).

[173] A ideia de um pacto primitivo entre povo e monarca adquiriu uma forma mais elaborada precisamente na Espanha, no período da Contrarreforma. Isso coincide com o renascimento do tomismo, cujo centro se encontra na Universidade de Paris. Nela estudou Francisco de Vitória, o qual, quando titular da cátedra de teologia em Salamanca, de 1526 até a sua morte em 1546, constituiu o núcleo da primeira geração de pensadores, em sua maioria membros da ordem dos dominicanos à qual pertencia Vitória, responsável por fundamentar as doutrinas que, na segunda metade do século XVI e na primeira metade do século seguinte, os jesuítas desenvolveram e cujos representantes mais relevantes são Francisco Suárez e Luís de Molina. Para uma visão geral do pensamento espanhol do período,

com esse conceito, a vontade popular se encontrava na origem da instituição monárquica, mas não era o seu fundamento. Se o postulado da existência de um contrato primitivo entre o monarca e seu povo constituía a base para fundar a sua legitimidade, isso não se dava em função de sua origem consensual, mas dos fins que viriam, em seguida, ligados à sua posição de líder e centro articulador da comunidade política. No imaginário do Antigo Regime, nenhuma vontade humana poderia, por si mesma, legitimar um ordenamento político, se este não coincidisse com o desígnio divino, ou seja, se estivesse conforme com os princípios eternos de justiça (uma sociedade de canibais, formada com o fim único de se alimentar de seus próprios membros, não poderia, obviamente, ser legítima por mais que isso estivesse de acordo com a vontade de seus membros).[174] Nesse ponto, no entanto, é necessária uma distinção conceitual.

A vontade é parte fundamental da lei humana (*ius*), diferentemente da divina e da natural (*fas*), que são conaturais ao homem e, portanto, independentes de sua vontade. Sem a mediação da vontade, não haveria legislação civil e tampouco ordem política. Sendo assim, a vontade aqui mencionada não é a dos súditos, mas a do legislador, a qual constitui a condição necessária e suficiente para a validade da norma. Ela é coessencial na medida em que a faculdade de legislar se encontra aderida à sua função. "Supomos, no legislador, a existência", afirmou Suárez, "de potestade para obrigar; mas se der também a vontade de obrigar, nada mais se pode exigir por parte da vontade".[175] Isso esclarece a natureza do conceito de pacto neoescolástico.

Contrariamente à forma como haveria de ser interpretado, essa era, fundamentalmente, uma teoria da obediência. Ela procurava apontar por quais razões, ainda que na base de toda comunidade política sempre houvesse um ato de vontade, não se tratava da

---

cf. Copleston (1953); Getino (1930); Hamilton, (1963); Maravall (1944); Mesnard (1936); Skinner (1988b); Wilenus (1963).

[174] "Não pode haver república sem justiça", dizia Santa María, "nem rei que mereça sê-lo, se não mantê-la e conservá-la" (SANTA MARÍA, 1619, p. 96).

[175] SUÁREZ, 1971, p. 71.

vontade popular. É aqui também que aparece aquela ambiguidade já mencionada. Em última instância, o apelo à ideia de *justiça* procurava manter a transcendência do poder soberano em relação aos seus súditos e, ao mesmo tempo, demarcar os limites da sua vontade. A forma do pacto originário indica justamente que a faculdade conferida ao legislador, pelo próprio Deus, havia sido concedida a ele não para o proveito pessoal, mas para que buscasse o bem da comunidade.[176] Assim, no mesmo gesto de conservar a sua legitimidade, na medida em que a ideia de pacto permitia distinguir um autêntico monarca de um déspota, igualmente abriam as portas para a sua eventual deposição, ou seja, consagrava o direito legítimo de sedição.[177] Se para os neotomistas espanhóis não era, de fato, o povo quem deveria julgar a legitimidade ou não do monarca, mas o próprio Deus, a revolução regicida na Inglaterra mostraria, contudo, os intrincados e controvertidos meios pelos quais Ele poderia executar suas sentenças.[178]

O pensamento absolutista procurou, então, afastar-se de seus fundamentos contratuais, identificando o soberano como emanação imediata de Deus, sem, contudo, consegui-lo completamente, pois, assim, além da limitação de seu poder, sucumbiriam os fundamentos de sua legitimidade. Em última instância, o reforço absolutista da origem transcendente da soberania, que faz desta

---

[176] "Os prelados se chamam pastores porque devem dar a vida por suas ovelhas. São administradores, não donos. São ministros de Deus, não causas primeiras. Portanto, no exercício do poder, eles são obrigados a se conformar aos propósitos divinos" (SUÁREZ, 1971, p. 133).

[177] Juan de Mariana explora esse ponto em *De Rege et Regis Institutione* [Sobre o rei e a instituição real]. Tal aspecto do pensamento setecentista foi enfatizado por Figgis, que traçou uma linha direta do escolasticismo espanhol ao pensamento revolucionário britânico do século XVII (FIGGIS, 1960). Para Labrousse, ao contrário, tal exacerbação da política já continha a semente do totalitarismo contemporâneo (LABROUSSE, 1942).

[178] Nesse ponto, há a convergência de uma longa tradição radical, elaborada inicialmente durante a luta das cidades italianas contra as ambições imperiais, cuja voz principal foi Bartolo de Saxoferrato, o qual, apelando ao antigo direito romano, defendeu o direito à insurreição popular.

uma faculdade indivisível e inalienável, longe de resolver o problema de sua legitimidade, tornaria ainda mais manifesta a dupla natureza do monarca,[179] distinguindo de forma mais contundente seu *corpus mysticum* (sua investidura, imortal) de seu *corpus verum*, como ser mortal ("quanto mais era exaltada a soberania", apontava Otto Gierke, "mais furiosa se tornava a disputa acerca do 'Sujeito', ou portador");[180] essa distância, chegado o momento, acabaria aparecendo como um abismo irredutível.

Para além de eventuais consequências conflitantes, as concepções de pactos tradicionais continham problemas *conceituais* fundamentais. Em primeiro lugar, faziam emergir a questão sobre como o monarca poderia, ao mesmo tempo, ser parte e resultado do pacto.[181] A ideia de um contrato originário entre monarca e súditos já pressupunha a existência deste último, impondo-se inevitavelmente a questão de sua origem. Algo ainda mais grave, pois, seja pela existência prévia do soberano ou porque tenha surgido a partir do próprio pacto, em qualquer um dos casos a ideia de um contrato primitivo sempre supunha a preexistência do povo. Assim, nasceriam as teorias do duplo pacto. O *pactum subjectionis*, entre povo e soberano, teria sido precedido e se constituído por meio do *pactum societatis*. No entanto, a ideia de um segundo pacto permanecerá sempre como uma questão. Enquanto o primeiro pacto (*pactum subjectionis*) detinha um sentido claro, que era impor limites metapositivos à vontade do soberano, o mesmo não ocorria com o segundo, cujo objeto não era outro além de tornar o primeiro compreensível. Assim, apenas levaria a outro terreno a mesma série de questões postulada pelo primeiro pacto (como, por exemplo, se haveria possibilidade de revogação do pacto; diante de quais circunstâncias isso poderia ocorrer; e,

---

[179] Ver Kantorowicz (1981).

[180] Ver Gierke (1957, p. 41). O que organizava o pensamento contrarreformista era, justamente, refutar a tese luterana da graça como característica distintiva de um monarca legítimo, pois essa tese, como ocorria com o calvinismo, justificava facilmente o tiranicídio.

[181] Ver Donghi (1988, p. 23 e ss).

caso fosse possível, qual seria o resultado), no qual já não haveria solução possível.[182] Em suma, a ideia de um *pactum societatis* era necessária para se conceber o *pactum subjetionis*, embora ela mesma não fosse completamente concebível.

O ponto crítico é que o segundo pacto parecia possuir, implicitamente, a ideia de um estado pré-social originário, visto que somente assim se justificaria a realização de um pacto constitutivo, o que era simplesmente impensável nos imaginários tradicionais, uma vez que parecia conduzir ao princípio "herético" da gênese artificial – convencionalista – da ordem social.[183] Certamente, não era assim para o pensamento político neotomista. A ideia tradicional de um *estado de natureza* não contradizia, mas pressupunha, a ideia de uma natureza social do homem.[184] Esse estado prévio à existência de qualquer legislação positiva não era estranho a toda norma, apenas àquela em que somente governava a *lei* natural,[185] inata nos homens e que emanava de Deus, quando inata nos homens provinha de Deus, o que os colocava em comunicação direta com Ele.[186] A pergunta que se colocava (que conduziria a Locke e, mais tarde, a Rousseau) era sobre o que levaria os homens a abandonar aquele estado

---

[182] "O *pactum societatis* – afirmou Halperín Donghi – oferece uma justificativa menos fácil, uma utilidade menos evidente no plano jurídico-político do que o *pactum subjectionis*. Portanto, não é de se estranhar que seja mencionado com menor frequência. Até mesmo os autores que o introduziram em suas reflexões, interpretaram-no de modo que, sem dúvida, tivesse a sua heterogeneidade diminuída em relação à tradição cristã medieval, ao mesmo tempo em que perdesse relevância" (DONGHI, 1988, p. 24).

[183] Ver Donghi (1988, p. 24).

[184] A esse respeito, ver Romeyer (1949, p. 37-63).

[185] O tomismo estipulou uma hierarquia estrita entre os diferentes tipos de leis, das quais se distinguem quatro fundamentais: a lex eterna, guia da conduta divina; a *lex divina*, revelada nas escrituras por Deus aos homens; a *lex naturalis*, plantada por Ele nos corações de seus servos para que seguissem seus desígnios; e a *lex civiles*, aquela que o homem cria.

[186] "Esta lei é uma espécie de propriedade da natureza, nela incutida por Deus" (SUÁREZ, 1971, p. 45). "Pode ser qualificada de conatural ao homem, no sentido de que tudo o que é criado com a natureza e que sempre nela tenha permanecido, de algum modo, é chamado natural" (SUÁREZ, 1971, p. 48).

idílico de liberdade primitiva, em que eram governados apenas por ideais de justiça natural, renunciando a esse estado a fim de se submeterem à vontade de apenas um deles. Em outras palavras, o que os teria *obrigado* a se sujeitar, tendo em vista que a origem da soberania seria algo acidental, um produto de circunstâncias fortuitas (portanto, passível de ser discutido). A ideia de um *pactum societatis* – impensável embora necessária, levando-se em conta o *pactum subjectionis* – tornaria este último incompreensível ou até mesmo prejudicial: "se o homem naturalmente nasce livre, sujeito essencialmente ao Criador", como apontava Suárez, "a autoridade humana aparece contrária à natureza, implicando na tirania").[187]

O pensamento neoescolástico incorpora aqui a tese – sobre a qual se fundou a tradição jusnaturalista do século XVII – da possibilidade de uma sociedade natural se encontrar eventualmente tomada pela injustiça e pela incerteza, obrigando seus membros a instituir, por interesse próprio, uma autoridade política.[188] Entretanto, esse postulado contradizia o próprio conceito de *lex naturalis*.[189] Longe de solucionar o problema, ele o aprofundava. Sendo assim, carentes de um fundamento natural de sociabilidade, de certo instinto gregário inscrito por Deus no coração dos homens e privados,

---

[187] SUÁREZ, 1971, p. 1. Persistindo no mesmo conceito, em seu *Segundo tratado sobre o governo civil*, John Locke afirmaria que "se o homem no estado de natureza era tão livre, como se diz; se era senhor absoluto de si mesmo e de suas posses e livre de toda a sujeição, por que então se afastaria dessa liberdade? Por que renunciaria a seu império e se sujeitaria ao domínio e controle de um outro poder qualquer?" (LOCKE, 1967, p. 368). Encontramos, aqui, a origem do famoso dilema com o qual Rousseau abriria o seu *Contrato social*, isto é, o homem nasceu livre, ainda que seja dominado por todos os lados.

[188] Ver Romeyer (1949, p. 43-45). A tradição neotomista católica, vale esclarecer, era muito menos preparada para enfrentar esse dilema do que suas inimigas, como as tendências neoagostinianas do luteranismo, as quais pareciam caminhar fundamentalmente para a concepção de uma natureza humana radicalmente perversa, fruto inevitável da Queda.

[189] Um estado social fora da *lei natural*, no sentido tradicional do termo, era simplesmente inconcebível, porque implicaria uma espécie de sociedade de aberrações ou uma forma monstruosa de sociabilidade. O possível afastamento dessa lei pode ser compreensível para casos individuais, mas nunca para as sociedades.

portanto, da ideia de um *corpus mysticum*, não haveria um modo de explicar como indivíduos originariamente autônomos poderiam se comportar de forma unificada, como se portassem uma vontade comum, segundo supõe a ideia de um pacto. Enfim, o mesmo princípio que permitia compreender a necessidade da instituição de uma ordem política (a ruptura da ordem natural), tornava-o, ao mesmo tempo, impossível.

Consciente da inviabilidade dessa alternativa, o pensamento contrarreformista continuaria agarrado ao conceito de uma ordem natural orgânica primitiva como fundamento último da sociedade política,[190] já que desde o momento em que este foi levado às últimas consequências lógicas, acabou revelando suas inconsistências e se tornou insustentável.[191] O conjunto de dilemas gerado perderia a sua atualidade à medida que a monarquia barroca se consolidava, sem nunca, contudo, ter encontrado uma solução adequada. A crise instituída após a queda da monarquia, em 1808, contribuiu para o reaparecimento daqueles dilemas, porém já num contexto histórico e conceitual muito distinto. O problema para pensar a ideia de um povo unificado e soberano derivará não do caráter transcendente do poder, mas precisamente da sua imanência radical (seu aspecto convencionalmente político). As noções de *povo* e *nação* se transformarão em núcleos de condensação problemática, aos quais essas tensões se integrarão, dando *margem* a horizontes conceituais já estranhos à sua lógica primitiva.

Soberania e nação: uma combinação impossível

Produzida a acefalia, autores como Jovellanos e Martínez Marina apelaram à ideia neoescolástica da lei natural a fim de postular o princípio de preexistência da nação, na qual incidiria a soberania.

---

[190] "Em primeiro lugar" – afirmava Suárez – "o homem é um animal social cuja natureza tende à vida em comum" (SUÁREZ, 1971, p. 3). "A constituição dos homens em Estado" – insistia Suárez – "é natural para o homem em qualquer condição em que se encontrar" (SUÁREZ, 1971, p. 6).

[191] A esse respeito, ver Mesnard (1936, p. 627-628); Skinner (1988, p. 158).

Com isso, eles produziram uma distorção fundamental no conceito clássico de pacto.[192] Ao identificar a nação com o estado de natureza dos neoescolásticos, Martínez Marina estava, na verdade, afastando-se dessa tradição. A ruptura pactual do povo com o monarca não restaura o reino de igualdade e liberdade ilimitadas, cuja formação ainda desconhecia os termos *soberania* e *direito*. A *nação* não é o estado pós-edênico originário do homem, mas supõe organizações sociais concretas, com história e cultura particulares, bem como órgãos de expressão definidos. Trata-se, portanto, de uma *representação nacional*.

Nesse sentido, embora preceda à instituição de uma autoridade, estava mais próxima daquilo que Suárez designava como *potestate iurisdictionis*, que surgiu justamente com o *pactum subjetionis* e, portanto, distinguia-se da *potestate dominativa*, própria dos sistemas de relações naturais de obediência e subordinação (como a estabelecida entre pais e filhos). Essas relações remetem a um âmbito estritamente privado pelo fato de antecederem à instituição do poder público, a toda legislação positiva e à divisão dos homens em nações. Elas são, portanto, comuns e inerentes ao gênero humano. De todo modo, a *representação nacional* – o novo espaço da soberania – não correspondia a nenhuma das potestades, seja a *iurisdictionis* ou a *dominativa*. Esse tipo de soberania sem soberano (soberania vaga e etérea, que está, ao mesmo tempo, em toda parte e em nenhum lugar) não se trata de um *poder político* alternativo ao monárquico. Na verdade, ela aponta para uma instância anterior, que não é aquela regida exclusivamente pela lei natural. Assim, se introduz um terceiro princípio, híbrido, que se diferenciava tanto do estado de natureza como do da sociedade civil, incorporando a um só tempo elementos de ambos.[193] Dessa forma, essa soberania se situa

---

[192] "Pátria e nação" – aponta Halperín Donghi – "são noções que inovam radicalmente o pensamento político tradicional, porque são tidas cada vez mais como entidades capazes de subsistir à margem das organizações políticas estatais, onde politicamente se expressam" (DONGHI, 1988, p. 100).

[193] Como aponta Mesnard, para aqueles autores, "o povo é a matriz do Estado, mas, de modo algum, é um organismo definido e nem um fator político autônomo, que possui existência própria" (MESNARD, 1936, p. 593).

ambiguamente entre o *pactum societatis* e o *pactum subjectionis*, apresentando, basicamente, o seguinte paradoxo: o de uma *jurisdição* sem um *poder de jurisdição*.[194]

De fato, a ideia de *soberania nacional* representava, dentro dos limites do pensamento contratual tradicional, uma espécie de oximoro: incrustava um princípio convencionalista no cerne da *lei natural* e, contrariamente, integrava um elemento natural (os *direitos naturais inalienáveis*) ao plano convencional, como um elemento fundante de todo ordenamento político.[195] Sua combinação num único conceito supunha a redefinição prévia de ambas as categorias. Até aqui temos nos referido exclusivamente ao segundo dos termos envolvidos, a *nação*; entretanto, os deslocamentos ocorridos no primeiro termo, *soberania*, são ainda mais ilustrativos de como a ideia de soberania nacional era completamente estranha para o pensamento neoescolástico.

---

[194] Para Suárez, toda jurisdição pressupunha um poder de jurisdição. Isso surge necessariamente a partir da ideia de que apenas da vontade do legislador emana a legislação civil, ou seja, já existe a pressuposição do poder soberano do Estado. Como afirmou: "Realmente devemos afirmar que, para a criação das leis, é necessário o poder de jurisdição, não bastando apenas o poder de domínio. [...] Bartolo de Sassoferrato aponta que o poder legislativo corresponde à jurisdição inerente à soberania" (SUÁREZ, 1971, p. 151). "Essa tese pode também ser facilmente provada com argumentos racionais. Em primeiro lugar, a função legislativa é o meio mais adequado para o governo da comunidade. [...] Portanto, tal faculdade naturalmente corresponde ao poder de governo do Estado, ao qual compete buscar o bem comum. Sendo assim, esse poder, como foi dito, é especificamente aquele da jurisdição. Além disso, o poder de domínio possui basicamente um caráter privado, cuja ocorrência pode ser entre indivíduos. O poder de jurisdição, ao contrário, é o poder público, por natureza, que atua em função da comunidade. Portanto, esse poder, insistimos, constitui unicamente a base para a criação das leis que essencialmente tornam-se referência para a comunidade" (SUÁREZ, 1971, p. 154-155).

[195] Como afirmou Martínez Marina: "A lei natural é assim chamada por proteger e conservar as prerrogativas naturais do homem; o fato de preceder a todas as convenções, às instituições políticas e ao estabelecimento das sociedades e das leis positivas, não significa que ela impeça a liberdade e a independência das criaturas racionais, mas, ao contrário, conserva e as defende. Lei eterna, imutável e fonte de toda justiça; base em que se apoiam os direitos do homem, sem a qual não seria possível haver união, ordem e harmonia entre os seres inteligentes" (MARTÍNEZ MARINA, 1988, p. 85).

No século XVII, a palavra "soberania" era, na realidade, um neologismo. Como em latim não existia a ocorrência do termo, os atributos do poder eram então descritos alternadamente como *potestas, majestas* ou *imperium*.[196] Em todos os casos, remetia a um tipo de dominação com aspirações universalistas, que compreendia, idealmente, toda a cristandade. O surgimento do conceito de soberania foi estreitamente associado ao processo de secularização e de dissolução da unidade da cristandade. Pode-se dizer que se trata, portanto, de um conceito "moderno" (com isso, dada a pluralidade desse termo, nada fazemos senão ajudar a confundir ainda mais as coisas; a "modernidade" referida aqui nada tem a ver, pois a precede em vários séculos e seria posteriormente suplantada por ela com aquela nomeada por Guerra).[197] O fato é que a primeira ocorrência do termo "soberania" se deu nas línguas vernáculas, mencionado inicialmente nos *Six livres de la République* [Seis livros da República] (1576), de Jean Bodin e, curiosamente, o termo desapareceu da primeira tradução espanhola do livro feita, em 1590, por Gaspar de Añastro. Por muito tempo, o termo utilizado para designar a autoridade monárquica oscilaria (alternando entre "soberanidade", "supremacia", entre outros).

Ao mesmo tempo, a mudança terminológica expressa o deslocamento político então produzido, o qual serviria às novas dinastias que iriam se apropriar dos atributos antes reservados apenas ao imperador (o rei em seu reino seria o *imperator in regno suo*). Contudo, não se trata de uma mera transferência de atributos, pois, nesse período, eles serão redefinidos. A soberania perde, de fato, o traço característico do *imperium*: o espaço ilimitado (as novas monarquias vão funcionar no interior de um sistema político que abriga a pluralidade de Estados com os quais fazem fronteira).

---

[196] A esse respeito, ver Figgis (1942); Maravall (1944).

[197] Como aponta Nicola Matteucci: "Esse é o conceito político-jurídico que permite ao estado moderno, com a sua lógica absolutista interna, afirmar-se sobre a organização medieval de poder, centrada, por um lado, sobre os estados, e, por outro lado, sobre as duas grandes coordenadas universais do papado e do império" (MATTEUCCI, 1988, p. 1535).

O atributo iria agora do plano exterior para o interior, indicando a ausência de limites internos ao poder real (quando Hobbes afirmou que "tirania não significa nada mais e nada menos do que soberania",[198] ele apenas apontava algo implícito na própria definição do termo). No entanto, como vimos, mesmo assim o pensamento regalista não poderia prescindir por completo de tais limites (inclusive Hobbes não pôde deixar de determinar algum limite – que, em seu caso, dizia respeito à preservação da própria vida – que a autoridade monárquica não poderia ultrapassar sem se tornar ilegítima). Em suma, a soberania, como conceito, vai ser a marca de sua própria impossibilidade.

De todo modo, fica claro que, por essa via, de forma alguma se chega à ideia de uma *soberania nacional*. No entanto, para ver como esta se desprende daquela, é necessário observar uma segunda inflexão que o termo sofre, relacionada ao processo de secularização dos fins associados à comunidade. Para autores como Rivadeneyra, a causa final da sociedade não era a *justiça*, mas a *felicidade geral*.[199] Felicidade correspondia, no plano secular, justamente à tradução de justiça. Esta não carecia, então, de uma dimensão transcendente, pois não se tratava de uma felicidade meramente empírica. Pelo fato de não se tratar de uma felicidade meramente empírica, não havia, portanto, a necessidade de uma dimensão transcendente. De qualquer forma, tal princípio ofereceu, mais tarde, as bases para que autores como Martínez Marina concebessem a ideia de uma comunidade que contivesse em si mesma o seu próprio fundamento e princípio de legitimidade (a *nação soberana*).[200] Os atributos originalmente associados à ideia de *imperium*, depois apropriados pelo monarca, serão agora transferidos para uma nova entidade, a *nação*. A violência conceitual implícita nessa mudança não poderia, contudo, passar despercebida nem mesmo para os próprios constitucionalistas históricos. O próprio Jovellanos se viu, então, obrigado a estabelecer um limite para o termo.

---

[198] HOBBES, 1984, p. 392.
[199] Ver Rivadeneyra (1595, p. 459) *apud* Maravall (1944, p. 149).
[200] Ver Martínez Marina (1933, cap. IV).

Como demonstra esse autor, falar de *soberania nacional* é simplesmente absurdo. Toda soberania supõe súditos. Sendo assim, dizer que alguém (indivíduo ou comunidade) é soberano de si mesmo não tem sentido.

> É preciso admitir que a soberania não convém, senão de forma inapropriada, a este poder absoluto. Pois a soberania é relativa. Da mesma maneira que de um lado sugere autoridade e império, de outro, supõe submissão e obediência. Por isso, nunca se pode dizer rigorosamente que um homem ou um povo é de si mesmo *soberano*.[201]

Menos sentido ainda tem a ideia de que o povo ou o homem possa conservar a soberania após transferi-la para a autoridade (um problema, como vimos, suscitado nas Cortes gaditanas a partir do debate sobre como alcançar o rigor constitucional). Para resolver essa dupla ambiguidade conceitual, Jovellanos propunha um retorno à fonte original do termo, a fim de deixar soar *supremacia* (*imperium*) como uma nova acepção – a qual distingue de *soberania*.

> Sendo tão distintos entre si – o poder que se reserva uma nação ao se constituir em monarquia, daquele que confere ao monarca dando-lhe autoridade para presidir e governar –, parece lógico que ambos os poderes deveriam ser enunciados por duas palavras diferentes. Desse modo, tendo a palavra soberania sido adotada para enunciar o poder do monarca, faltaria um termo distinto para enunciar o poder da nação. [...] A este me parece melhor chamá-lo de *supremacia*, pois, embora essa acepção possa receber várias outras, sem dúvida que *supremacia* nacional é, neste caso, superior a tudo quanto em política se queira chamar de *soberano* ou *supremo*.[202]

---

[201] "Nota a los Apéndices a la Memoria en defensa de la Junta Central", de 22 jul. 1810 (*apud* JOVELLANOS, 1999, p. 210). Na mesma linha de pensamento, Leslie afirmou: "Sem uma última instância, não pode haver governo. Caso esteja com o povo, tampouco existe governo". LESLIE, Charles. *The Best Answer that Ever was Made*, p. 15, apud FIGGIS, 1942, p. 298.

[202] "Nota a los Apéndices a la Memoria en defensa de la Junta Central", de 22 jul. 1810 (*apud* JOVELLANOS, 1999, p. 215). Reencontramos aqui a preocupação

No entanto, é evidente que era exatamente isso o que a noção de *soberania* por definição excluía. Assim, ao substituí-la por outra espécie de soberania (a "supremacia nacional"), simplesmente se esvaziava de sentido o termo para então traduzi-lo por outro que continha os mesmos atributos anteriormente excluídos. Mas, ainda assim, os paradoxos resultantes desse deslocamento conceitual não acabariam e tampouco encontrariam uma solução possível. Na verdade, esses paradoxos simplesmente iriam se abrigar no interior do discurso político. Ou seja, eles deixariam de ser problemas (tornando-se parte daquilo que Polanyi chamou de "dimensão tácita" do discurso), um sintoma inequívoco de que a inflexão conceitual, por meio da qual adviria um novo vocabulário político, havia se completado. Sendo assim, é a ideia de uma *soberania real* que parecerá absurda.[203] A definição dada pelo líder liberal Flórez Estrada – em nota dirigida a Fernando VII, logo após a sua restauração –, é ilustrativa a esse respeito:

> A palavra *soberano* quer dizer *super omnia*. Como não pode existir na sociedade um poder superior ao de facultar ou apoderar para criar leis – do qual depende o mesmo legislador –, então, aquele que deter tal poder será o *soberano de direito* (o qual se distingue do *soberano de fato*, que se identifica com o detentor do poder, mesmo quando se trata de uma autoridade

---

relativa às ambiguidades da linguagem, o que era, para Jovellanos, um bom exemplo de como as raízes dos problemas políticos se situam no uso deficiente da linguagem. "Quantas disputas não foram incitadas entre os antigos dogmáticos e acadêmicos" – afirmava Jovellanos – "as quais poderiam ter sido dissipadas apenas com a concordância em relação ao significado da palavra *verdade*! Por acaso, seria outra a origem dessa interminável e eterna luta de questões e disputas, suscitadas a todo o momento nas ciências e faculdades metafísicas, as quais, ao discutir sempre os mesmos problemas, parecem nunca descobrir e estabelecer a verdade? Do mesmo modo sucede à palavra *soberania*, a qual, como vou explicar, pode ser tomada por dois sentidos principais e de forma muito diferente" (JOVELLANOS, 1999, p. 210).

[203] Na medida em que a soberania aparecia como "faculdade unitária e indivisível, inalienável e perpétua" ("o que realmente é", segunda Varela), falar, ao mesmo tempo, de soberania nacional e soberania real significaria uma clara contradição.

legalmente estabelecida). Confessar, do modo como o faz por meio de vossos próprios conselheiros, que a nação possui o direito de escolher representantes para criar leis, afirmando, ao mesmo tempo, que a *soberania* não reside nela, mas no monarca, é um absurdo. Assim continuará a ser, enquanto para vós *soberano* não houver espaço para outra ideia diferente da expressada ou enquanto não se demonstrar que no rei reside um poder superior àquele, o que é inconcebível.[204]

Em suma, a noção *moderna* de *soberania nacional* vai se afastar da combinação paradoxal de dois princípios tradicionais, incompatíveis entre si: a noção escolástica da preexistência do *povo*, em relação à instauração de qualquer autoridade política, e o postulado regalista da *soberania*, como unificada e autônoma, originada apenas de si mesma e, por definição, inalienável. Isso nos conduz a um segundo aspecto fundamental em relação aos tipos de fenômenos aqui observados.

Como apontamos em primeiro lugar, a mutação conceitual produzida no início do século XIX não pode ser compreendida como uma mera troca de um conjunto de ideias que desapareceu, ou que tendia a desaparecer, por outro conjunto de ideias novas que surgiu, ou que tendia a surgir. Investigar esta mudança nos obriga a percorrer o processo, muito mais complexo, pelo qual os sentidos foram realizando torções semânticas no interior do vocabulário preexistente. Em segundo lugar, vemos agora como essas torções, em contraposição ao que constitui o procedimento habitual da História das ideias, não podem nunca ser descobertas a partir da análise isolada de cada uma das ideias, procurando eventualmente determinar sua origem tradicional ou moderna. Para isso, é necessário estudar como o sistema de relações se reconfigurou com aquelas outras categorias fronteiriças. Em resumo, devemos reconstruir os *campos semânticos*.[205] Trata-se de delinear, nesse caso específico, o campo delimitado pelas noções de *povo*, *nação* e *soberania*, cujo vínculo supõe, ao mesmo tempo, uma redefinição mútua. Isso nos leva à noção de *povo*.

---

[204] ESTRADA, 1820, p. 28.
[205] Sobre esse conceito, ver Koselleck (1993, p. 105-126).

Povo, povos e imaginários tradicionais

Como visto anteriormente, ainda que os deputados americanos, em Cádis, tivessem aderido ao conceito plural de monarquia – composta por diversidade de *povos* e *reinos* – não se tratava, no entanto, de um indicador inequívoco de tradicionalismo cultural e social. O postulado da existência de diversidade de *reinos* reunidos sob a coroa espanhola ainda não oferecia, por sua vez, uma ideia de como teriam sido concebidos, ou seja, se foram constituídos por laços contratuais corporativos ou por vínculos voluntários entre indivíduos. Na verdade, nem sempre é possível fazer essa distinção. Isso não se deve, de fato, às ambiguidades inerentes ao discurso político latino-americano daquele período, ao uso incerto e oscilante de tais conceitos e nem mesmo ao já citado "hibridismo", mas a outras mais fundamentais, inerentes aos próprios conceitos. Essas particularidades são notadas mais facilmente no discurso independentista latino-americano, no qual o tradicional e o moderno se imbricam de modo complexo e incerto, tornando-se muitas vezes indiscerníveis.

Como apontou Antonio Annino, o portenho Mariano Moreno foi quem apresentou o melhor exemplo do surgimento precoce de um conceito de nacionalidade unificada, a partir do qual o vice-reino poderia ser concebido como uma "unidade indestrutível", em contraposição à ideia de unidade compreendida como mera reunião de *povos*.[206] Moreno afirmou em "Sobre la misión del Congreso", texto publicado em 1810 no *La Gaceta de Buenos Aires*,[207] que "a verdadeira soberania de um povo nunca consistiu em algo que não fosse a vontade geral do próprio povo", a qual, assegura, é "indivisível e inalienável".[208] Com isso, é possível até mesmo extrair desse embasamento um conceito individualista do social, pois, como

---

[206] ANNINO, 2001, p. 249.

[207] O título completo é "Sobre la misión del Congreso convocado en virtud de la resolución plebiscitaria del 25 de Mayo" e encontra-se em Moreno (1915, p. 269-300).

[208] MORENO, 1915, p. 284.

insistiu o autor, "nesta dispersão não apenas cada povo assumiu a autoridade que, em comum acordo, havia sido dada ao monarca, mas cada homem passou a ser considerado no estado anterior ao pacto social".[209] No entanto, com essa afirmação, Moreno se afastava do consenso predominante. Por isso, Annino acreditou ter encontrado ali, finalmente, a origem da luta que marcaria toda a história argentina subsequente: "as *soberanias dos povos*", diz, "vão se contrapor, durante muito tempo, à *soberania do povo* ou da nação" proclamada por Moreno.[210]

De acordo com o modelo de Guerra, em um meio ainda preso a uma concepção tradicional de sociedade, Moreno deveria ser considerado um claro porta-voz da ideia moderna de nação. Contudo, não foi necessariamente assim. A ideia de *povo* de Moreno poderia se enquadrar perfeitamente em um ponto de vista ainda corporativo, isto é, poderia estar associada à hegemonia que Buenos Aires desfrutava como capital do vice-reino dentro do quadro hierárquico tradicional das cidades. De fato, os imaginários tradicionais não careciam de um princípio que permitisse articular entidades políticas suprarregionais ou que pudesse fundamentar certo conceito de nação unificada. Assim, o princípio jurídico de *negotiorum gestor* (a capacidade de uma parte do reino representar a totalidade) serviria de "conceito dobradiça" para duas linguagens políticas contrárias.

Com efeito, esse foi o princípio empregado pelo governo portenho para assumir a representação do conjunto do vice-reino e justificar, assim, seu desconhecimento em relação às autoridades peninsulares. No entanto, Moreno o rejeitaria explicitamente. Tomado pelo intuito de justificar sua causa, ele percebeu que, ao lançar mão do princípio, a administração de Buenos Aires havia caído em uma óbvia contradição, porque aquele princípio tinha sido justamente o mesmo pelo qual a Junta gaditana havia fundamentado a sua legitimidade. Tal comprovação o levou a retornar a um

---

[209] MORENO, 1915, p. 284.
[210] ANNINO, 2001, p. 251.

conceito mais "tradicional", de que a legitimidade das novas autoridades somente poderia ser instituída com o consentimento dos "povos". A convocação do Congresso – da qual fala o artigo aqui em análise – deveria exatamente servir de exemplo a todo o Império ("esse foi um ato de justiça", dizia, "do qual as capitais da Espanha não nos deram exemplo e do qual os povos daquelas províncias sentirão inveja").[211]

Vale esclarecer que a postura de Moreno, nesse ponto, ainda oscilava, o que se pode demonstrar pela própria ambiguidade do termo. A frase com que concluiu o artigo é, a esse respeito, ilustrativa. Após comprovar que "é uma ilusão as Américas espanholas constituírem um só Estado", afirmou:

> Pode haver confederação de nações, como a da Alemanha, bem como federação de uma nação, composta de vários estados soberanos, como os Estados Unidos. Embora este sistema talvez seja o melhor, dificilmente poderá ser posto em prática em todo o continente americano. [...] Eu desejaria que as províncias, restringindo-se aos limites que até agora tiveram, se constituíssem separadamente do modo que coubesse a cada uma.[212]

Os "povos" referidos são, portanto, sempre aqueles das "províncias". A ideia de "província" não continha um significado fixo, embora designasse parte de uma unidade política maior. Quando se referia ao vice-reino, indicava vagamente o que hoje se compreende por províncias, mas quando se referia ao império ou ao continente americano – tal como na citação anterior – as províncias aludidas eram, pelo contrário, os vice-reinos (ou seja, algo mais próximo ao que hoje se costuma designar como "nações").

De todo modo, o que ocorreu foi que, a partir do momento em que o princípio de *negotiorum gestor* foi rejeitado, esse mesmo conceito federativo foi levado para o interior de cada um dos vice-reinos, provocando a fragmentação dos componentes elementares

---

[211] MORENO, 1915, p. 283.
[212] MORENO, 1915, p. 300.

da soberania (isto é, as províncias, entendidas agora como setores nos quais se constitui cada vice-reino). Tal como no caso da disputa americana em Cádis, essa postura respondeu a considerações políticas precisas. No interior do universo das ideias tradicionais não havia razão de ordem *conceitual* que impedisse a postulação de entidades políticas suprarregionais enquanto já não se usa mais nessa acepção como sujeitos legítimos de imputação soberana, como, por exemplo, os vice-reinos.

Vemos que, assim como a noção de "povos", no plural, não era necessariamente tradicional, o surgimento do termo "povo", no singular, tampouco foi determinado a partir de seu conteúdo, ou seja, não remetia de modo inevitável a um horizonte moderno de pensamento. De fato, as suas origens remotas podem ser rastreadas a partir da referência bíblica ao *povo* israelita, a qual serviu de modelo para toda concepção de comunidade unitária. Certamente, ainda estamos distantes de uma ideia moderna de povo associada à de *nação* (também no sentido moderno do termo). Além disso, o termo se ligou também ao de *ecclesia* cristã e, posteriormente, ao de *corpus mysticum*, encarnado no soberano (e eventualmente pelo Parlamento, ideia que, por sua vez, retomaria a tradição conciliar elaborada no tempo do Grande Cisma, na qual o Colégio Cardinalício se baseou para disputar com o papa o papel de representante de Deus na Terra).[213] Não seria o caso de perseguir aqui os detalhes dessa trajetória. Na verdade, basta apenas salientar o fato de que identificar os horizontes conceituais nos quais se inscreve um dado discurso político não é tão simples como deixa sugerir a oposição acima aludida, pois apenas anotar o uso no singular ou no plural de um termo particular, definitivamente não é suficiente. Para compreender o sentido, é necessário acompanhar a série de torções a que o termo seria submetido, bem como o jogo das instáveis relações semânticas com as outras categorias às quais se vincularia. O texto de Moreno aqui analisado serve também como ponto de partida

---

[213] A tradição conciliar procurava, desse modo, um instrumento que protegesse a Igreja diante da possibilidade de haver um papa herege. Skinner encontra aqui a origem remota das ideias contratuais modernas. Ver Skinner (1988b, p. 114-123).

para observar o complicado processo de recomposição semântica, sugerido pela afirmação de um conceito "moderno" de nação.

A nação como problema

O apelo de Moreno aos "povos" como âmbito originário da soberania possui implicitamente uma contestação à autoridade real muito mais radical do que a de Flórez Estrada. Para ele, a ausência do rei não tinha feito desaparecer o pacto de sujeição que ligava as colônias ao monarca. Na verdade, como afirmava, o pacto nunca aconteceu. O domínio real sobre o continente americano demonstra que não houve fundação pelo consentimento dos povos, mas por meio de um ato de violência.[214] Portanto, algo absolutamente ilegítimo. Disso decorre uma consequência mais fundamental, pois, nessa parte do reino, "aquele que, por escolha do Congresso, substituir o rei, caso este esteja impedido de reger, não possuirá regras pelas quais conduzir, sendo, portanto, necessário prefixá-las".[215] "Essa tarefa", assegurou, "é aquilo que se chama constituição do Estado".[216] A *vacatio regis*, na América, revelava então outra vacância ainda mais fundamental, a *vacatio legis*. Assim, não se tratava apenas de estabelecer uma nova autoridade com o intuito de preencher o lugar vago do soberano, mas de criar uma legitimidade inexistente, *constituir* a ordem política. Todo o discurso de Moreno está permeado por um sentido de refundação radical.[217]

---

[214] "De forma alguma, a América deve sujeitar-se àquela obrigação. Ela não compareceu à celebração do pacto social, do qual derivam os monarcas espanhóis – os únicos títulos legítimos do Império. A força e a violência são a única base da conquista" (MORENO, 1915, p. 290).

[215] MORENO, 1915, p. 287.

[216] MORENO, 1915, p. 286.

[217] "Poucas vezes o mundo apresentou um cenário como o nosso, tão propício para iniciar uma Constituição que torne os povos felizes. […] A América apresenta um terreno limpo e bem preparado", insistiu Moreno, "do qual a sã doutrina colherá frutos prodigiosos desde que os legisladores cultivem-na adequadamente" (MORENO, 1915, p. 270).

Indiscutível do ponto de vista político, o radicalismo de Moreno é menos evidente, contudo, quando considerado a partir de uma perspectiva histórico-conceitual. Sua maior limitação, no entanto, não está no conceito plural de império. Paradoxalmente, a premissa que, como indica Annino, denota a modernidade do conceito (a ideia de uma soberania nacional preexistente à autoridade política) é a mesma que o impede de avançar àquele ponto em que a ruptura com os imaginários tradicionais se tornaria irreversível.

Na verdade, para Moreno, a *constituição* da nação indicava que o Congresso convocado não deveria apenas designar *quem* haveria de governar, mas também *como* deveria fazê-lo, instituindo o quadro legal dentro do qual o poder haveria de ser exercido. Entretanto, isso já pressupunha a existência daquela entidade invocada para realizar a convocação. Assim, ele esclarecia, segundo a citação supracitada, que a reversão soberana não se aplicava apenas ao povo como um todo, mas também a cada indivíduo:

> Não pretendo, com isso, reduzir os indivíduos da monarquia à vida errante, anterior à formação das sociedades. Os vínculos que unem o povo ao rei são distintos daqueles que unem os homens entre si mesmos. Um povo já é um povo antes de haver um rei.[218]

Dessa forma, Moreno situava seu conceito de pacto precisamente nos limites do *pactum subjectionis*.

> Mesmo que as relações sociais entre os povos e o rei fossem desfeitas ou suspensas pelo cativeiro de nosso monarca, os vínculos que unem um homem a outro em sociedade subsistiriam, por não dependerem daquelas. Os povos não deveriam se constituir povos, pois assim já eram antes, mas escolher uma mente que os regesse, ou que regessem a si mesmos, segundo as diversas formas com as quais se pode constituir integralmente o corpo moral.[219]

---

[218] MORENO, 1915, p. 279.
[219] MORENO, 1915, p. 279.

Nesse momento, contudo, os primeiros sintomas de discordâncias internas começariam a levantar essa questão mais fundamental interdita em seu discurso, pois constituía sua premissa.

> Vale observar que, entre os inúmeros chefes que, em comum acordo, levantaram o estandarte da guerra civil com o intuito de ganhar a justa causa da América, não há um sequer que se limite apenas a se opor ao modo ou aos vícios que possam existir em nosso sistema. Todos o atacam na substância, não querem reconhecer nenhum direito à América.[220]

A perspectiva de uma guerra civil revelaria que o que então estava em disputa não era exatamente *quem* e *como* haveria de governar, mas, basicamente, *quem* deveria ser governado (o conjunto de súditos do monarca ou alguma parte particular deles) e, definitivamente, quem o faria. A ideia de preexistência da nação se tornaria então insustentável. Mesmo que fosse instaurada, deveria ser destruída, a fim de que uma ideia moderna de nação realmente surgisse. Encontra-se aqui, finalmente, uma nova questão fundamental de ordem metodológica para compreender a complexidade dos processos de transformação conceitual e, com isso, evitar a sua simplificação.

O texto de Moreno revela o motivo pelo qual a natureza não linear desses processos não se deve simplesmente aos obstáculos impostos pelos meios social e cultural ao surgimento de uma nova linguagem. Ainda mais importante é o fato de que toda transformação conceitual inevitavelmente leva ao embate de dilemas, cuja resolução supõe silenciamentos e permanentes reversões, a fim de minar as próprias premissas e pontos de partida originais. Em suma, a história da conformação de um novo vocabulário político é menos a história da descoberta progressiva de novos conteúdos semânticos, do que *a do desenvolvimento, muito mais traumático e conflituoso, daqueles pontos cegos inerentes a ele.* Outro documento fundacional do discurso independentista latino-americano, elaborado em 1808 pelo frei

---

[220] MORENO, 1915, p. 295.

Melchor de Talamantes e destinado aos membros do Conselho do México, ilustra a série de problemas surgida após o questionamento daquilo que constituiria a premissa do discurso independentista (isto é, a ideia da preexistência da nação).[221] Embora não pudesse, como visto, deixar de ser confrontado, esse ponto não poderia ser trabalhado por Moreno sem que lidasse com o risco de toda a sua argumentação desmoronar.

O ponto de partida de Talamantes é o mesmo de Moreno, ou seja, o desaparecimento do monarca (*vacatio regis*) teria deixado vazia não apenas a esfera política, mas, principalmente, a institucional (*vacatio legis*). Como se mostra, nenhuma das instâncias então subsistentes estava autorizada por despacho real para o exercício das funções legislativas, as quais deveriam se encarregar de convocar uma representação para tais fins.

A primeira questão estabelecida pela convocação era como o congresso deveria ser constituído, o que exigia uma definição em relação à conformação da nação a nação. O tipo de representação proposta se baseava em princípios claramente corporativos e, sendo assim, a disputa deveria expressar a estrutura piramidal do reino.[222] Essa visão "tradicional" era resultado, como em Moreno, da rejeição ao princípio de *negotiorum gestor* (se, portanto, é necessária a reunião de todos os elementos constitutivos do reino, deve-se ao fato de ninguém estar autorizado a falar em nome dos demais). No entanto, o argumento de Talamantes ia muito além do de Moreno.

> Atualmente se diz que a Cidade do México é, como metrópole, representante de todo o reino, tendo, para tanto,

---

[221] Guerra já havia advertido sobre a importância desse documento, a qual, segundo ele, encontra-se no fato de afirmar "que as Cortes a serem reunidas na Nova Espanha terão a representação do conjunto da nação espanhola e, portanto, também da metrópole" (GUERRA, 1992, p. 167).

[222] A maneira como foi definida a composição do Congresso é brevemente detalhada, apontando cada uma das instituições que deveriam ser representadas, os funcionários e pessoas notáveis habilitados para participar do reino, bem como o número de delegados a serem designados de acordo com a importância de cada cidade, etc.

despacho dos nossos reis. Não há dúvida que esta digna e prezada administração desfrute desse e de outros privilégios, próprios das grandes capitais. Contudo, deve-se dizer que esta representação apenas defende os foros, os privilégios e as leis do reino, ela não exerce, em nome das demais cidades, o Poder legislativo.[223]

Mais que rejeitar esse princípio, Talamantes manifestava o direcionamento de sua posição. O tipo de representação correspondente à Cidade do México, como capital do reino, já não teria nada em comum com a tradicional função de representar os povos *diante* do rei, ao qual eram subordinados pelas leis das Índias. A nação deveria, então, assumir sua própria representação. Assim, Talamantes introduziu um conceito estranho ao ideário clássico de pacto: o de uma soberania secular *sui generis*, que é, como a divina, *causa sui* (gera a si mesma). Desse modo, iniciava-se a corrosão do pressuposto de que o campo semântico moldado pelas noções de povo, nação e soberania se fundava num vínculo *natural*.[224] Nesse ponto, seria necessário, contudo, recompor o campo semântico sobre outros fundamentos, propor sua rearticulação num horizonte convencionalista (artificial) de realidade.

Dessa forma, fica claro que Talamantes considerava o México autorizado a exercer uma representação nacional independente. No entanto, devido à rejeição do *negotiorum gestor*, esse posicionamento deveria se ancorar em outro princípio; e aqui surgem as ambiguidades conceituais. Talamantes propôs três princípios para diferenciar os núcleos de reunião primitivos, depositários das faculdades soberanas.

> Exponhamos a ideia que deve ser desenvolvida, a qual já tem sido cultivada pelos publicistas e políticos, da representação nacional. Por ela, entende-se o direito gozado por uma sociedade para que se veja livre, separada e independente de qualquer outra nação. Esse direito depende de três princípios: a natureza, a força e a política.[225]

---

[223] TALAMANTES, 1985, p. 373.

[224] Ver a análise da obra de Martínez Marina no capítulo anterior.

[225] TALAMANTES, 1985, p. 383.

O primeiro princípio, a *natureza*, remetia a fatores objetivos, isto é, os acidentes geográficos, a diversidade de climas, bem como, entre outros, as línguas. Assim, Talamantes afirmou que "as Américas possuem representação nacional justamente por serem naturalmente separadas de outras nações, bem mais do que os reinos da Europa entre si".[226] Por sua vez, a *força* implicava a capacidade material de sustentar a independência, pois "pela força, as nações podem resistir aos inimigos".[227] O que se vê com ambos os princípios é, portanto, um plano prévio da ideia convencional de direito. Já o terceiro princípio, a *política*, instituía a nação em um plano diferente em relação à realidade social, visto que "a representação nacional oferecida pela política depende unicamente do direito cívico ou, o que é o mesmo, da qualidade de cidadão concedida pelas leis a certos indivíduos do Estado".[228] Dessa forma, Talamantes retomou um princípio de teoria política do neoescolasticismo com o intuito de duplicar o conceito de pacto. Para ele, mesmo que a nação contenha um fundamento natural, não significa que toda comunidade natural seja uma nação. Para tanto, deveria haver uma representação nacional, a qual, por sua vez, inclui certa ordem jurídica.

Como apontado, esse princípio não era estranho ao conceito de pacto clássico. Pelo contrário, ele expressava, dentro de seus limites, a impossibilidade de pensar uma sociedade civil desvinculada da ideia de soberania, ou seja, de imaginar alguma jurisdição sem poder de jurisdição. Entretanto, se afirmado em um contexto de poder vazio, adquiria um sentido completamente distinto. Com o esvaziamento de toda instância transcendente (uma autoridade colocada à frente da comunidade, a qual deve governar e manter como sua garantia), aparece a pergunta sobre como a nação deve representar (autorizar) a si mesma, o que, por sua vez, se desdobrava na pergunta sobre como a nação poderia ser a origem e, ao mesmo tempo, o resultado da representação nacional. Vê-se, assim, como

---

[226] TALAMANTES, 1985, p. 383.
[227] TALAMANTES, 1985, p. 383.
[228] TALAMANTES, 1985, p. 383.

o discurso político já começava a gravitar em torno da questão do *pactum societatis,* começando a discutir o problema de como se constitui o próprio *poder constituinte*. Contudo, veremos, isso levará Talamantes a lidar com problemas indissolúveis.

A procura pelos fundamentos *políticos* do direito de representação nacional (a autoridade que deveria conferir aos habitantes das colônias a qualidade de cidadãos) levou Talamantes até o Código de Índias, no qual se atribuía implicitamente ao México a potestade para legislar todo o reino da Nova Espanha.

> A lei 2ª, título 8º, livro 4º da Recopilação das Índias determina que, "em atenção à grandeza e nobreza da Cidade do México, na qual reside o vice-rei, o governo e a Audiência da Nova Espanha, bem como por ter sido a primeira cidade povoada por cristãos", deve ter o primeiro voto e lugar das cidades e vilas da Nova Espanha. Esta lei é uma tácita declaração, ou melhor, um verdadeiro reconhecimento do direito que gozam para reunir as cidades e vilas do reino, quando assim exige a causa pública e o bem do Estado, pois, de outra forma, seriam absolutamente inúteis e ilusórios o voto e o lugar que lhes são concedidos.[229]

Talamantes retirou daqui a ideia de primazia jurídica da Cidade do México, como capital do reino, algo que ele mesmo negaria ao rejeitar o princípio de *negotiorum gestor*, implícito no código. O argumento de Talamantes se complicou a partir do momento em que se viu obrigado a procurar um fundamento não natural para o postulado de preexistência da nação. A razão para isso, entretanto, não é tão simples de encontrar. Certamente, não se trata, tal como em Moreno, de uma reação contra uma convocatória da Corte (gaditana), a qual, contudo, não aconteceu. É necessário, pois, percorrer a lógica do argumento de Talamantes, a fim de descobrir as linhas de tensão que percorrem seu discurso.

Deve-se notar, primeiramente, o deslocamento conceitual produzido. A questão da representação se descolou daquela referente

---

[229] TALAMANTES, 1985, p. 345.

à composição do reino para se juntar ao questionamento, mais fundamental, sobre qual seria – além de como se constituía – a entidade a ser representada. Assim, Talamantes propôs a *quaestio* nos seguintes termos:

> A um ministro que goza a reputação de sábio, honrado e patriota (*jure vel injurid, Deus scit*) se deve a afirmação de que o reino da Nova Espanha, como colônia, não possui representação nacional e nem pode se constituir como corpo, com o intuito de se organizar e regenerar seu Código Legislativo.[230]

Diante dessa postura, o que de fato se propôs foi demonstrar por que "atualmente as Américas, apesar de serem colônias, possuem representação nacional". Para isso, Talamantes lançou mão do próprio argumento de seus detratores para rebatê-los. Como eles afirmavam, tal vazio de autoridade não existia, porque, depois da queda do monarca, ainda persistiam nas colônias as autoridades por ele delegadas, que, como a Audiência, eram habilitadas para legislar no reino em nome do próprio monarca. Dessa forma, segundo demonstrou Talamantes, isso já supunha o reconhecimento implícito de uma potestade legislativa residente nas colônias.

> Consideremos apenas que se a Audiência do México puder ditar essas novas leis gerais ou – o que significa o mesmo – suprir as leis coloniais, que agora estão sem uso, gerando enorme prejuízo para o reino, pode-se prontamente concluir que, se nas Américas houve semelhante potestade, então houve, e sem dúvida há, representação nacional. Pois, não é em nome da nação, ou seja, deste reino, que se tem emitido essas novas determinações? Onde se encontra a incompatibilidade das Américas para haver representação nacional, já que os mesmos que a negam são aqueles que dela se aproveitam para dar força a seus argumentos?[231]

---

[230] TALAMANTES, 1985, p. 374.
[231] TALAMANTES, 1985, p. 381-382.

Com isso, ele apontava uma contradição em seus oponentes; porém, ali também começariam a aparecer as fissuras de seu próprio argumento.

Se os espanhóis da colônia negavam tal potestade legislativa, o que indicava o seu desconhecimento em relação à dependência da Espanha, para acabar afirmando-a, uma vez que só assim podiam ter ideia do perigo da *vacatio legis,* Talamantes, contrariamente, afirmava a possessão de tal potestade, pois, do contrário, não seria possível imaginar que as colônias pudessem reivindicar uma representação nacional para imediatamente negá-la, já que não haveria a *vacatio legis* para justificar essa mesma reivindicação.

> Hoje em dia, que autoridade existe neste reino capaz de obter por si mesma os referidos fins e de exercer tão elevadas funções? Onde está o poder que dispensa, revoga, institui, dá força e rigor às leis, bem como as altera de acordo com as circunstâncias? Alguma vez os vice-reis receberam semelhante potestade? Obtiveram-na as Audiências? Os reis puderam concedê-la a outro, contrariamente aos direitos inerentes ao corpo da nação?[232]

Finalmente, encontramos aqui o núcleo problemático que obrigou Talamantes a se distanciar dos princípios de *negotiorum gestor*, embora este, como visto, já estivesse na base de seu conceito. Em seu caso, não havia aparecido como reação às pretensões de representatividade das Cortes gaditanas, como em Moreno, mas surgiu a partir de um ponto de vista conceitual, diante de um fato ainda mais sério. Na verdade, de modo mais claro do que no Rio da Prata, na Nova Espanha não havia um vazio de poder. Como indicava um documento redigido pelos fiscais da Audiência, a convocatória de um Congresso na América já representaria, na verdade, um claro desconhecimento das autoridades legitimamente

---

[232] TALAMANTES, 1985, p. 352. "Faltando para nós o governo da metrópole", insistia, "nos faltam muitas [leis] que a Audiência não poderia prover sem tomar posse de um governo legislativo, o qual, de forma alguma, lhe pertence e nem pode lhe pertencer" (TALAMANTES, 1985, p. 439).

constituídas segundo os critérios estabelecidos, as únicas autorizadas a instituir uma convocatória.[233] Em resumo, tratava-se de um ato definitivamente ilegal.

> A lei 2ª, título 8º, livro 4º da mesma recopilação das Índias determina: "que esta Cidade do México detenha o primeiro voto das cidades e vilas da Nova Espanha, como o detém, nos reinos de Castela, a cidade de Burgos, bem como o primeiro lugar, depois da Justiça, nos Congressos organizados (são palavras literais desta lei) pelo nosso mandato, [dos fiscais]; porque, sem ele, não é nossa intenção e vontade que possam se juntar as cidades e vilas das Índias". Assim, fica estabelecido que a ordem para convocar semelhantes congressos constitui um dos eventos reservados à soberania, e que, se realizada sem tal determinação do soberano, estaria contra sua intenção e vontade.[234]

O ponto crítico encontra-se no fato de que, no próprio conceito de Talamantes, juntamente com a queda das autoridades delegadas, caía necessariamente a ideia de uma representação nacional. A tais inconsistências se somam as dificuldades encontradas por ele para conceber esse tipo de autoridade paradoxal (a nação), ou seja, uma jurisdição sem um poder de jurisdição (uma representação nacional sem uma autoridade que confira título de cidadão). Enfim, Talamantes não havia conseguido combinar em um único conceito as noções de *soberania* e de *nação*. Para essa impossibilidade convergem razões tanto conceituais como práticas.

---

[233] Segundo o documento, o vice-rei seria o responsável pela convocação do Congresso: "Pertencendo ao vice-rei o direito de convocação do Congresso (por residir nele o poder executivo do monarca, o qual na atualidade se encontra pessoalmente impedido), convocará os referidos membros por meio de uma circular, intimando-os para um determinado lugar e tempo, o mais breve possível" (TALAMANTES, 1985, p. 360). No entanto, como pôde ser imediatamente comprovado (a esse respeito, o golpe de Yermo não deixaria espaço para dúvidas), aquelas autoridades às quais este autor invocava se negariam, contudo, a fazer.

[234] "El virrey Don José de Iturrigaray al Real Acuerdo le consulta sobre el modo de concurrir los ayuntamientos al congreso general: contestación y pedimento de los fiscales" (*apud* HERNÁNDEZ Y DÁVALOS, 1978, p. 581).

Deslocada a nação de seu fundamento natural e, ao mesmo tempo, politizada (ou seja, lançada ao reino da contradição), Talamantes não poderia ocultar a arbitrariedade de uma atribuição soberana cuja base já se deteriorava. O desconhecimento das autoridades delegadas — como supunha a ideia de *vacatio legis* — teria como consequência o retorno da América ao seu estado de natureza primitiva. Dessa forma, ninguém estaria em condições de falar em nome da totalidade social. A invocação da *nação* por um sujeito ou grupo pressupunha, de um modo muito mais evidente que no caso da Audiência, cujas pretensões Talamantes procurou combater, a atribuição ilegítima de uma representação da qual careciam de definição. Com isso, sem dúvida, toda atribuição de representatividade seria sempre questionada nos fatos desde então. Em 1812, um opositor do "Manifesto da Nação Americana", assinado por José María Cos, apontava que a afirmação de que "a verdadeira nação americana somos nós" representava um "abuso dessas vozes".[235] Ele ainda insistia, "sou americano como vossa senhoria", para então concluir: "é claro, meu doutor, que vossa senhoria usurpa criminalmente o ilustre nome da Junta soberana da nação americana, que não lhe foi dado, nem pode dar, tal poder e representação".[236]

Desse modo, além da impossibilidade de pensar como a nação se representaria — ideia que, sem dúvida, também pode ser atribuída à sobrevivência de imaginários tradicionais —, começava a se delinear um problema. A convocação para se reunir em um congresso pressupunha exatamente o que se procurava criar: uma *vontade unificada*. Finalmente, aparece aqui a aporia inerente à ideia de um *poder constituinte*. Além disso, encontra-se aqui também o ponto diferenciador entre a península e as colônias. Segundo Guerra, o que dali havia emergido após a queda da monarquia foi o que, contrariamente, na América, tal fato teria colocado um fim. O que realmente subjaz e impulsiona o processo de reconfiguração das

---

[235] "Impugnación de Fr. Diego Miguel de Bringas y Encinas, al manifiesto del Dr. Cos" (*apud* HERNÁNDEZ Y DÁVALOS, 1978, p. 513).
[236] HERNÁNDEZ Y DÁVALOS, 1978, p. 522 e 568.

linguagens políticas na região não é tanto, ou somente, a vacância de poder e menos ainda a luta contra o estrangeiro, mas o profundo antagonismo que dissolveria a sociedade local em bandos que se enfrentam até a morte. Assim, a sociedade local se viu súbita e inelutavelmente lançada ao reino da *política*. A guerra contra o inimigo externo se converteria, então, em guerra civil, acabando com qualquer princípio de representação.

Isso nos faz retornar ao ponto em que todos os matizes necessários, introduzidos por Guerra, foram borrados, consistindo, assim, para além da possível persistência de imaginários tradicionais, no caráter *revolucionário* do processo a partir do qual os novos Estados nacionais seriam fundados. Esse fato levou ao confronto de uma série de questões simplesmente ininteligíveis dentro do pacto clássico, embora durante aqueles anos também não tenha se estabelecido na península. A nação deixava, então, de ser o ponto de partida e premissa no qual se apoiava o discurso independentista, para se converter em problema. Isso determinaria uma segunda inflexão conceitual da qual surgiria uma nova linguagem política. No entanto, para que isso acontecesse, seria necessário antes a deterioração do conceito cujo aparecimento já havia dado início, exatamente, esse processo de redefinições, isto é, o conceito de preexistência da nação (o que demonstra quão intrincada pode ser a história dos efeitos com os quais se forma um novo vocabulário político).

Poder constituinte e indecidibilidade

É necessário esclarecer que o tipo de inflexão então produzida tinha menos a ver com as mudanças nas ideias dos atores do que com as alterações nas suas condições de enunciação, que traduzem a série de deslocamentos ocorridos no terreno das problemáticas subjacentes, bem como o tipo de questões com as quais eventualmente eram confrontados, levando o debate a se estabelecer no plano do *pactum societatis*.

Logo após a independência, a sobrevivência de imaginários sociais tradicionais se expressou na maioria dos textos constitucionais surgidos na primeira década revolucionária, especialmente nas disposições relativas à composição da Câmara de Senadores, as quais levaram à inclusão de bispos, militares de alta patente, antigos diretores de Estado, doutores escolhidos pelo conselho universitário, "cidadãos mais ilustres", comerciantes e fazendeiros (Argentina, 1815; Chile, 1822; Venezuela, 1819).[237] A esse respeito, um dos casos mais notáveis foi a convocação para a Convenção constituinte, realizada em 1821 por Iturbide, no México.[238] Organizava-se uma eleição estritamente estamental e corporativa, na qual seriam escolhidos quinze representantes para o clero, quinze militares, um mandatário para cada administração e um procurador para cada tribunal. Como apontado pelos críticos, tal ordenamento esvaziava de sentido o congresso, porque de antemão já estabelecia o modo como a nação se constituiria, o que era exatamente a função daquela instância.[239] Os críticos propunham, ao contrário, uma representação unificada, igualitária e proporcional. Como disse o clérigo insurgente José de San Martín: "nossos pensamentos não podem ser depositários da confiança pública, mas devem ser representantes da vontade geral da nação".[240]

Na verdade, a convocatória de Iturbide já era anacrônica, não pelas mudanças nas ideias, mas pelo simples fato de que a própria noção de um poder constituinte se encontrava intricadamente associada ao de uma vontade unificada. De um modo preciso, o texto "*Un ciudadano de Puebla*" assinalava que, sem eleição proporcional e igualitária, "a ficção legal, que pressupõe concentrar nos deputados a vontade de toda a nação, deixa de ter fundamento e

---

[237] Os textos constitucionais podem ser consultados em: <https://bit.ly/2xOFahv>. Agradeço a Erika Pani pela informação fornecida.

[238] A esse respeito, ver a interessante análise interessante realizada por Alfredo Ávila. Ver Ávila (1999, p. 29-60).

[239] Como apontava Ávila, para eles, "obrigar a escolher certo tipo de pessoas para o Congresso, tirava deste a liberdade necessária para constituir a nação" (ÁVILA, 1999, p. 47).

[240] SAN MARTÍN, José de. "Cuestiones importantes sobre las Cortes", *apud* ÁVILA, 1999, p. 43.

é totalmente absurda".[241] No entanto, parece claro que essa última definição, como a anterior, tornou o congresso igualmente ocioso, desde o momento em que se preestabeleceu um determinado conceito de como era constituída a nação. O fato de que a nação não se identificasse com essa imagem proposta, no entanto, é profundamente sintomático.

Como se vê, em qualquer dos casos, a ideia de um poder constituinte perdia sentido. Isso apenas demonstra que o modo de definição da nação não é, na verdade, o resultado de alguma eleição, mas o seu pressuposto. A nação está fora do alcance de qualquer congresso, uma vez que a sua própria configuração já estaria pressuposta de antemão. Aqui aparece o fantasma de um fundamento decisório, presente na base de toda formação institucional, algo impensável para o pensamento liberal-republicano, que é o caráter radicalmente contingente (em última instância, arbitrário) dos fundamentos de toda e qualquer ordem política. O que evita sua manifestação é o rápido processo de naturalização dos preceitos pactuais que então tiveram lugar. Rapidamente o sujeito-cidadão passaria a ser visto não apenas como um modo de definição possível das identidades subjetivas, mas como parte constitutiva da "base natural" da sociedade. Entretanto, o mesmo não se deu em relação a uma das questões estabelecidas no documento de Talamantes. A desintegração territorial e política produzida após a independência tendeu, por muito tempo, a desnudar o caráter eminentemente *político* dos modos de delimitação dos Estados nacionais que surgiam.

Como havíamos dito, a primeira das questões logo se resolveria num sentido claramente "moderno". Desde o momento em que o consenso havia se tornado a fonte última de legitimidade na qual se sustentava a autoridade (algo implícito na ideia de um congresso constituinte), a nação deveria aparecer como fundada precisamente sobre vínculos assumidos de maneira livre e voluntária. Isso seria expresso pelo mexicano José María Luis Mora, em 1821, sem "hibridismo".

---

[241] "Un ciudadano de Puebla", *apud* ÁVILA, 1999, p. 47.

> O que entendemos por esse clamor, nação, povo ou sociedade? Qual é o sentido que tem dado a ele os publicistas, quando afirmam a sua soberania nos termos expressados? De outra coisa não se trata, além da reunião livre e voluntária formada por homens que podem e querem, em um terreno adquirido de forma legítima, constituir-se em Estado independente dos demais.[242]

Desde então, esse conceito permaneceu fixo na linguagem política. A noção plural de *povos*, a propósito, não desapareceu. Contudo, ela passou a remeter não à questão acerca da constituição interna da nação, mas de outra, mais fundamental, embora tenha se mostrado mais difícil quanto à maneira de identificá-la (por exemplo, em Guerra, ela encontra-se confundida com a primeira). De outra forma, como determinar quais grupos humanos poderiam, e quais não poderiam, constituir-se coletivamente como portadores legítimos de uma vontade autônoma.

Na citação anterior, como visto, Mora propôs dois critérios básicos: a posse indisputada de um solo e a vontade e a capacidade para se autogovernar. Para ele, não havia dúvida alguma de que o México preenchia ambos os requisitos. O país compunha um reino visivelmente diferente no mapa, cujos membros, além disso, manifestavam sua vontade de se autogovernarem.

Em suma, Mora estava convencido de que as tentativas de separação apenas expressavam uma incompreensão do sentido do termo "nação".

> O povo ignorante, convencido de sua soberania e carecendo de ideias precisas que determinem de forma fixa e exata o sentido da palavra nação, acreditou que assim deveria ser considerada toda reunião de indivíduos da espécie humana, sem outras qualidades e circunstâncias. Conceitos equivocados que devem fomentar discórdia e desunião, além de promover a guerra![243]

---

[242] MORA, 1963, p. 465.
[243] MORA, 1963, p. 463.

Apenas a explicitação do conceito bastaria, pois, para arruinar as pretensões de soberania dos estados provinciais.[244] Não obstante, essa suposta evidência haveria de ser imediatamente problematizada. A queda do Primeiro Império, ocorrida no ano seguinte, e a onda separatista que se seguiu, revelaram as ambiguidades contidas em tal conceito.

De fato, evidenciou-se que, ao contrário do que foi percebido por Mora, de um modo geral não era fácil justificar por que certas unidades administrativas maiores continham um autêntico "povo", ao contrário dos diversos estratos dos quais este se compunha. A proposta de Mora continha um terceiro critério neste sentido, algo próximo do que autores contemporâneos chamam de "teoria do umbral" (a qual, como visto, já se encontrava presente em Talamantes), isto é, somente aquelas que pudessem conciliar unidades políticas viáveis poderiam ser consideradas autênticas nacionalidades, dotadas de vontade autônoma.

> Mas quais são as condições necessárias para que uma nação possa se constituir? São indispensáveis: 1) a posse legítima do terreno que ocupa; 2) a sabedoria e a segurança apropriadas para conhecer os direitos do homem livre e saber mantê-lo diante dos ataques internos do despotismo e das violências externas da invasão. Seria necessário uma população que assegurasse de um modo firme e estável a subsistência do Estado por meio de uma Força Armada; que evitasse igualmente as convulsões internas produzidas pelo descontentamento

---

[244] Como encontramos no *Dictamen de la comisión especial de convocatoria para un nuevo congreso* [Parecer da comissão especial de convocação para um novo congresso] (México: Imprenta del ciudadano Alejandro Valdéz, 1823. p. 7), "as províncias são apenas porções convencionais de um todo maior, parecidas com os signos do zodíaco, que não existem na natureza, mas são invenções dos astrônomos para entender e explicar metodicamente o curso dos astros". A isso os federalistas contestariam dizendo que as províncias eram filhas da "mesma natureza", a qual havia dividido um "território imenso" para que cada porção fosse governada "segundo seus interesses, sem sentir a opressão de outra, por homens que conheçam suas necessidades e mereçam sua confiança". Ver Gómez Farías (1823, p. 3). Agradeço a Erika Pani pela informação fornecida.

dos intratáveis, perturbadores da ordem; e que reprimisse os projetos hostis de um estrangeiro ambicioso. Numa palavra, um terreno legitimamente possuído e a força física e moral para mantê-lo são os elementos essenciais de qualquer sociedade. [245]

No entanto, se o que se expôs acima serviu de justificativa para garantir a independência em relação à Espanha, não foi um argumento igualmente eficaz contra o clamor pela autonomia dos estados. De fato, a incorporação da "teoria do umbral", ou seja, a capacidade física de um estado manter-se tendia perigosamente ao encaminhamento da questão para o terreno dos fatos. Assim, bastava apenas que o estado demonstrasse capacidade de defender seus questionamentos com ações militares para torná-los *ipso facto* legítimos.[246] O fato é que, uma vez consagrado o princípio de autodeterminação, não havia forma de reduzi-lo sem contradizer seus próprios postulados. Dessa forma, como, então, negar aos outros o exercício desse mesmo direito que o México havia reclamado para si? Lorenzo de Zavala, futuro fundador da loja maçônica *yorquina*, apontou a clara contradição com os princípios republicanos, a qual implicava a tentativa de obrigar os estados a permanecer dentro da federação por meio da força. Assim, expôs em seu argumento ao defender a aprovação da separação pacífica da Guatemala (ocorrida imediatamente após a queda de Iturbide):

---

[245] MORA, 1963, p. 465.

[246] O próprio Talamantes, em documento apresentado durante a sua prestação de contas perante o Tribunal da Inquisição, assinalava esse ponto (o que contradizia claramente sua proposta original). Nele procurou demonstrar que "o poder físico não autoriza a liberdade legal, pois esta depende de princípios muito diferentes, que são as leis, os direitos, as obrigações e os costumes. Se o poder físico fosse bastante para legitimar essa independência, poderia também servir de regra as numerosas ações morais, de modo que o homem poderia [fazer] legalmente tudo o que pudesse fisicamente; nesse caso, a força decidiria o direito, de acordo com o perverso e errôneo princípio do ímpio Hobbes [...]. Por último, qualquer indivíduo poderia se separar da sociedade ou do corpo a que estivesse vinculado, provocando, com isso, uma monstruosa confusão e desordem em toda sociedade" (TALAMANTES, 1993, p. 49).

> Mas, então, [se alega que] o mesmo pode ocorrer no México e nos demais congressos. Quem saberia, neste caso, dizer qual seria a opinião pública. O certo é que sempre se deve seguir o voto da maioria. A comissão não poderia fazer menos que trabalhar pelos princípios estabelecidos, aqueles mesmos que foram conduzidos ao congresso desde o ano passado. Eu me recordo, senhor, que no âmago de Vossa Senhoria eles protestavam fortemente contra as tropas [enviadas por Iturbide], que iriam atacar San Salvador. Então, senhor, por que não respeitamos os direitos que outrora respeitávamos? O que antes havia na Guatemala de direito para a constituição de um governo que já não existe mais?[247]

O problema estabelecido anteriormente em relação ao conjunto do Império se repete agora, em menor escala, no interior de cada um dos "reinos". No entanto, dessa vez já se insere nos limites do marco do pensamento contratual moderno. Mais do que uma incompreensão do "verdadeiro sentido da política moderna", o que então se manifestava era o fundo aporético subjacente ao conceito.

Por um lado, o ideal de pacto moderno supõe um princípio de divisão, um modo de delimitar aqueles que estariam habilitados a fazer o pacto entre si, a fim de coletivamente se tornarem portadores legítimos de uma vontade soberana. A ideia de *soberania* como faculdade única, indivisível e inalienável indicava, na verdade, a ausência de um limite interno, mas, ao mesmo tempo, ao contrário do antigo *imperium*, possuía implicitamente a existência de um limite externo (a qual se inscreve no campo composto pela pluralidade de entidades soberanas com as quais faz fronteira). Contudo, por outro lado, do ponto de vista contratual, tal delimitação resulta indefinível.

Mais tarde, após revisar o processo que levou à Independência, Lucas Alamán, líder conservador mexicano, revelava o que havia de irracionalidade nos fundamentos da nacionalidade. Como apontou em sua *Historia de Méjico* (1848-1852), a ideia de que, deposto o monarca, a soberania retornaria ao povo, deixava indefinido a qual povo se referia. No entanto, para Alamán, afirmar que se tratava

---

[247] ZAVALA, 1969, p. 885.

do "povo mexicano" era mera uma declaração de princípio, pois ele já tinha como pressuposto o fato de que o México constituía uma nação, o que era exatamente a questão:

> O tribunal e os espanhóis olhavam para a Nova Espanha como uma colônia [...]. A administração local e os americanos se apoiavam nas leis primitivas e na independência estabelecida pelo Código das Índias, além das doutrinas gerais dos filósofos do século anterior, quanto à soberania das nações. Apesar de todas as considerações feitas, eles imaginavam que o México já fosse independente e pudesse atuar como nação soberana, exatamente ao que os outros resistiam e combatiam.[248]

Perdido o fundamento natural, revela-se, então, o que ainda não aparecia na pergunta anterior. Do mesmo modo que a definição a respeito de *como* a nação se constituía, a definição sobre *qual* era essa nação não poderia simplesmente decorrer de uma escolha, justamente pelo fato de tal sentido constituir a premissa de qualquer eleição. Portanto, isso não poderia ser determinado por nenhum congresso constituinte, visto que tal definição já era algo implícito na própria convocatória. A pergunta sobre quais seriam os sujeitos da imputação soberana nos conduz, finalmente, para além do universo de ideias do pacto liberal. Além disso, nos situa no terreno de suas próprias condições de possibilidade.

A relação entre representação (*nação*) e soberania (*estado*) se tornava, assim, pela segunda vez, problemática. Contudo, desta vez, essa tensão se fixaria no interior dos sistemas de referências conceituais modernas. Dessa forma, damos por encerrado o círculo aberto por Talamantes. A diagonal aberta pela torção conceitual, essa "história de efeitos", através da qual se romperiam as linguagens tradicionais, desdobra-se, como demonstrado, a partir do ponto em que a representação se desvincula da figura de um soberano transcendente, a fim de se transferir para aquela entidade preexistente, a *nação*. Esta, então, deveria representar a si mesma, dando origem

---

[248] ALAMÁN, 1942, p. 191.

a um novo conceito de soberania (uma soberania imanente, que se condensaria na forma do poder constituinte). Desfeito, então, o pressuposto articulador do campo semântico composto pelas categorias de *povo*, *nação* e *soberania*, isto é, o da preexistência da nação, a ideia em relação à nação novamente deveria se desprender da soberania com o intuito de se rearticular num nível superior, obviamente precedente da realidade social, que já não seria o do ato instituidor originário, mas o de suas próprias premissas.

História, nação e razão

Um dos tópicos tradicionais da historiografia nacional latino-americana consiste em associar a precariedade dos novos arranjos institucionais à modernidade de suas origens. Diferentemente das nações europeias, cujas origens míticas se fundam no passado remoto, as nações latino-americanas eram, claramente, construções políticas recentes e, em grande medida, arbitrárias. Curiosamente, as correntes revisionistas retomariam esse mesmo padrão interpretativo. Como demonstrou Guerra, a impossibilidade de fixar um sentido de nacionalidade se explicaria "na medida em que [os novos Estados nacionais] não conseguiram se basear naqueles elementos culturais que na Europa definiam a 'nacionalidade': a língua, a cultura, a religião, a origem comum, real ou pressuposta".[249] Na verdade, esse argumento não era completamente compatível com a hipótese do mesmo autor acerca do que foi a incompreensão, por parte da população local (aferrada, como afirmou, a imaginários tradicionais), quanto à ideia moderna de nação, como uma entidade abstrata, homogênea e unificada (ou seja, ideia oposta à referida na citação anterior), o que impediu a afirmação dos novos Estados. Realmente, a comprovação da origem estritamente política das nações latino-americanas – o que era, de fato, a marca de sua modernidade, mas que agora, para Guerra, constituía a sua principal deficiência – levaria uma das fontes mais citadas a esse respeito, Benedict Anderson, a afirmar que, na América Latina, as

---

[249] GUERRA, 2003, p. 219.

"comunidades de *criollos* desenvolveram logo cedo as concepções de nacionalidade [*nation-ness*] muito antes que a maior parte da Europa".[250]

O certo era que os novos Estados, uma vez instituídos, exigiam, para sua afirmação, reconhecer sua fundação a partir de princípios de legitimidade menos contingentes do que as casualidades trágicas das batalhas nas guerras de Independência, ou mesmo na série de vicissitudes políticas que se seguiram. A luta contra o passado colonial seria substituída por uma luta não menos árdua, que negava (ou, pelo menos, escondia) a eventualidade de suas origens como nação e exigia a procura de fundamentos culturais mais permanentes. Com o intuito de consolidar os novos Estados, seria necessário assegurar aquilo que não era mais que um impreciso patriotismo americanista numa "consciência nacional", à qual se subordinavam outras formas de identidade (regionais, de linhagem, etc.). Desse modo, nasceria a ideia de que os novos Estados deram forma institucional apenas a nacionalidades com longa preexistência, cuja linhagem a respectiva historiografia se incumbiria de revelar.

Esse programa acompanhou de forma natural a reviravolta conceitual que começava então a ser produzida na Europa por meio da difusão das filosofias da História do romantismo. Essas reflexões filosóficas concebiam as nações como organismos cuja evolução possui tendências próprias de desenvolvimento, apresentando historicamente o princípio que as identifica. De acordo com essa noção, cada nação possui sua lógica objetiva de formação, inscrita em sua própria natureza. A vontade subjetiva pode eventualmente iluminar ou ocultar determinadas tendências inerentes, mas o que não pode fazer é ignorá-las completamente, tentando introduzir nesse organismo social um curso evolutivo que não faça parte de suas alternativas possíveis de desenvolvimento. O conhecimento histórico, a penetração desse germe primitivo de sociabilidade em que repousa determinada comunidade e que explica o sentido das vicissitudes de seu real curso histórico, conteria, também, as chaves definitivas para sua governabilidade.

---

[250] ANDERSON, 1991, p. 50. Para uma perspectiva oposta, ver Chiaramonte (1991).

Nos marcos tradicionais da História das ideias, esse conceito organicista não poderia ser interpretado de outro modo que não fosse um regresso a um ideal social próprio do Antigo Regime. Realmente, o Historicismo romântico parecia fazer o pensamento local retroceder a um horizonte de ideias muito próximo ao Constitucionalista histórico. Este proveria a matriz básica de pensamento para invocar o passado, a fim de descobrir a constituição natural própria a cada comunidade nacional, o que restituiria usos notoriamente tradicionais de termos como "constituição" e "nação". Por isso, para Guerra, a definição de nação de Sarmiento, para quem "a autoridade *se funda no consentimento não deliberado que uma nação dá para um fato permanente*", parecia uma prova clara da sobrevivência de imaginários tradicionais. Ainda segundo Guerra, a permanência desses imaginários "manifesta de forma implícita a inexistência da nação moderna — entendida como uma associação de indivíduos autônomos, os cidadãos – bem como a permanência desses outros tipos de comunidades surgidas da História, que reclamam os seus direitos ignorados no interior do novo sistema de referências".[251]

Torna-se novamente sintomático o fato de as correntes revisionistas latino-americanas, tomadas pela intenção de debater sobre os relatos nacionalistas locais, buscaram seu fundamento em autores como Benedict Anderson e Eric Hobsbawm, invocando-os sempre para extrair uma conclusão diferente da apresentada por eles. Longe de denunciar o tradicionalismo, o que esses historiadores buscavam era desmontar as visões nacionalistas, demonstrando exatamente como a ideia organicista romântica de nação como entidade natural e objetiva ("não deliberada" e "permanente", nas palavras de Sarmiento), era uma categoria *absoluta e completamente moderna*, sem vínculos comuns com as formas pré-modernas de compreensão da sociedade.

A identificação do organicismo romântico com o conceito organicista de Jovellanos ou de Martínez Marina levaria, na verdade,

---

[251] GUERRA, 1993, p. 350.

a perder de vista o aspecto crucial que distingue os horizontes de pensamento. O apelo à História, proposto pelo constitucionalismo histórico, expressava, justamente, a ausência de qualquer consciência propriamente histórica. Sendo assim, seguia-se o velho ideal pedagógico ciceroniano da *historia magister vitae*. Como afirmou Koselleck, tal ideal pedagógico se mantinha baseado no caráter de repetição da História, em que as mesmas situações básicas se repetiriam, alterando-se apenas o contexto. Em suma, esse ideal necessitava de um conceito de História compreendido como substantivo coletivo singular (um *em si* e *para si*), que abarcasse um princípio intrínseco de desenvolvimento e abrisse uma temporalidade imanente, tornando impossível qualquer retorno a situações precedentes; esta era exatamente a noção introduzida pelo romantismo. Enfim, o que havia então era, portanto, uma pluralidade de *Histórias*, as quais eventualmente poderiam se repetir e, longe de compartilhar um mesmo conceito, este era o ideal pedagógico tradicional que as filosofias da história do Romantismo, precisamente, ajudaram a desmantelar.[252]

A interpretação de Guerra, é preciso afirmar, é uma demonstração dos anacronismos sobre os quais incidem as visões dicotômicas, próprias da tradição da História das ideias (em cujos limites qualquer afastamento do ideal liberal ilustrado "moderno" deve ser pensado como uma recaída numa visão tradicionalista, que expressaria a persistência de padrões culturais ou sociais pré-modernos). Em suma, as visões dicotômicas retiram os sistemas conceituais do espaço epistemológico particular dentro do qual adquirem sentido, estabelecendo, portanto, conexões trans-históricas arbitrárias. A associação de dois conceitos correspondentes a períodos muito distintos da História intelectual, como o constitucionalismo histórico e o romantismo, em comum oposição ao conceito liberal ilustrado, que foi, realmente, contemporâneo do primeiro, revela um claro exemplo do tipo de problema estabelecido pelas análises centradas nas "ideias", as quais escondem

---

[252] A esse respeito, ver Koselleck (1993, p. 41-66).

o substrato conceitual subjacente a cada caso, que determina a historicidade das formações discursivas.

De fato, apesar dos conteúdos opostos no nível do discurso explícito (as ideias), o constitucionalismo histórico ("tradicionalista") se situava, na verdade, no mesmo plano epistêmico que o pensamento liberal ilustrado ("moderno"). Ambos compartilhavam o mesmo terreno categorial e se baseavam na mesma visão a-histórica em relação ao mundo natural e social. Em síntese, eles são indissociáveis, entre outras coisas, das teorias fixistas da *história natural* dos séculos XVII e XVIII.[253] O nascimento do pensamento romântico, pelo contrário, está estreitamente associado ao desenvolvimento das correntes evolucionistas surgidas no início do século XIX e seria incompreensível pensá-lo dissociado delas. As correntes evolucionistas desfizeram a oposição entre evolução e pré-formação, própria da *história natural*, ao introduzir um princípio de formação progressiva nos processos genéticos. Neste caso, o que se encontraria pré-formado e, em última instância, garantia a regularidade dos processos biológicos e permitia a reprodução sistemática das espécies, já não seria nenhum conjunto de características fixas, mas o princípio de sua formação, algo parecido com o que hoje chamamos de um "programa genético".[254]

Esse conceito serviria também para a compreensão da gênese das sociedades. Dessa forma, introduzia-se um princípio de desenvolvimento no plano da instância constitutiva da sociedade (a qual não seria o resultado de um único ato, mas de um longo processo de maturação), ao abrir um horizonte novo de questionamento, completamente estranho à linguagem liberal ilustrada. Em última instância, a chegada do romantismo preencheu um vazio no interior do conceito de pacto moderno, ao permitir abordar o que daquele implicitamente havia neste – ainda que fosse algo inapreensível dentro do quadro romântico – e, assim, pensar sobre

---

[253] Ver Palti (2003).
[254] Ver Palti (2001, p. 133-192).

como se constituía o próprio *poder constituinte*.[255] Entretanto, para isso, antes era necessário minar o pressuposto encontrado em sua base, o qual havia sido a pedra de toque para a mudança conceitual aberta com a revolução da Independência: o postulado da gênese convencional do social, que destruiu o próprio conceito de *poder constituinte*. De forma mais precisa, ele ficaria restrito ao âmbito do *pactum subjectionis* a fim de abrir uma fenda na ideia de um *pactum societatis*, transferindo-a ao plano dos processos evolutivos objetivos. Este voltou a se posicionar, enfim, ao lado da natureza, embora essa volta sobre si da linguagem política, para minar suas próprias premissas, já não o devolverá a um contexto discursivo precedente. Em parte, porque essa mesma natureza já havia se transformado, diversificado-se e historicizado-se, acolhendo uma pluralidade de temporalidades diversas. A *lei natural* invocada já não será, portanto, aquela genérica humana do neoescolasticismo (da qual também compartilhava o primeiro liberalismo, tornando contraditório o postulado da preexistência da nação), mas a que remetia ao *plano de formação* específica de cada organismo particular.[256] Em todo caso, a ideia de uma simples oposição entre iluminismo e romantismo (atomismo e organicismo) perdia de vista o vínculo, ao mesmo tempo, inseparável e conflitante que ligava ambos horizontes conceituais, o nexo dinâmico que leva

---

[255] Como apontou Jürgen Habermas: "Há uma brecha conceitual na construção legal do Estado constitucional que suscita seu preenchimento por uma interpretação naturalista da nação. A extensão e os limites de uma república não podem ser estabelecidos sobre a base de critérios normativos. Em termos puramente normativos, não pode ser explicado como se compõe o universo daqueles que se unem a fim de formar uma associação livre e igualitária [...], quem deve ou quem não deve pertencer a tal círculo. De um ponto de vista normativo, os limites territoriais e sociais de um Estado constitucional são contingentes [...]. O nacionalismo encontra sua própria resposta prática em um ponto que não pode ser solucionado na teoria" (HABERMAS, 1996a, p. 287-288).

[256] A ideia de um "plano de formação" foi introduzida no século XVIII por Étienne Geoffroy, fundador da cristalografia, e pai do famoso biólogo Geoffroy de Saint Hilaire, que levou esse conceito para a biologia, campo no qual teve longa história. Um de seus seguidores, Goethe, usou esse mesmo conceito como base para o seu famoso escrito sobre "a metamorfose das plantas".

de um a outro e que faz deste último uma formação conceitual radicalmente diversa do primeiro, sem o qual, vale dizer, seu aparecimento seria inconcebível.

O que foi vimos permite compreender melhor o esforço intelectual com o qual se dedicaria, embora sem o mesmo êxito, uma segunda geração de pensadores surgida após a Independência. Aquele que melhor a sintetizou foi, na verdade, o alemão Karl von Martius ao definir, em 1842, o programa que presidiria no encontro de historiadores ligados ao Instituto Histórico e Geográfico Brasileiro. Em *Como se deve escrever a História do Brasil* [1845], Von Martius consagrou a ideia da peculiaridade de três elementos raciais e culturais diversos: o índio, o negro e o português. Ele postulava que "estamos vendo um povo novo nascer e se desenvolver da união e contato entre essas três raças distintas. Proponho que sua história evolua de acordo com a lei específica dessas três forças convergentes".[257] Sobre essas bases se construiu no Brasil uma precoce e poderosa tradição historiográfica,[258] cuja síntese inicial aparece em *História Geral do Brasil* (1854-1857), de Francisco Adolfo de Varnhagen. Nessa obra seria revelado como foi se configurando um brasileiro particular, o qual, desprendendo-se progressivamente de seu antepassado português, dotava a nação brasileira de uma identidade definida.[259]

No entanto, é certo que na América hispânica (talvez com a única, e notável, exceção chilena) esse projeto tenha se revelado

---

[257] BURNS, 1967, p. 23. "O gênio da história", disse mais adiante von Martius, "propôs a mistura de povos da mesma raça com raças tão complemente diferentes em sua individualidade e caráter físico e moral, a fim de formar uma nova e maravilhosa nação organizada" (BURNS, 1967, p. 24). *Como se deve escrever a história do Brasil* foi o trabalho premiado pelo Instituto no concurso realizado a propósito de Januário da Cunha Barbosa, durante a sessão 51ª, em novembro de 1840.

[258] Para esse resultado, foi fundamental a figura de Pedro II, que, durante 40 anos, presidiu pessoalmente as sessões do IHGB, de 1849 até a sua queda. A figura do historiador se tornou particularmente notável durante o Segundo Império, devido ao seu acesso direto ao monarca, recebendo títulos de nobreza e altos cargos políticos.

[259] VARNHAGEN, 1988.

muito mais difícil de ser realizado, concretizando-se apenas tardiamente no século XIX (embora num quadro intelectual modificado pelas ideias positivistas). Mas isso não necessariamente resultou das características das novas sociedades pós-revolucionárias. De fato, a ausência de uma *identidade nacional*, algo facilmente perceptível, nunca se constituiu como um obstáculo à criação de ficções de identidades como as nacionais. Pensar algo assim não seria tanto uma ingenuidade como seria aceitar acriticamente o que o próprio relato genealógico de nacionalidade postulava. Em resumo, a afirmação revisionista indicava a ausência de fundamentos culturais preexistentes aos novos Estados como explicação final quanto à sua precariedade; ao negá-la, apenas reafirmava tal ausência. Ou seja, pressupunha a validade, em princípio, do esquema explicativo nacionalista-culturalista, o que revelou até que ponto a visão revisionista da história política-intelectual latino-americana seria apenas o lado contrário da história nacionalista.

Por outro lado, ainda que os últimos condicionantes culturais não tenham sido alterados essencialmente, pois se tratava de um substrato imutável por definição, também não seria possível explicar como eventualmente foi se impondo nos diferentes países um forte sentido de nacionalidade, o qual, de maneira efetiva, subordinou as outras formas de identidade. O certo é que, para além das dúvidas e diferenças que inevitavelmente subsistiram em relação a quais seriam essas formas de identidade, na segunda metade do século XIX, rapidamente se difundiu a ideia da existência de identidades nacionais diferenciadas. Isso logo se naturalizou no discurso político, passando a constituir parte das premissas inquestionáveis. A nação deixava de ser, ela mesma, um problema, como entidade histórica e contingente (portanto, arbitrária e cujos fundamentos eram, em última instância, indefiníveis), para se transformar numa verdade evidente, o princípio explicativo definitivo de todo o desenvolvimento histórico. Assim, finalmente resolvida a segunda pergunta que tensionou o debate político nas décadas críticas após a Independência, no entanto, seria reaberta a primeira questão, ainda que isso ocorresse em um contexto discursivo já completamente alterado. Foi a noção de um sujeito homogêneo que voltaria a ser problematizada, pois era um sintoma inequívoco do processo de deterioração pelo qual passava o vocabulário surgido a partir da quebra do vínculo colonial. Começava, então, a se delinear uma nova mudança conceitual. As redefinições trabalhadas ao redor do campo semântico articulado a partir das categorias de *opinião pública*, *razão* e *vontade* nos permitirão observar, mais detalhadamente, a estrutura básica que definiu esse vocabulário, além de revelar como essa estrutura foi sendo corroída até perder vigência, abrindo, assim, um horizonte conceitual completamente estranho àquele, mas nem por isso menos inerentemente "moderno".

CAPÍTULO 3

Opinião pública / Razão / Vontade geral

> *A opinião pública, em outras palavras, implica a aceitação de uma política aberta, pública. Mas, ao mesmo tempo, sugere uma política sem paixões, uma política sem facções, uma política sem conflitos, uma política sem temor. Poderia se dizer, ainda, que ela representa uma política sem política.*
>
> Keith M. Baker, *Inventing the French Revolution*

A ruptura do vínculo colonial trouxe consigo, como visto, alterações políticas irreversíveis. Com a privação de qualquer garantia transcendente para as novas autoridades, somente a vontade dos sujeitos poderia provê-las de um fundamento de legitimidade. A "opinião pública" configuraria esse fundamento e seria sempre invocada pelos governantes. Essa invocação não seria apenas retórica. No decorrer do século XIX, difundiu-se rapidamente a ideia do "poder da opinião". Ela aparecerá como uma espécie de tribunal de última instância, cuja sentença seria inapelável. Como se admite, nenhum governo poderia se sustentar contradizendo as tendências da opinião pública.

A pergunta que essa perspectiva coloca se refere à constituição dessa tão falada "opinião pública", pretendendo elucidar quem a formava, quais eram seus órgãos e quais seriam os fundamentos de seu poder e efetividade. Devido ao fato de que tanto as ideias a respeito dessa opinião pública, quanto as práticas concretas nas quais essas se sustentavam, se modificaram profundamente ao longo do século, a resposta àquelas perguntas não poderia ser unívoca. O caminho da errática trajetória da opinião pública na América

Latina nos oferece elementos fundamentais para compreender a estrutura da linguagem política, surgida a partir da decomposição dos imaginários tradicionais, os quais chamaremos de "modelo jurídico da opinião pública",[260] bem como para entender o modo pelo qual a linguagem política foi sendo corroída, abrindo as portas para uma nova mudança conceitual.[261]

As origens do modelo jurídico da opinião pública e seus pressupostos

Num artigo presente no livro *Los espacios públicos en Iberoamérica*, Annick Lempérière ofereceu um relato da origem do conceituo "moderno" ("forense") de opinião pública, que nos ajuda a compreender como se afasta e em que se distingue de seus antecedentes clássicos.[262] De modo geral, os conceitos de *opinião* e *publicidade* não nasceram no fim do século XVIII, pois faziam parte fundamental do discurso político precedente. Durante o Antigo Regime, apontou Lempérière, "de forma ideal, qualquer conduta devia ser 'pública', porque a publicidade garantia sua integridade moral".[263] A opinião

---

[260] A ideia da opinião pública como uma espécie de tribunal neutro que, após avaliar a evidência disponível e comparar os diferentes argumentos, anui, idealmente, na "verdade do caso". Alexis de Tocqueville reforçou a importância que teve a cultura jurídica no surgimento do conceito moderno da opinião pública. Ele dizia que "as Cortes de justiça foram especialmente responsáveis pela noção de que qualquer assunto, de interesse público ou privado, esteja sujeito ao debate" (TOCQUEVILLE, 1957, p. 117). Sobre as origens desse conceito, ver Baker (1990); Chartier (1995); Habermas (1991).

[261] Essa hipótese foi desenvolvida por Elías (2005).

[262] Em sua contribuição a *Los espacios públicos en Iberoamérica*, Geneviève Verdo aponta que "no momento de seu aparecimento – ou seja, nas últimas décadas do século XVIII, quando se desencadeiam as revoluções liberais – a noção de 'opinião pública' não era facilmente definida. As investigações de Keith Michael Baker e Monas Ozouf sobre o caso francês demonstram que coexistem no léxico daquela época muitas expressões (como a de *esprit public*, entre outras), cujos sentidos são próximos, e que a própria noção aparece marcada por certa ambiguidade" (VERDO, 1998, p. 225).

[263] LEMPÉRIÈRE, 1998, p. 63.

pública atuava, portanto, como um "tribunal", censurando ou aprovando publicamente as condutas individuais. Ela estabelecia uma "opinião social" ou definia uma reputação. Esse foi também o conceito do qual os primeiros patriotas lançaram mão. Os escritos do mexicano José Joaquín Fernández de Lizardi ilustram como se produziu essa distorção, mediante a qual o conceito se transformou no fundamento para minar o regime colonial.

Seguindo uma pauta tradicional, nos escritos de *El Pensador Mexicano* [O pensador mexicano] (seu pseudônimo preferido), a opinião pública aparecia como uma espécie de depósito de máximas consuetudinárias, transmitidas de geração em geração mediante o exemplo ("*consuetudo est altera natura*", ele dizia);[264] em outras palavras, uma *doxa*, um saber social compartilhado no qual se materializa o conjunto de princípios e valores morais em que repousa a convivência comunitária. Nele se condensava uma inclinação para o bem inata ao homem, tornando manifesta sua natureza racional. O erro, contrariamente, expressaria um desvio dos bons costumes, produto de uma má apreciação das normas sociais ou de alguma perversão congênita (como o egoísmo, a cobiça, etc.). No entanto, isso só podia afetar os homens de maneira individual,[265] jamais poderia ser convertido em princípios de conduta socialmente compartilhados. Os escritos de Fernández de Lizardi revelam uma confiança, se não na probidade dos cidadãos como indivíduos, pelo menos no sistema dos controles sociais que protegem e preservam os sujeitos das paixões, as quais podem se soltar com liberdade no espaço privado. Por isso, o conselho do "coronel" para sua filha, Prudenciana, em *La Quijotita y su prima*, para que evitasse o contato com os homens de forma privada, porque, "quando não temos

---

[264] DE LIZARDI, 1968, p. 107.

[265] Disso deriva a sociabilidade natural do homem. Como disse Suárez, "esta necessidade [de se reunir em sociedade] se funda no fato de que o homem é um animal sociável, que exige, por sua própria natureza, uma vida social e em relação com outros homens. [...] Pois os homens, individualmente considerados, dificilmente conhecem as exigências do bem comum e por rara vez o desejam por si mesmos" (SUÁREZ, 1971, p. 57).

testemunhas de nossas debilidades", "as paixões não podem se sujeitar à razão".[266] Como indicou Lempérière, somente a publicidade das ações tornaria possível distinguir o bem do mal (a falsa virtude, dizia Lizardi, "não pode ser constante" e, no fim das contas, ela é sempre descoberta).[267]

No entanto, no momento que as próprias autoridades coloniais começaram a ser interpeladas em nome da opinião pública, Lizardi apresentou um aspecto fundamental do conceito. Sendo assim, as autoridades foram colocadas em pé de igualdade em relação aos mortais, apagando, com isso, o *pathos da distância* que conferia a elas dignidade e que emanava do *arcano* (a posse de um saber inacessível aos súditos comuns). Como o mesmo Lizardi assinalou num panfleto dirigido ao vice-rei Venegas:

> Hoje é o dia em que os aduladores quebrarão as pernas por subir o cume *bipartido* [...]. Mas – oh, força da verdade! – hoje se verá Vossa Excelência em minha pena como um miserável mortal, um homem como todos e um átomo desprezível diante da face do Todo-poderoso. Hoje se verá Vossa Excelência como um homem que (exatamente por ser um) está sujeito ao engano, à preocupação e às paixões.[268]

Os servidores não eram, contudo, mais que indivíduos e, por isso, vítimas das paixões e dos interesses pessoais, bem como suscetíveis ao erro ("todos os que nos governam e governaram são homens, receptáculos de vícios e virtudes", disse Lizardi).[269] Ao erro dos indivíduos, que passou a ser também o de um poder sem mistérios e dignidade, Fernández de Lizardi opõe as verdades coletivas (sociais), tornando-se, portanto, seu representante. A opinião pública se institui, assim, como um reino da transparência confrontando o âmbito da obscuridade dos sujeitos particulares (na qual se incluíam os servidores reais). E a opinião pública raramente errava:

---

[266] DE LIZARDI, 1967, p. 211.
[267] DE LIZARDI, 1967, p. 206.
[268] DE LIZARDI, 1968, p. 83-84.
[269] DE LIZARDI, 1991, p. 664.

> A opinião pública, comumente, é sempre acertada, porque como ao homem é próprio gostar do bem e fugir do mal, acontece que, desejando o bem de todos, os demais saberão distinguir e quase sempre é boa a opinião pública.[270]

Instituída como o lugar da Verdade, a opinião pública se tornou também o âmbito da moralidade, sendo colocada contra um poder que, caso se furtasse à vista do "olho público", não teria como evitar atos imorais. Por intermédio disso, a imprensa – o novo nome da publicidade, a ágora moderna – apareceu como o único meio capaz de prevenir a corrupção dos servidores. Assim, o *Bem* e a *Verdade* se fundiram na *Opinião*. Surgia a noção do "tribunal da opinião", constituindo-se, ao mesmo tempo, em juiz supremo das ações do poder e fonte de sua legitimidade. Contudo, o conceito lizardiano guardava ainda uma premissa de matriz claramente pré-moderna, a qual se desfez somente após a Independência, dando lugar para o surgimento do conceito *jurídico* da opinião pública.

De fato, como demonstrado, o modelo lizardiano tinha como princípio a transparência das normas fundamentais de moralidade, nas quais a vida comunal encontra o seu *nomos* constitutivo. Para Fernández de Lizardi, o povo portava coletivamente uma espécie de saber intuitivo com acesso imediato à Verdade, a qual se manifestaria, ao menos, para aqueles cujo entendimento não estivesse ofuscado pelas trevas das paixões pessoais. "A Verdade é senhora muito familiar para todo mundo", declarou, sem o menor pudor, no *El Pensador*, para, então, completar: "eu desejo que todos me vejam, me conheçam, conversem comigo e me amem, por isso me torno demasiado visível".[271] Em última instância, a visibilidade decorria de seu *apriorismo*, sendo que nisso se encontra o aspecto mais notadamente "tradicional" do conceito de Lizardi. A Verdade, as máximas fundamentais de moralidade em que repousa a comunidade, seria imposta a seus membros do mesmo modo que os dogmas religiosos aos crentes, como algo já dado; sua definição

---

[270] DE LIZARDI, 1973, p. 64.
[271] DE LIZARDI, 1968, p. 64.

não pressupunha nenhuma escolha ou reflexão. Ela se revelaria por si mesma a quem quisesse vê-la. Assim, não haveria espaços para diferentes pontos de vista, apenas existiam os que conheciam a verdade e aqueles que a ignoravam. Em suma, para Lizardi, o universo ético encontrava-se *na mesma relação de transcendência com relação à sociedade detentora do poder no Antigo Regime*.

Com o rompimento do vínculo colonial, o conceito se tornou insustentável. A sociedade civil se transformaria, então, de âmbito da unidade moral comum a espaço de dissenso (como, então, Lizardi havia admitido, "a divergência de opiniões ameaçava [com] a anarquia por todas as partes. Um povo dividido em opiniões e interesses é impossível que tenha sua felicidade consolidada").[272] Com isso se desfazia a ideia da transparência da Verdade. As normas sociais voltavam a ser incoerentes e incompreensíveis. Assim, a obscuridade saía do âmbito privado para abarcar o espaço público e, desse modo, as antinomias virtude e vício, assim como verdade e erro, tornaram-se indiscerníveis, frustrando qualquer possibilidade de uma ordem política estável.

A reformulação do conceito de opinião pública, realizada pela geração subsequente de pensadores, teve exatamente como ponto de partida a noção da relativa obscuridade da Verdade. Para autores como o mexicano José María Luis Mora, longe de parecer destruidora de qualquer possibilidade de funcionamento estável da ordem institucional secular, foi esse caráter obscuro que realmente abriu as portas para o progresso humano.

> Se fosse tão fácil aprender a ver, o estudo perderia todo o seu valor. É necessário que uma espécie de obscuridade e de fortes barreiras nos façam sentir o gozo e a honra de dissipar uma e assentar as outras. A virtude deixaria de excitar nosso interesse, nossa veneração, nosso entusiasmo, se não tivesse que vencer as paixões e lutar contra a desgraça.[273]

Encontra-se aqui um primeiro ponto de inflexão a partir do qual surgiria uma nova linguagem política. A Verdade, portanto, já

---

[272] DE LIZARDI, 1991, p. 662.
[273] MORA, 1963, p. 42.

não é claramente visível, nem mesmo a virtude um mero dado, mas algo a ser conquistado com esforço por meio da luta permanente contra as certezas aceitas de forma atávica. A opinião pública deixou, então, de ser premissa para se converter em resultado da *politikà* (compreendida como *publicidade*), a qual ascendeu da pura opinião subjetiva (*doxa*) à convicção racionalmente fundada (*ratio*),[274] com o intuito de tornar a mera opinião em "opinião *pública*" ("a opinião pública", assegurou El Observador, "é a voz geral de todo um povo convencido de uma verdade, examinada por meio do debate").[275]

Desse modo, incorporou-se um novo âmbito ao reino da política, pois, agora, seriam os sujeitos os responsáveis por ditar normas à sua própria vida em comunidade. Chega-se, assim, à segunda redefinição fundamental produzida no conceito de Lizardi, que assinala o ponto de ruptura em torno do qual gira todo o pensamento político subsequente. A ideia da *imanência* das normas (a inexistência de Deus ou ausência de autoridade superior que pudesse conferi-las) será, em suma, o que abre as portas para a *politização* da própria esfera pública (como demonstrado, a política, no conceito lizardiano, estava reduzida a uma questão puramente ética), bem como condensa o núcleo problemático inerente a todo sistema de governo pós-tradicional (e que nenhuma teoria política conseguiria resolver).

O aspecto crucial desencadeado pela crise pós-independência é que ela não destruiu apenas o pressuposto da *transparência* das normas reguladoras da sociedade, mas acabou também com a ideia da *transcendência (objetividade)* dessas mesmas normas. O *Plano da Constituição Política da Nação Mexicana* deixou claro o tipo de problema que foi gerado.

---

[274] Como apontou Baker, "por muito tempo sinônimo de instabilidade, fluidez e subjetividade, a noção de opinião agora se estabiliza por sua junção ao termo 'pública', aumentando assim a universalidade e objetividade de *la chose publique* no discurso absolutista [...]. A universalidade e objetividade da opinião pública são constituídas pela razão" (BAKER, 1990, p. 194).

[275] MORA, 1963, p. 370. *El Observador* foi o diário dirigido por Mora e porta-voz da loja maçônica escocesa. Os textos doutrinários contidos nele reproduzem basicamente ideias originalmente aparecidas no *El Espectador Sevillano*, de Alberto Lista.

> No momento em que uma nação destrói o governo que a regia, estabelecendo um substituto, os povos, *vendo que as criações políticas são obra sua*, começam a sentir suas forças, exaltando-se e tornando sua administração difícil. As vontades adquirem um grau assombroso de energia, pois cada um quer aquilo que julga mais útil: tudo tende à divisão, tudo ameaça destruir a unidade.[276]

O modelo jurídico da opinião pública nasceu, portanto, da crise de duplo aspecto em que repousava o conceito lizardiano de opinião pública: a transparência e a transcendência dos valores e normas. Contudo, isso parecia impossibilitar qualquer ordem regular, pois se os sujeitos, constituídos como únicos soberanos, pudessem retirar, a qualquer momento, o apoio aos poderes instituídos, não haveria modo de um governo se estabelecer. Assim, o ideal tipicamente moderno de autodeterminação soberana dos sujeitos se chocou, de maneira inevitável, com o caráter regular de qualquer ordem institucional, o qual necessariamente transcende as vontades e interesses acidentais de seus membros individuais.

O conceito deliberativo de opinião pública continha, em suma, uma contradição inerente. Por um lado, o conceito ainda pressupunha a ideia de uma Verdade objetiva (a "verdade do caso"), em torno da qual os distintos pareceres poderiam eventualmente se concentrar.[277] Isso era assim porque, se não houvesse uma Verdade

---

[276] "Plan de la Constitución Política de la Nación Mexicana" (1823). In: Senosiain; Roble; Torre, (1985, p. 87, grifo nosso). Do mesmo modo, para *El Águila Mexicana*, que publica, pela primeira vez, em espanhol, os *Sophismes anarchiques* [Sofismos anárquicos] de Bentham, a origem da instabilidade que atingia o México radicava no "abuso que se faz do direito que temos de observar as operações do governo. Cada indivíduo compreende ao seu modo o desenvolvimento do governo" ("La opinión". *El Águila Mexicana*, v. 183, p. 4, 14 out. 1824). Mais tarde, *El Imparcial* denunciou que "se cada indivíduo de uma sociedade tivesse direito a rebelar-se contra o governo, o qual acredita ser problemático, então tal sociedade se encontraria em permanente estado de guerra" (*El Imparcial*, v. 1, p. 1, 18 jun. 1837). Sobre os problemas acarretados pela ideia de soberania individual no conceito contratualista, ver Lund (1992, p. 67).

[277] Como se afirma em um artigo publicado, em 1820, no *El Hispanoamericano-Constitucional*, "assim como a vontade geral de um povo, que se expressa por

última em matéria política, o jogo das interpretações poderia se prolongar de modo indefinido, sem uma base de objetividade que permitisse sanar as diferenças e alcançar um consenso assumido voluntariamente. Nesse caso, o resultado poderia ser algo muito próximo ao "estado de natureza" hobbesiano (ao qual só a imposição da vontade de um déspota poderia pôr fim). Sem uma Verdade, qualquer debate se tornaria impossível. Mas, por outro lado, se houvesse a existência de uma Verdade, então o apelo à opinião pública não teria sentido. A resolução das questões em pauta ficaria a cargo dos *especialistas*. Em última instância, não haveria opiniões, mas apenas os que possuíam a verdade e os que a ignoravam (o que nos leva à ideia do rei filósofo de Platão ou à sua imitação moderna, alguma espécie de tecnocracia). Em síntese, sem uma Verdade última, o debate racional seria impossível, mas, munido de uma Verdade, seria inútil. Isso leva à questão do "unanimismo".

Opinião pública e unanimismo

Para a escola revisionista, tal como demonstrado, o que atrapalhou o desenvolvimento da ideia moderna de opinião pública na região foi a sobrevivência de profundos preconceitos tradicionalistas, cujo sintoma principal seria a contaminação da opinião pública por um ideal de unanimidade, definitivamente contraditório com seu espírito. Em princípio, o ideal deliberativo em que essa ideia se apoia pressupõe a controvérsia e a divergência de opiniões. No entanto, a persistência de uma visão holística da sociedade, própria das tradições corporativas medievais, redundaria em uma rejeição a qualquer forma legítima de discordância.

> Essa teoria da opinião pública, cujo caráter moderno é, em muitos aspectos, evidente, apresenta outros que são bem menos claros. O mais perceptível é a concepção unanimista

meio das leis, é a reunião das vontades particulares dos cidadãos acerca dos objetos de interesse geral, da mesma maneira a opinião pública não é, nem pode ser, outra coisa além da coincidência das opiniões particulares numa verdade, da qual todos estão convencidos" (ZAVALA, 1966, p. 31).

> da opinião [...]. Para evitar o risco de que a diversidade de opiniões conduza à guerra de partidos, preconiza-se uma solução surpreendente: a formação de um partido nacional [...]. O pluralismo político real ainda não faz parte do espírito do tempo. O ideal continua unanimista e os "partidos" – ou os grupos políticos que disputam o poder – são concebidos pejorativamente como "bandos" ou "facções", cuja ação conduz a uma "discórdia que põe em perigo a coesão social".[278]

Por meio dessa afirmação, Guerra retoma uma visão arraigada entre os historiadores das ideias na região.[279] Entretanto, após esse consenso, foi possível observar certas ambiguidades, manifestadas em alguns escritos dessa escola. Para Véronique Hébrard, por exemplo, o unanimismo, antes de ser corporativista, possuía raízes absolutistas. Na verdade, isso seria um resultado do processo de centralização do poder operado pela dinastia Bourbon. A "soberania única e indivisível" do monarca seria transferida depois da Independência às novas autoridades. Nesse mesmo texto, surge ainda uma terceira explicação, diferente das duas anteriores (e não totalmente compatível com as explicações). Seguindo modelos ensaiados para a análise dos discursos da Revolução Francesa, Hébrard estudou o discurso bolivariano, relacionando a luta pela unanimidade com a própria lógica da ação revolucionária, a qual leva a ver toda disputa de opiniões como um atentado à saúde pública.[280]

---

[278] GUERRA, 1993, p. 273-274 e 360.

[279] Para Jesús Reyes Heroles, por exemplo, a falácia implícita neste princípio era evidente, ou seja, a vontade geral da nação é aqui, à moda de Rousseau, excludente das vontades particulares dos partidos. Isso porque "a vontade geral é vista como vontade unânime. Só a razão da maioria não obriga a ceder". (HEROLES, 1994, p. 255-256). Vale observar que Richard Hofstadter aponta algo parecido a respeito do sistema político norte-americano do início do século XIX. Ver Hofstadter (1969, p. 2)

[280] Ver Hébrard (1998, p. 196-224). Essa última interpretação de Hébrard retoma, na verdade, a proposta original de Guerra em *México: del Antiguo Régimen a la Revolución* (2000), que associa o afã unanimista à democracia moderna. Guerra assegurava, naquele momento, ao seguir Augustin Cochin (em quem Furet se

Essas oscilações argumentativas expressam, na verdade, as hesitações ideológicas dessa escola.[281] De qualquer forma, o fato é que ambas interpretações antagônicas são perfeitamente possíveis de serem sustentadas. Elas demonstram que o sentido do unanimismo não era unívoco, porque, assim como todas as outras categorias analisadas, não era em si "tradicional" ou "moderno",[282] não bastando apenas a constatação de seu aparecimento para obter conclusões determinadas quanto ao tipo de imaginário implícito.[283] Portanto, o seu significado não pode ser estabelecido de forma independente da rede discursiva particular na qual se produz.

Realmente, a luta pela unanimidade não estava em contradição com os imaginários modernos. De fato, ela era parte fundamental do conceito *jurídico* ("moderno") de opinião pública.[284] Como demonstrado, sem ao menos uma instância de Verdade, a qual, por definição, transcende as opiniões, tal conceito não poderia ser trabalhado. Contudo, a Verdade operava, ao mesmo tempo, como elemento destruidor do conceito de opinião pública. Em última instância, a

---

baseou para formular sua tese revisionista da Revolução Francesa), que, longe de expressar um ressábio pré-moderno, como apontaria depois em *Modernidad e independencias*, manifestava o "problema essencial da política contemporânea", isto é, a vontade de impor um ideal de unanimidade atrás do qual se oculta e se exerce, na verdade, o poder da "maquinária" (as sociedades de pensamento que logo dariam lugar ao terror como sistema de governo). Assegurava Guerra: "Cochin evidenciou a relação necessária entre o mecanismo democrático e unanimista das 'sociedades de pensamento'" (GUERRA, 2000, p. 165).

[281] Sobre as reviravoltas na trajetória intelectual de Guerra, ver Palti (2004, p. 461-483).

[282] Em última instância, é isso que Keith Baker – autor várias vezes citado por inúmeros membros dessa escola – indica ao afirmar que a 'opinião pública' adquire a forma de uma construção política ou ideológica, antes de ser um referente sociológico discreto" (BAKER, 1990, p. 172).

[283] Como surge no próprio relato de Hébrard, no caso específico estudado por ela, a tentativa de isolar a "representação nacional" da "opinião pública" tinha, na verdade, motivações práticas, mais do que raízes ideológicas. Tratava-se, concretamente, de evitar que a Sociedade Patriótica, liderada por Miranda, controlasse o Congresso instituído em Caracas.

[284] Baker aponta isso claramente na epígrafe do presente capítulo.

História do conceito de opinião pública é menos a trajetória tortuosa até o descobrimento da "verdadeira" noção do conceito (que age como *telos* para o qual se direciona ou deveria direcionar-se) do que a descoberta das diversas tentativas de confrontar a contradição no interior do conceito, ou seja, a investigação incerta em um terreno em que não há soluções válidas pré-estabelecidas.

Um dos primeiros modos pelo qual o pensamento liberal procurou resolver a contradição consistiu no estabelecimento de uma distinção nos níveis de legislação. Dessa forma, deveria ser diferenciada, de modo decisivo, a esfera dos princípios constitucionais fundamentais da esfera dos atos de governo. Apenas os atos de governo poderiam ser objetos legítimos de controvérsia, mas o mesmo não poderia acontecer aos princípios constitucionais fundamentais, porque eram os provedores do quadro no qual a contradição era possível. Como apontou Mora novamente:

> Numa sociedade já constituída, o conflito de opiniões jamais pode versar sobre as bases verdadeiramente essenciais da sociedade, ou seja, sobre os pactos e as leis que asseguram as garantias individuais [...]. Também não deve haver divergência sobre as leis constitucionais [...]. A estabilidade, que deve ser o caráter essencial da constituição, opõe-se à discussão que procurasse modificá-la, porque, de outro modo, jamais a sociedade teria a base firme e permanente que lhe é indispensável [...], a variação contínua acabaria por dissolvê-la, tornando-a presa da tirania. O amplo campo de combate está nas medidas de governo, na administração, no emprego e na economia das rendas públicas... sendo impossível enumerar as matérias políticas que num sistema livre podem ser esclarecidas por meio de textos públicos... Essas disputas aprofundam e aperfeiçoam as boas verdades e, portanto, se quiserem chamar tais disputas de partidos, estes são necessários e úteis.[285]

Contudo, para Mora, os únicos "partidos úteis" eram os *partidos sabáticos*, que, como o deus dos pensadores escolásticos, poderiam

---

[285] MORA, 1963, p. 182-184.

ditar constituições. No entanto, uma vez que a obra constitucional estivesse criada (mesmo que não fosse o mundo perfeitamente organizado da Criação), tais partidos deveriam se abster de intervir na trajetória da própria obra, limitando-se ao tratamento de questões administrativas, fiscais, entre outras, a fim de evitar, cuidadosamente, as questões propriamente *políticas*, isto é, relativas às normas constitucionais, pois tais normas eram o fundamento e a precondição da vida em comunidade.[286] Mora afirmou que "se há na sociedade alguma lei universal e obrigatória, esta é o código fundamental", assegurando, ainda, que "uma Constituição evidentemente não é nada, se não for a lei de todas as outras".[287] Portanto, segundo ele, "nunca uma constituição nova foi escrita, senão sobre

---

[286] Cabe aqui, no entanto, distinguir o ideal unanimista da recusa da ideia de partidos, o qual era um dos motivos recorrentes no período, embora também não apresentasse necessariamente um vestígio tradicionalista. Seguindo o conceito liberal clássico, do modo como então era entendido na América Latina (ou seja, nada arbitrário), a formação de uma opinião pública implicava a existência de um debate racional. Isso pressupunha atenção exclusiva quanto ao que se encontrava em cada caso e aos distintos argumentos apresentados, deixando de lado qualquer outro tipo de consideração, como, por exemplo, o fato de que quem propunha uma determinada medida fosse membro ou não de um partido ou grupo de interesse particular. Por isso, os "partidos" legítimos deveriam ser apenas aquelas formações circunstanciais que se reuniam de maneira espontânea em torno de uma questão específica. Qualquer outra organização mais permanente, tal como as que nós entendemos por "partidos" (nessa época eram chamados de "facção"), era necessariamente vista como perversa, pois tendia a contaminar os debates por meio de adesões fixas (ou relativamente estáveis no tempo, como supõe qualquer "partido", no sentido moderno do termo), determinadas por relações estranhas ao ponto particular em debate, o qual, portanto, nenhum argumento racional podia distorcer (ou pela terminologia da época, deslocar as "coisas" – e a busca pela "verdade das coisas" – para dar primazia às "pessoas"). Em síntese, tudo isso tornaria a ideia parlamentarista absurda. O Congresso poderia, em tal caso, ser substituído por uma comissão negociadora formada pelos chefes dos partidos. De acordo com esse conceito, a máxima hoje universalmente aceita de que a oposição entre partidos é inerente à política republicana representava um contrassenso. O fato é que onde os historiadores das ideias acreditam perceber um resquício tradicionalista seria, na realidade, onde a elite latino-americana era mais completa e coerentemente "moderna".

[287] MORA, 1963, p. 516.

as ruínas e cinzas da nação que a dita".[288] Os fundamentos últimos da ordem legal (o *nomos* constitutivo) apareciam, assim, como uma ordem *objetiva*, como algo dado, e, por isso, o consenso em torno da aceitação desses era unânime.

Por fim, ressurge novamente a questão da rigidez constitucional, que tanto preocupou os constituintes de Cádis. O desdobramento introduzido por Mora no conceito de lei, o tipo de "unanimismo" que perseguia, procurava apenas resguardar os preceitos constitucionais das controvérsias, pois, do contrário, não seria possível evitar o perigo de um movimento em direção à anarquia. O fato é que esse movimento, mais do que contradizer o conceito de pacto moderno, representava sua premissa.[289] Como Rousseau já havia advertido, de acordo com esse conceito, no âmbito das normas constitutivas fundamentais a vontade dos sujeitos para fazer acordos não pode ser unânime, visto que, do contrário, obrigaria, forçosamente, os discordantes a também fazê-lo, compreendendo necessariamente um ato de pura violência, o qual produziria uma mancha permanente de ilegitimidade na ordem resultante.

Realmente, esse postulado apenas retomou uma velha máxima estabelecida por Aristóteles, em sua *Retórica* (1354^{a-b}), na qual demonstrou como os valores e normas fundamentais que constituem a vida comunal – pré-condição para qualquer deliberação pública –

---

[288] MORA, 1963, p. 183.

[289] O que haveria de ser reiterado, mediante diferentes formulações, entre os mais diversos autores (tanto liberais como conservadores), além de ser reproduzido pelos filósofos políticos contemporâneos em forma de oposição entre uma "justiça procedimental" (como se afirma, ideologicamente neutra) e uma "justiça substantiva". Para tomar o exemplo de um autor de inquestionáveis títulos democráticos, Jürgen Habermas, por meio da mesma reflexão, aponta, em *Faktizität und Geltung* [Factualidade e validade], que toda crítica à ordem estabelecida deve ser feita *através do meio legal*. Desse modo, a *Lei* é colocada acima da vontade dos sujeitos. Estes, ao estar em sociedade, segundo Habermas, abandonam o direito à coerção e o transferem à autoridade legal. O único direito conservado, afirma Habermas, é o de renunciar ao seu pertencimento a uma dada comunidade, isto é, o *direito de emigrar* (HABERMAS, 1996b, p. 124-125). Para uma análise dessa obra, ver Palti (1998, p. 1017-1043). Há uma versão em espanhol presente em Palti (2001).

não podem, sem contradição, tornar-se matéria de debate público. Aristóteles afirmou que o tratamento desses valores e normas é, em qualquer caso, uma questão *filosófica* e não *retórica*. Os problemas políticos em uma sociedade começam precisamente quando a retórica (a deliberação política) excede os seus próprios limites e se introduz no âmbito dos valores e normas fundamentais. No entanto, uma vez que essas normas tenham perdido o seu caráter transcendente para se converter em criações humanas (por definição, sempre discutíveis), já não seria mais possível impor obstáculos para conter o avanço da retórica (o âmbito da controvérsia). O aprofundamento da crise política produziu nessa distinção um colapso constante (realmente, as alterações constitucionais seriam substituídas) e, com ela, todo o conceito liberal-republicano ("moderno", para Guerra; "jurídico", para nós) se desmoronaria.

Razão contra vontade geral: a crise do modelo jurídico da opinião pública

Para delinear a crise do conceito *jurídico* da opinião pública que daria lugar ao surgimento de uma nova linguagem política, denominada como conceito *estratégico* da *sociedade civil*, não basta apenas traçar as mudanças sofridas pelo termo. Torna-se necessário, novamente, observar como um determinado campo semântico foi se descompondo. Nesse caso, é preciso analisar como se reconfigurou o sistema das relações recíprocas entre os conceitos de opinião pública, razão e vontade geral, em função da qual o primeiro adquiriu seu significado. Desse modo, retorna-se à questão do unanimismo.

Guerra encontrou o apoio ideológico das tendências unanimistas na doutrina da soberania da razão; entretanto, neste ponto, vemos o ressurgimento de suas oscilações argumentativas. Enquanto no livro *México: del Antiguo Régimen a la Revolución* ele assegurou que na invocação da soberania da razão como oposição à vontade geral subjaz o traço "fundamental da política contemporânea",[290] em

---

[290] A respeito dessa interpretação originariamente do próprio Guerra, ver Palti (2004, p. 461-483).

Modernidad e independencias, contrariamente, afirmou essa soberania da razão como expressão dos vestígios de uma visão holística da sociedade, própria do Antigo Regime. Afirmar, novamente, qual das duas interpretações opostas seria a correta é, *a priori*, matéria insolúvel. De toda forma, já que ambas são, em princípio, factíveis, elas igualmente perdem de vista o núcleo problemático subjacente ao campo semântico constituído pelas categorias aqui em debate, isto é, o vínculo inseparável e conflituoso entre razão e vontade sobre o qual se funda a noção moderna de opinião pública. Uma afirmação de Joaquín Varela ilustra os equívocos que articulam esse campo.

Ao repassar os problemas surgidos durante o primeiro liberalismo hispânico, a partir da tentativa de conciliar a invocação da história com a convocatória daquilo que, realmente, representava sua negação – o congresso constituinte, no qual outra soberania já se expressava e cuja proveniência não era o passado –, Varela tratou de matizar essa suposta antinomia ao apontar como, para os liberais, "a História e a Razão (bem como a Vontade) deveriam mutuamente ser equilibradas".[291] Ainda que a razão surgisse como a nova soberana, para que ela se tornasse, de fato, efetiva, não poderia haver qualquer desconhecimento quanto aos dados da realidade. Contudo, na afirmação de Varela, está implícito um problema bem mais sério – de difícil abordagem para o primeiro liberalismo –, revelado pela expressão que aparece citada anteriormente, entre parênteses: "bem como a Vontade".

Se a questão da relação entre razão e história ocupou de forma central os debates que agitaram o primeiro liberalismo, tais debates implicitamente já estavam munidos de uma premissa ainda não debatida: a identificação plena da razão com a vontade. Do modo como surgiu do conceito forense de opinião pública, a vontade geral só pode ser identificada na medida em que está racionalmente fundada. Do contrário, não poderia superar a condição de uma soma ou convergência acidental de simples vontades particulares, as

---

[291] VARELA, 1983, p. 172.

quais estariam relegadas a realidades puramente fáticas e históricas, sem qualquer conteúdo normativo. A invocação da "soberania da razão" não seria, portanto, mais do que outra forma de se referir à "soberania da vontade geral".[292]

A questão que aqui se coloca é o que acontece quando se percebe, contudo, a presença de uma fissura insuprimível entre razão e vontade. Ao atingir esse ponto, teria início a decomposição do campo integrado pelos conceitos de razão, vontade geral e opinião pública, o que levaria este último termo a perder seu sustento como núcleo articulador de uma linguagem política característica. A ideia de uma cisão entre razão e vontade iniciaria uma série de dilemas para os quais o vocabulário até então disponível não continha respostas possíveis (já que a *opinião pública* podia eventualmente contradizer princípios universais de justiça, nesse caso, quais deveriam ser seguidos: aqueles ditados pela razão ou os impostos pela vontade soberana do povo? De qualquer forma, privados de qualquer autoridade transcendente, aquele que não representasse a opinião pública poderia governar?).

No entanto, a alteração e a crise desse vocabulário político foi um fenômeno extremamente complexo, que de nenhum modo

---

[292] "Se a vontade se arroga a hegemonia na Terra, algo que compete apenas à razão geral", insistia Alberdi, "não devemos ficar menos contentes, pois a vontade geral não irá além da razão geral. A razão e a força (em sentido amplo) são dois feitos que mutuamente se supõem. Removam a força, acabará a razão; removam a razão, acabará a força" (ALBERDI, 1984, p. 269). Nos limites do modelo forense, a formação de uma "opinião pública" mobiliza sempre um certo saber. Em primeiro lugar, nenhuma vontade majoritária poderia declarar leis legítimas, contrárias aos princípios universais de justiça. "A vontade de um povo", disse o argentino Esteban Echeverría, "jamais poderá dar justa sanção a algo que é essencialmente injusto" (ECHEVERRÍA, 1944, p. 146). Haveria, portanto, uma normatividade objetiva que é preciso conhecer. Em segundo lugar, nenhum povo pode decidir soberanamente ser algo distinto do que é ou pode realmente vir a ser, pretendendo violentar a sua constituição orgânica. A formação de uma opinião pública não é outra coisa, em suma, que o mecanismo de autodescobrimento comunal, dos princípios que determinam a sua índole particular. "Uma nação", disse Alberdi, "somente é uma nação pela consciência profunda e reflexiva dos elementos que a constituem" (ALBERDI, 1984, p. 122).

se reduziu à mera verificação, por parte dos atores, de sua suposta inadequação à realidade local e à inaplicabilidade de suas premissas ao contexto latino-americano, dando lugar aos famosos "desvios". Não é assim que as mudanças ocorrem na História intelectual. Em todo caso, a verificação dos "desvios" de sentido não explica ainda como eventualmente se articularam, a partir de tal vocabulário, ideias que escaparam de seu próprio universo discursivo. O caso que analisamos é um exemplo. Na medida em que a premissa de identidade entre razão geral e vontade geral era construída, nenhuma verificação racional poderia refutar a ideia de identificação entre ambas as esferas. No âmbito do modelo forense, essa refutação seria, como já foi dito, simplesmente inconcebível. Para a elite latino-americana daquele período, o fato – que para muitos será, com efeito, evidente[293] – de que na região a vontade dos sujeitos contradizia definitivamente o que era ditado pela razão, de modo algum questionava tal pressuposto. Na verdade, apenas comprovava que ainda não havia se constituído uma autêntica vontade geral (a qual só pode estar fundada na razão), seja por impedimentos subjetivos (falta de conhecimento, preconceitos culturais dos membros) ou por objetivos (sujeição a redes corporativas ou clientelistas, que proibiam a livre manifestação da vontade).[294]

---

[293] Essa ideia pode ser encontrada no início da Independência. No *Manifiesto de Cartagena*, Simón Bolívar, por exemplo, comentou que "nossos concidadãos ainda não estão aptos a exercer por si mesmos e amplamente seus direitos, porque carecem das virtudes políticas que caracterizam o verdadeiro republicano" (BOLÍVAR, 1977, p. 133).

[294] "Aquele que o bem-estar depende da vontade do outro e que não goza de independência pessoal, pouca vantagem vê no desfrute da soberania, porque, dificilmente, sacrificaria o seu interesse em prol da independência da razão" (ECHEVERRÍA, 1944, p. 204). É paradoxal observar que aqueles que hoje questionam aqueles de outrora, por tentarem restringir o processo eleitoral, são também os que mais insistem no aspecto tradicionalista da sociedade e cultura locais. O pecado dos antigos não seria mais que o de estarem de acordo com uma percepção que os mais atuais, fundamentalmente, ainda mantêm. Por outro lado, está claro que tal percepção não indica nenhuma peculiaridade do pensamento latino-americano daquele período, nem seria também unanimemente compartilhada na região.

Em resumo, a crítica que afirma a inadequação do vocabulário político à realidade local de nenhum modo questiona tal vocabulário. Pelo contrário, ela se mantém sobre os mesmos pressupostos e se desenvolve a partir de suas próprias categorias. No entanto, atrás dessa crítica se encontraram problemas muito mais sérios, os quais, de fato, colocariam essa linguagem em crise. Partindo da premissa já mencionada, diferentes autores se esforçaram para determinar os atributos que distinguem a autêntica *opinião pública* da simples *voz popular*. Para o mexicano Mora, por exemplo, é o lento processo de formação que demanda e permite obter, ao contrário das meras crenças, o grau de consistência que lhe dá o sustento racional e torna possível um ordenamento institucional regular.

> Essa regra segura deve nos servir para dar o devido valor a essas ondas populares. [...] Elas nunca serão símbolos da opinião pública e da vontade geral, porque, entre outras qualidades, necessitam de *estabilidade* e *firmeza*.[295]

Independentemente de qual tenha sido o critério adotado, as soluções para esse dilema passariam, inevitavelmente, pela elaboração da distinção entre vontade geral e voz popular. Desse modo, o próprio conceito de opinião pública se manteria e, assim, limitaria as contradições encontradas a um plano estritamente empírico, porém ao preço de desconstruir outro de seus pressupostos básicos.

Ainda que, tal como foi apontado, o modelo jurídico da opinião pública, diferentemente do conceito tradicional, não excluísse a contingência (o *erro*) – em outras palavras, não aparecia apenas como oposição à *Razão*, como em Fernández de Lizardi, mas como um momento necessário em sua constituição (o momento "republicano" por excelência, visto que é o que torna o debate necessário) – a inscrição da contingência no conceito de política permite, ao mesmo tempo, manter a oposição fundamental sobre a

---

[295] "Discurso sobre la opinión pública y voluntad general", *El Observador*, 1ª época, v. I, n. 9, 1 ago. 1827; MORA, 1963, p. 269. "Distingamos cuidadosamente a voz popular da opinião pública, porque aquela se forma com a mesma facilidade que as nuvens da primavera e do mesmo modo se desfaz" (MORA, 1963, p. 274).

qual repousava também a reflexão em relação ao próprio conceito de política: a oposição entre o público e o privado como âmbitos da razão e das paixões.[296] Todo o modelo jurídico se organiza apoiado na premissa de que o discurso racional pode ser realizado e articulado publicamente. Ao contrário, as paixões individuais, singulares e intransferíveis, por definição, não podem ser partilhadas ou circular socialmente e, por isso, nunca se constituem como opinião *pública*.[297]

O aparecimento da noção de *razão popular* desfez, contudo, essa oposição. Como mais tarde se descobriu, por meio da demagogia, do caudilhismo e de outras formas perversas de publicidade, a simples "opinião" saiu de seu reduto natural – o âmbito individual – para adquirir entidade política, consolidando-se em instituições públicas e, então, convertendo-se em poder.[298] Assim, criou-se, portanto, "o fantasma da opinião pública",[299] a partir do qual "a oratória" substituiu "o raciocínio".[300] Com isso, a esfera privada deixaria de ser o espaço da razão no qual se formam as verdades

---

[296] Segundo a definição da *Encyclopédie*, "opinião" é "um juízo duvidoso e incerto" (*apud* CHARTIER, 1991, p. 29). Keith Baker estudou como, no fim do século XVIII, o termo "opinião" perdeu seu significado tradicional para se converter, já com o adicional "pública", em sinônimo de universalidade, objetividade e racionalidade (BAKER, p. 167-199). Sobre a diferença entre opinião e razão, ver também: Gunn (1995, p. 114-115).

[297] Sobre essa oposição no pensamento ilustrado europeu, ver Arendt (1959, cap. II: "The Public and Private Realm").

[298] "Geralmente demonstramos esse apreço respeitoso a nossos pais, amos e superiores [...]. Além dessas fontes de opinião, há outras que, para distingui-las das anteriores, poderíamos chamar de *artificiais*. Em cada povo, amigos e vizinhos podem ser feitos pela generosidade e pela honra [...] e até mesmo por algum vício censurável. Tais ocorrências – que são também origem de *crenças e convicções* – [...] não merecem o nome de opinião, mas podem ser chamadas de *crença* ou *convicção*. Sendo assim, digamos que pode haver uma *convicção comum*" ("Discurso sobre la opinión pública y voluntad general", *El Observador*, 1ª época, 1 ago. 1827); MORA, 1963, p. 267).

[299] "Discurso sobre los medios de que se vale la ambición para destruir la libertad", *El Observador*, 1ª época, 20 jun. 1827; MORA, 1963, p. 501-502.

[300] "Introducción", *El Observador*, 2ª época, 3 mar. 1830; MORA, 1963, p. 620-621.

coletivas, bem como a esfera pública deixaria de ser o espaço em que as paixões e os interesses puramente individuais são constituídos. Sendo assim, a mesma opinião pública deveria se converter em objeto da própria empresa de discernimento, mediante a qual se constitui como tal. A opinião pública, dessa forma, continuaria a ser "sempre correta", embora o seu conteúdo já não fosse exatamente claro para todos. Além disso, para tornar reconhecível, ela deveria, também, submeter-se ao tribunal da Razão. A articulação da opinião pública passou a exigir um trabalho *em relação ao próprio conceito,* a fim de se delimitar e diferenciar daquelas outras formas – perversas – de publicidade que tentavam arremedá-la.

Se, para isso, a primeira geração de pensadores liberais não duvidava da existência de critérios objetivos e indiscutíveis (para discernir a autêntica opinião pública), o aprofundamento da desarticulação do sistema político acabaria por tornar a questão simplesmente irresolúvel. Desfeitos os limites naturais que distinguiam a esfera da razão do reino das paixões, o *campo do saber* (*topos eidôn*) do *campo do sem sentido* (*topos eidôlôn*), nenhuma estrutura artificial (nenhuma norma feita por um poder secular, sempre sujeita à interpretação e à divergência) poderia restaurá-los. Em tempos de revolução, concluiu Mora, não existe, de fato, imparcialidade; esta seria apenas uma espécie de ilusão de ótica produzida por nossa posição particular dentro dela.

> Àqueles que estão no centro de uma revolução ocorre o mesmo a quem navega por um rio, ou seja, todos os objetos situados nas margens, estando realmente imóveis, parecem estar em perpétuo e contínuo movimento aos olhos do navegante, o qual julga ser o único em repouso. Em circunstâncias semelhantes, sem que tenha notado, advertido ou mesmo convencido de sua imparcialidade, os homens são muito parciais [...]. Apesar de nosso texto ter buscado se mostrar cuidadosamente imparcial, não seria surpresa alguma que não a tenhamos alcançado, advertindo-se nele a influência dos partidos.[301]

---

[301] "Cesación del Observador", *El Observador*, 2ª época, [18--?]; MORA, 1963, p. 755.

Na verdade, como logo se comprovará, para o governo, as revoltas são sempre atos ilegais contra autoridades legitimamente constituídas, enquanto que, para os rebeldes, o próprio governo é ilegítimo por ter violado os princípios constitucionais, os quais eles, os insurgentes, estariam dispostos a restabelecer (a própria distinção entre as normas constitucionais, o *corpus mysticum* da Lei, e os atos de governo, o *corpus verum*, destinada a dar estabilidade para o sistema institucional, acabou se convertendo em seu oposto, um instrumento para a legitimação das revoluções). Ambos, por fim, afirmariam ser as vozes legítimas da opinião pública, *não havendo, portanto, qualquer forma objetiva para determinar quem estava correto.*[302]

Devido ao enfraquecimento da noção de Verdade e ao desgaste de qualquer fundamento de objetividade por causa da generalização do antagonismo,[303] o conceito deliberativo de opinião pública não poderia se manter. Como apontou Ignacio Ramírez, o que unicamente se comprovou, na verdade, foi a existência da diversidade de opiniões particulares, e nenhuma delas poderia assumir de maneira legítima a representação da vontade geral.

> Podemos também assegurar que há opiniões públicas diversas, que existem as contrárias e, finalmente, que algumas delas não ecoam mais forte do que o relincho de um jumento no campo. [...] Sendo assim, a opinião deverá ser respeitada? Qual entre tantas deverá obter o devido respeito?[304]

Enfim, decidir qual expressa a opinião comum seria sempre também uma questão de opinião. O espaço público se convertia,

---

[302] Isso deu origem à criação, em 1836, do *Supremo Poder Conservador*, encarregado, segundo a *Segunda Lei Constitucional*, em sua atribuição 9ª, artigo 12º, de "declarar qual é a vontade da nação em qualquer caso em que seja conveniente conhecê-la".

[303] Ignacio Ramírez zomboude qualquer pretensão à objetividade e à verdade: "Querendo achar Dom Simplício/ A essência da razão/ Para dá-la à nação/ Se muito, encontrou suplício" (RAMÍREZ, 1984, I, p. 280).

[304] RAMÍREZ, 1984, p. 277. Para esse autor, a postulação de tal coisa como uma vontade geral da nação não é mais que um artifício retórico, por meio do qual se projeta a própria vontade dos governantes e assim se encaixa às suas ordens (RAMÍREZ, 1984, p. 278).

assim, numa pluralidade de opiniões, todas elas inevitavelmente particulares e que, portanto, não poderiam ser reduzidas a uma unidade.

Vemos como se desfazia o campo semântico configurado pelas noções de opinião pública, razão e vontade geral. Com ele, toda uma linguagem política se desmoronava para, então, começar a se recompor sobre bases completamente diversas. Iniciava-se, assim, a abertura de um horizonte conceitual no qual a quebra da Verdade já não seria compreendida como destruidora do ordenamento político, mas, ao contrário, como sua própria condição de possibilidade.

Na verdade, para autores como Ramírez, estava claro que a inexistência de leis na política (pois, se realmente as houvesse, "mil nações, durante mil séculos, as teriam encontrado"),[305] longe de impossibilitá-la, era o que a tornaria possível. A *política* nasceria, exatamente, da irredutibilidade da *vontade* à *lei* ("é a lei que escraviza ao invés do homem", afirmou Ramírez).[306] O surgimento de uma nova linguagem política foi o resultado, portanto, de uma segunda inserção temporal no conceito de opinião pública, com isso, a contingência (o erro) não se encontraria apenas no ponto de partida, mas também no de chegada. Isso implicaria um aprofundamento da ideia de imanência do poder (isto é, um afastamento ainda mais radical do conceito de poder como algo transcendente), bem como a expansão conjunta do âmbito político.

Uma vez minada a transparência do pressuposto básico – no qual repousava o modelo forense de opinião pública (o ideal de uma opinião comum unificada, articulada em torno de uma Verdade) –, haveria de se descobrir o caráter implícito daquele pressuposto no próprio modelo forense de opinião pública, mesmo que fosse negado. Embora razão e vontade geral fossem sempre indissociáveis, ambas são, contudo, contraditórias ao mesmo tempo (a aplicação de uma norma não poderia ser considerada propriamente um ato de vontade, pois esta começa bem onde a norma se quebra). Enfim, era esse vínculo incindível e conflituoso, a um só tempo,

---

[305] RAMÍREZ, 1984, p. 263.
[306] RAMÍREZ, 1984, p. 175.

entre Razão e Vontade, o que essa linguagem não poderia tratar sem se deslocar, devendo permanecer (como na citação anterior de Varela) sempre "entre parênteses". Aquilo que passou a ser tratado no discurso público era, na verdade, sintoma inequívoco da reviravolta produzida na linguagem política, que se afastava de sua matriz forense originária.

A transformação estrutural da esfera pública latino-americana

O surgimento de uma nova linguagem política, que coincidiu com a difusão do ideal positivista na região, acompanhou, ao mesmo tempo, uma profunda transformação que reconfigurou então a esfera pública latino-americana, dando lugar a um novo conceito quanto ao sentido da ação política. No capítulo seguinte, reconstruiremos a estrutura geral da linguagem política, que, assim, veio à tona a partir da análise do campo semântico, adequado pelas categorias de *representação, democracia* e *sociedade civil*. Aqui nos limitaremos a apontar como a série de alterações no espaço público e o aparecimento de novas formas de prática política, associados à consolidação de uma incipiente esfera pública, afastaram a opinião pública de seu quadro deliberativo para reinscrevê-la num horizonte de discurso *estratégico*.

Retornando às origens do modelo *forense* da opinião pública, Lempérière, no relato já mencionado, seguindo aqui também a proposta original de Guerra, destaca a importância do surgimento e da difusão dos órgãos de imprensa na consolidação desse modelo. Como se sabe, na América Latina, a imprensa apareceu no período final do regime colonial. Originariamente, a sua fundação seguiu a tradição do Antigo Regime de "informar", isto é, dar a conhecer aos súditos as decisões dos governantes. Esses órgãos cumpriram, inclusive, um papel reacionário. Por meio deles, as autoridades coloniais procuraram, na realidade, responder à ação de outros meios mais informais (e democráticos) de transmissão de ideias, como o rumor, os textos satíricos, os panfletos, entre outros, os quais proliferaram naquele momento de crise da monarquia. Contudo, paradoxalmente, abriram com isso um novo espaço de debate e, com ele, a ideia da possível fiscalização pelo "público" das ações do governo (o que acabaria, de maneira decisiva, com as bases nas quais a política do Antigo Regime se sustentava). A opinião pública se instituiu, assim, como o árbitro soberano da legitimidade da autoridade. O argentino Vicente F. López tornaria explícito esse novo vínculo entre poder, opinião pública e imprensa.

> O poder soberano só ganha ou perde diante do tribunal soberano da opinião pública. Ela é, em todos os casos, o juiz definitivo que sentencia, ou seja, o qual se instrui e pelo qual se aprende. Ela delibera por si mesma. A imprensa tem uma importância vital nesse supremo debate da palavra parlamentar, cujo prêmio é o poder de governar.[307]

A imprensa, espécie de ágora moderna, encarnaria um modo inédito de articulação do espaço público, o qual permitiria conciliar as ideias de decisão racional e democracia. Ela simbolizava, nas palavras do argentino Bartolomé Mitre, "o triunfo da inteligência sobre a força bruta; o predomínio das ideias sobre os fatos; a glória da autoridade moral".[308] No entanto, na segunda metade do século, o que chamamos de "modelo jurídico" da opinião pública foi definitivamente reformulado. A imprensa cumpriu novamente um papel fundamental nessa transformação.

Como se costuma assinalar, esse período determinou o auge da imprensa política na América Latina[309] (antes de sua transformação em "imprensa de notícias"),[310] expresso na proliferação assombrosa do número de jornais. Contudo, ainda mais importante, foi o novo papel assumido por esses jornais na articulação do sistema político. Isso, portanto, nos conduz a um paradoxo inerente à natureza da reestruturação do espaço público então produzida. Em princípio, a quebra do ideal deliberativo de opinião pública, o qual vínhamos apontando, parece contraditória com a percepção generalizada

---

[307] LÓPEZ, 1872, p. 518.
[308] Mitre (1852) *apud* Mitre (1943, p. 117).
[309] Ver Ugarte (1966); Castañeda; Torres; Cordero y Torres (1974); Lettieri (1999); Castro (1958).
[310] Ver Lombardo (1992).

em relação à importância política adquirida pela opinião pública até o momento. Observa-se, aqui, de fato, uma certa contradição nas fontes. Por um lado, assegurava-se que nenhum partido teria oportunidade de se formar politicamente sem contar com qualquer órgão, ou órgãos, que lhe fosse próximo.[311] Por outro lado, contudo, insistia-se novamente na pouca importância que o debate político e a difusão de ideias haviam tido nas eleições.[312] A pergunta que surge é qual de ambas as opiniões opostas devemos tomar como válida: a que afirma a importância da imprensa e da opinião pública ou a que nega a elas qualquer influência, dando destaque para as intrigas e maquinações políticas? A resposta, na verdade, revela que ambas as afirmações, ainda que opostas, são igualmente válidas. Compreender como essas duas percepções contraditórias se conciliaram de um modo preciso é necessário para entender o sentido então adquirido pelo conceito de opinião pública.

Na realidade, ambas as afirmações são incompatíveis entre si apenas no interior do conceito *forense* de opinião pública. Não seria assim dentro do novo modelo, o qual estamos chamando de *estratégico*. Se a imprensa manteve um papel importante nas eleições, isso não se deu exclusivamente por sua capacidade de difundir ideias, ou apenas pelos argumentos e pelo efeito persuasivo que produzia nos possíveis leitores. Mais decisiva ainda era a sua capacidade material de gerar *fatos* políticos (organização de campanhas, circulação de

---

[311] "A experiência mostrou depois, ainda na América do Sul, que nenhuma ditadura, por mais poderosa que fosse, pôde prescindir do atributo da vontade geral, do qual emanava sua autoridade e tirava a sua força moral" (MITRE, 1950, p. 165).

[312] Como escreveu no *El Mensajero*, sob o pseudônimo "Jovial", Manuel M. de Zamacona (chefe da banca porfirista no Congresso): "Mostra-se então, para mim" – contestava o ingênuo provincial – "que nas eleições o estímulo não está na vontade e nem no voto dos povos, mas nos governadores, nos chefes políticos e nos chefes militares. – O senhor disse, e de fato é assim, que em todas as partes os principais adversários nessa luta vão ouvir falar mais dos governadores e dos generais e menos dos povos que lhes são partidários. – Portanto, de quê adiantará ao senhor saber a opinião e as afinidades públicas? O senhor faria um bom prognóstico a respeito de semelhante informação! Aproxime-se dos políticos ativos, sobretudo dos círculos oficiais" ("Boletín", *El Mensajero*, v. I, n. 19, p. 1, 23 jan. 1871).

rumores, entre outros). Em suma, agir politicamente, intervir na cena partidária, servindo de base para as diversas tentativas de articulação (ou de desarticulação) de redes políticas. Reencontramos aqui algo já apontado por Guerra, quando afirmou o seguinte:

> Deve-se, contudo, analisar [a ação da imprensa] nos termos de sua eficácia: as palavras são as armas que os atores sociais empregam no combate. Por meio delas, eles se esforçam para exaltar seus partidários, denegrir seus inimigos e mobilizar os indiferentes.[313]

Na realidade, Guerra fez essa afirmação tendo em vista o contexto do processo de surgimento do ideal deliberativo. Entretanto, fica claro que estava implícito em tal perspectiva um modelo de publicidade já muito diferente daquele. É certo também que isso não apareceria até a segunda metade do século, quando realmente se constitui um sistema de imprensa. Assim, a opinião pública deixaria de ser concebida como um "tribunal neutro", que procura ter acesso, por meios estritamente discursivos, à "verdade do caso", para surgir como um tipo de campo de intervenção e espaço de debate, com o intuito de definir as identidades subjetivas coletivas (justamente o conceito implícito na afirmação anterior colhida de Guerra). Impunha-se, então, uma nova "metáfora radical"; o *espaço público* se converteu em *campo de batalha*. "A tribuna", dizia naqueles anos o *El Monitor Republicano*, "é o campo de batalha do orador, onde se encontram poderosas armas".[314]

Essa redefinição do papel da impressa expressou, em última instância, uma reconfiguração mais ampla do espaço público, que compreendeu as próprias práticas eleitorais. As eleições foram, de fato, verdadeiros campos de combate e as descrições feitas a esse respeito são expressivas. Uma testemunha da época, Félix Armesto, relatou a batalha, durante as eleições portenhas de dezembro de 1863, pelo controle de uma das mesas eleitorais:

---

[313] GUERRA, 1993, p. 301.
[314] "Boletín del 'Monitor'", *El Monitor Republicano*, 5ª época, v. XXI, n. 80, p. 1, 3 abr. 1871 [Firmado por Juan Ferriz]).

> Os sitiadores, bem mais numerosos que os sitiados, arrebentavam o calçamento da rua, e traziam do Baixo [...] montes de entulho, enquanto arrancavam os tijolos dos muros e tudo mais que conseguiam destruir, deixando sem um único azulejo a cúpula da igreja [...]. [A vizinhança próxima] era refúgio das hostes inimigas, de onde, bem como da torre da igreja, lançavam golpes certeiros tanto na cabeça, como nos olhos dos guerreiros de ambos os partidos.[315]

A violência das eleições, entretanto, não necessariamente contradizia ou diminuía seu valor como mecanismo de legitimação e acesso ao poder. Em um estudo recente especificamente sobre o caso argentino, Hilda Sabato abriu uma nova perspectiva a esse respeito, que permite compreender de forma muito mais precisa o papel exercido então pelas eleições. Como aponta:

> Nem a legitimidade de um regime dependia da transparência eleitoral, nem as eleições eram o único meio aceito e eficaz para o acesso ao poder ou para participar da vida política. Ao adotar esses pressupostos, as interpretações mais clássicas sobre a formação do sistema político argentino rapidamente deduzem, a partir da baixa participação eleitoral, a indiferença de boa parte da população pelos assuntos políticos ou a sua marginalização imposta, e, a partir da manipulação das eleições, a falta de legitimidade de um sistema político que deveria estar assentado sobre a idoneidade do voto. Dessa maneira, deixam de lado a possibilidade de se perguntar sobre aqueles que votavam efetivamente e o que queria dizer votar, ter e exercer o direito de voto nos diferentes momentos da vida política argentina.[316]

Como demonstra a autora, para compreender esse aparente paradoxo (o papel central das eleições como mecanismo de legitimação dos poderes públicos e sua manifesta irregularidade), é necessário atentar para dois aspectos. Em primeiro lugar, estamos em um contexto no qual o uso da força não era visto como algo

---

[315] Armesto (1969, p. 15 e ss.) *apud* Sabato (1998, p. 85).
[316] SABATO, 1998, p. 15.

ilegítimo. Pelo contrário, era uma espécie de obrigação cívica a ser utilizada em cada momento em que os princípios de liberdade se encontrassem ameaçados. Como assinalou Mitre, em 1874, nas páginas de *La Nación*, a própria Constituição, assim, ordenava:

> Estudando a situação em que se encontra o país, dizíamos que, exauridos os meios de opinião e colocada a situação no terreno da *força*, o povo, em virtude do estabelecido pelo artigo 21 da Constituição, detinha o direito e o dever de se armar em defesa da pátria e da mesma Constituição.[317]

Em segundo lugar, as eleições eram parte – elas não se diferenciavam claramente – de outros meios mais diretos e concretos, além de informais, que a sociedade possuía para influenciar nas decisões dos governantes, como a mobilização popular, as petições e protestos. Em suma, era a intenção de institucionalizar esse complexo conjunto de relações, articulador do vínculo entre governantes e governados, que daria espaço para a formação de uma incipiente "sociedade civil", baseada na imprensa e em um conjunto de associações com diversas particularidades. Vistos em conjunto, ambos os aspectos explicam melhor algumas das características peculiares do funcionamento do sistema político do período.

O controle quase militar das mesas eleitorais era, na verdade, parte de um conceito estratégico de ação política em que certos valores, como a ousadia e a disposição para o combate, eram tão apreciados quanto os argumentos racionais no momento de decidir sobre a distribuição e acesso ao poder. Como observou Pilar González:

> Isso permitiria compreender melhor certas declarações como as feitas pelo *La Tribuna*, em 1854, ao anunciar o triunfo de sua lista: "Dispomos do elemento principal: a força. Dispomos do apoio da opinião pública". Nessa mobilização

---

[317] "Poderes constitucionales – Poderes usurpadores", *La Nación* v. 1323, n. 1, 11 jul. 1874. "Agora nos dizem", insistiu Mitre, "que isso é o motim. A revolta, o governo de Calfucurá! Parece incrível! Os princípios constitucionais não admitem semelhante monstruosidade. Estamos apoiados no terreno firme da constituição" (MITRE [1852] *apud* MITRE, 1943, p.117).

eleitoral não há apenas a ação de uma clientela, mas também uma lógica representativa: a de uma sociedade que se manifesta por meio de ação belicosa.[318]

Isso explica, a um só tempo, um segundo aspecto, em princípio paradoxal, no funcionamento do sistema político do período. Por um lado, como se afirmou, as eleições eram normalmente "combinadas", isto é, as eleições serviam apenas para legitimar a vontade do caudilho ou das famílias influentes do local. No entanto, por outro lado, o que se observa na prática é que as eleições sempre foram muito disputadas, chegando, inclusive, como já visto, a limites de extrema violência física.

Novamente, ambos os aspectos combinados delineiam um modo característico de prática política, que conjuga o "arranjo" eleitoral com um alto grau de incerteza quanto aos resultados. O regime de competitividade efetivamente implantado não contradizia a prática do "arranjo", mas, ao contrário, surgiu de sua proliferação (ainda que as listas fossem normalmente "combinadas", era comum encontrar nas fontes listas "combinadas", bem diferentes entre si, para uma mesma eleição). Portanto, era precisamente aqui onde a imprensa agia. Os diários cumpriram um papel essencial no "arranjo", e também no "desarranjo", das listas. Os chamados "trabalhos eleitorais" consistiam, basicamente, em projetar e realizar estratégias e as contraestratégias permanentes, articulando alianças e também desarticulando-as, dando espaço a constelações políticas e redes partidárias muito complexas (além de precárias e fugazes),[319] que atravessavam as diversas instâncias de poder (o Executivo, o Congresso, os Estados e os clubes), assim como ligavam o sistema político a diversos âmbitos da sociedade. Dessa forma, geram âmbitos mais amplos de mobilização e canalização políticas,

---

[318] QUIRÓS, 2001, p. 303.

[319] Um bom exemplo foram as eleições presidenciais de 1871, no México, as quais, como analisamos em outro momento, deram lugar a um incrível e intricado jogo de alianças e estratégias políticas entre os diversos círculos dos quais se compunham os partidos em disputa, cabendo aos diários um papel importante quanto a isso. Ver Palti (2003, p. 941-978).

tornando tal sistema parcialmente receptivo às queixas dos diversos setores sociais, os quais ultrapassavam os círculos estreitos da elite governante.[320]

A *ação* jornalística, compreendida como instrumento de intervenção prática, pode também ser inscrita no quadro dessa mesma lógica estratégica da política. Isso já pressupunha uma consciência prática da elite local com respeito ao que chamaríamos de caráter "performativo" da palavra, no qual as palavras são ações, isto é, de que um panfleto poderia derrubar um governo ("quem negou que uma ideia vale tanto quanto um acontecimento?", perguntava Mitre).[321] Portanto, o jornalismo apareceu, ao mesmo tempo, como um modo de *discutir* e de *fazer* política. Isso sugeriu também uma nova consciência quanto ao caráter performativo da palavra, levando em conta a sua "criatividade", pois a imprensa jornalística procurou não apenas "representar" a opinião pública, mas tinha a missão de constituí-la como tal. Na biografia que Mitre dedicou, em 1845, a José Rivera Indarte (na qual este surgiu como a figura arquetípica do jornalista político), já aparecia a analogia, por vezes reiterada, da imprensa como uma *bandeira*. Como assegurava o autor, a bandeira não detém apenas a função de *representar* as forças em combate, na verdade, ela *reúne materialmente* os exércitos nos campos de batalha.

> O estandarte nas legiões romanas era, mais que o símbolo da nacionalidade, o vínculo que articulava a tropa antes do combate, a voz de comando na ponta de uma lança durante a batalha e a lembrança do juramento em todos os momentos da campanha.[322]

Para ele, o mesmo ocorria com a imprensa no campo das batalhas políticas. Esta não "representava" uma opinião pública pré-constituída, mas a constituía como tal por meio de seu próprio discurso. Além disso, cumpria um papel fundamental na *definição das identidades coletivas*, ao permitir aos sujeitos sua identificação como

---

[320] MALLON, 1995; THOMSOM, 1991, p. 265-292.
[321] MITRÉ, 1949, p. 382.
[322] MITRÉ, 1943, p. 52.

membros de uma determinada comunidade de interesses e valores. Assim, Mitre associava o desenvolvimento da prática jornalística ao processo de surgimento de um novo conceito de ação política. Por seu intermédio, a prática jornalística abandonou seu caráter transcendente, deixando de ser uma instância separada do social, para se converter no mecanismo fundamental de sua própria constituição, ou seja, o *trabalho* da sociedade sobre si mesma. "Nos nossos dias, a imprensa", afirmou Mitre, "é o primeiro instrumento civilizador. Ela deixou de ser um direito para se converter numa faculdade, num novo sentido, numa nova força orgânica do gênero humano, sua única alavanca para trabalhar sobre si mesmo".[323]

Ficam claras, aqui, as coordenadas básicas que definem o surgimento da nova *linguagem política*, a qual deixaria de ser um "juiz" para se tornar uma espécie de "campo de intervenção". Esse conceito estratégico da ação política logo passou a ser parte do sentido comum da elite latino-americana, inscrevendo-se em seu horizonte prático e determinando suas atitudes e ações concretas. Na realidade, o surgimento dessa nova linguagem política marcou um deslocamento fundamental no debate político. A nova linguagem política tratou de apresentar uma questão anterior àquela relativa aos mecanismos de formação de opinião pública, que tratava dos modos de articulação dos sujeitos envolvidos. Enfim, ela vai indicar uma nova reconfiguração operada no nível da base de *problemáticas* subjacentes.[324]

Deliberação política e ação retórica

Tal deslocamento conceitual pode ser definido por meio dos termos dos gêneros retóricos. O desenvolvimento de um conceito estratégico acompanhou o trânsito de uma ideia da esfera pública, concebida de acordo com as pautas da modalidade retórica deliberativa forense, em direção a outra, articulada em função de um modelo oratório *epidíctico*. O gênero epidíctico (a terceira das formas em que tradicionalmente se dividia a oratória) está associado, na verdade,

---

[323] MITRE, 1943, p. 117.

[324] Esse tópico é desenvolvido no capítulo a seguir.

a uma ideia de ação política orientada a conformar as identidades subjetivas no interior de um sistema que oferece – e confronta – diferentes definições para as identidades subjetivas, mediante processos nos quais o apelo a fatores não racionais, tais como o incentivo ao orgulho e à vergonha, torna-se ainda mais decisivo que a argumentação racional.[325] Na tradição clássica, o gênero epidíctico se tornaria "suspeito" pelo fato de, primeiramente, mobilizar o público pelos instintos e emoções, em lugar de orientar para as suas faculdades intelectuais, ou seja, encontrava-se mais estritamente conectado ao *pathos* do que ao *logos*.[326] No entanto, estudos mais recentes destacam duas funções fundamentais dessa espécie de discurso no mundo antigo (as quais nos permitem relacionar esse gênero ao conceito político *estratégico* que procuramos aqui analisar).

Em primeiro lugar, por trás desse apelo a fatores emotivos se escondia um aspecto ritual, o qual, ainda que inerente à retórica, manifestava-se apenas no gênero epidíctico.[327] Dessa forma, a retórica seria apenas uma espécie de mecanismo de sublimação que converteria os enfrentamentos físicos em contendas verbais. A política republicana, que se impôs naquele momento, aparecerá, na verdade, assim como as disputas retóricas na Antiguidade, como uma forma ritualizada de guerra e um tipo de sublimação do antagonismo ("lembremo-nos de Focião", apontou o mexicano Ignacio Altamirano, "esse patriota incorruptível, de quem Polieucto *disse ser o mais eloquente dos oradores*, tantas vezes vencedor dos macedônios").[328] "Aquelas lutas, quase corpo a corpo", disse

---

[325] Ignacio Altamirano apelou para os modelos clássicos a fim de definir o novo paradigma do orador, cuja função excedia, efetivamente, a de apenas ilustrar a opinião: "Santa e nobre missão! Desde então se colocou entre o oprimido e o opressor, entre a lei e seus infratores. Quantos desastres evitou! Desde então o orador tem sido o protetor do pobre, a sustentação da pátria e o apóstolo das grandes verdades que nunca devem morrer" (ALTAMIRANO, 1986, p. 36).

[326] Ver Kennedy (1963, p. 153 e ss.).

[327] Ver Carter (1991, p. 209-232).

[328] ALTAMIRANO, 1986, p. 36-37. "Um advogado sem eloquência", afirmou, "é como um soldado que tem à sua disposição todas as classes de armas, mas

Armesto a respeito das eleições, "em que sitiadores e sitiados trocavam injúrias mútuas, continham muito dos lendários combates da Idade Média, visto que a palavra acompanhava a ação".[329] De qualquer modo, tratava-se, tal como outras formas de mobilização política, de uma guerra localizada e delimitada, porque iniciava e culminava no dia e no espaço das eleições, raramente acarretando consequências fatais.[330]

O conceito estratégico da ação política, como forma ritualizada de guerra, continha implicitamente uma definição das contradições pelas quais passou o processo de afirmação da nova ordem liberal. O seu ponto de fissura estava no fato de que nem sempre seria possível isolar nitidamente o âmbito das contendas verbais do dos enfrentamentos físicos. Na verdade, o próprio modelo epidíctico, na medida em que concebia as palavras como *ações*, tendia a deixar bastante tênue a linha que separava combates verbais e físicos (a partir do momento em que se demonstrou que um panfleto poderia derrubar um governo, como, então, distinguir uma opinião contrária ao governo de um ato revoltoso?). É aqui, portanto, onde aparece a segunda das funções próprias da oratória epidíctica.

Como assinalam hoje os estudiosos da retórica clássica, a ritualização da violência operada pela retórica não supunha um *mero* traslado entre os antagonismos preexistentes a um novo terreno, o dos discursos. Haveria, também, uma dimensão *performativa* (compreendida no sentido de criatividade) que seria acrescentada.[331] Os discursos epidícticos cumpririam, além de sua função ritual, um papel crucial na identificação e transmissão dos valores – *nomos*

---

que não sabe utilizar nenhuma delas" (ALTAMIRANO, 1986, p. 307).

[329] Armesto (1969, p. 17) *apud* Sabato (1998, p. 90).

[330] "Foi Mitre", assegurou o portenho Carlos D'Amico, "aquele que para se opor ao voto dos soldados de Urquiza, em 1852, em vez de recorrer às armas, pois o abuso da força não tem solução mais honrada que a própria força, inventou a fraude" (D'AMICO, 1952, p. 103-104 *apud* QUIRÓS, 2001, p. 303).

[331] Como mostra o gênero epidíctico, a ação retórica é, nas palavras de Beale, "uma ação social significativa em si mesma" (BEALE, 1978, p. 225).

– que, supostamente, constituam uma certa comunidade.[332] Nos discursos fúnebres (que é o tipo mais característico desse gênero), os indivíduos se convertem em sujeitos representantes de valores que a sociedade particularmente aprecia, de modo que pode ver a si mesma refletida naqueles indivíduos e, portanto, identificar-se como tal. Por isso a função constitutiva dos sentidos de comunidade de tais discursos. O orador fúnebre não se dirige, contudo, a uma audiência pré-constituída, mas, de algum modo, ele mesmo a concebe como tal na própria ação oratória.[333]

Assim, se definem as coordenadas básicas a partir das quais se rearticulou o discurso político. A difusão do ideal positivista na região deve ser inscrita no interior desse processo de reconfiguração político-conceitual mais geral, porque se afastou radicalmente daquilo que definimos como modelo *forense* da opinião pública. Contudo, nem por isso seria menos "moderno" em relação ao outro que ajudou a substituir. Ao contrário, seu surgimento indicou um aprofundamento na via imanentista do pensamento político, incorporando em seu âmbito aquelas instâncias de realidade que, na linguagem política anterior, apareciam simplesmente como dadas. Assim como a dissolução do conceito básico de opinião pública, tal como observamos no início em relação a Fernández de Lizardi, levou a problematizar (*politizar*) seus pressupostos (isto é, a ideia das normas enquanto constituidoras de uma ordem objetiva e transcendente da vontade dos sujeitos), do mesmo modo, a crise do modelo jurídico da opinião pública daria lugar, por sua vez, à problematização (*politização*) de suas premissas, a saber, o caráter objetivo, dado, do *sujeito* da opinião. As mesmas velhas categorias serão, assim, recolocadas num terreno de problemáticas diferente, alterando radicalmente o seu significado.

---

[332] Ver Poulakos (1986, p. 307); Perelman; Olbrechts-Tyteca (1971, p. 50). Para outras avaliações do gênero epidíctico, ver Rosenfield (1980).

[333] "A missão do jornalista", disse o mexicano Francisco Zarco, "por mais pretensioso que possa parecer, não é apenas a de expressar as opiniões de um partido, mas sim de difundi-las e, assim, conduzir a opinião pública" (ZARCO, 1857).

CAPÍTULO 4

Representação / Sociedade civil / Democracia

> *O conceito de um ser que, a partir de certo ponto de vista, deve se apresentar independentemente da representação, não obstante, ter que se separar da mesma representação, uma vez que somente pode existir por ela.*
>
> Johann Gotllieb Fichte, "Segunda introducción a la doctrina de la ciencia"

> *A democracia é experiência e história; se abre e transforma no tempo, se revela e se renova sob a perspectiva de uma busca que não cessa de voltar o olhar e enriquecer as formas.*
>
> Marcel Gauchet, La Révolution des pouvoirs

Como é previsível, a categoria de "representação" se situaria no centro dos debates produzidos após a queda do regime monárquico. De fato, as novidades introduzidas em Cádis poderiam ser resumidas na ideia de um "investimento da representação". Enquanto as Cortes tradicionalmente representavam os súditos *perante* o rei,[334] com o fim da monarquia os sujeitos deveriam assumir sua

---

[334] Esse era o conceito de representação de Fernández de Lizardi. Segundo revela *El Pensador*, este seria o mandato que em diversas cartas "a voz do povo" encomendou a ele e aos demais jornalistas: "Tomem a si a representação dos síndicos, se por caso os nossos dormirem" (DE LIZARDI, 1968, p. 129). Seguindo a tradição jurídica, Fernández de Lizardi identifica o representante com o procurador. Essa é, precisamente, a origem do conceito moderno de representação. No século XIV começaria a ser usado, no âmbito jurídico, o termo *repraesentare*, indicando o fato de que um magistrado ou procurador ocupasse o lugar ou atuasse em nome de uma comunidade (vale lembrar que na tradição clássica o termo *repraesentare* se referia exclusivamente a objetos inanimados). No século XVI, esse conceito ampliaria seu sentido para compreender a ideia de uma *representação política*. Aparentemente,

própria representação. Os imaginários tradicionais sobreviveriam, no entanto, no modo de conceber a representação. Os sujeitos a serem representados ainda seriam os *corpus* do Antigo Regime (em especial, as cidades entendidas como uma formação de redes de entidades corporativas, ordenadas de maneira piramidal).

O início do processo pelo qual esse conceito será abandonado, dando lugar ao aparecimento da ideia de uma representação nacional unificada, pode ser rastreado no abandono progressivo dos *mandatos imperativos* (a obrigação dos deputados de estarem ligados às instruções de seus eleitores). Quebrado esse princípio, os deputados deixam de ser meros porta-vozes de suas comunidades de origem para passar a encarnar um princípio inédito, que é a vontade geral da nação constituída nos órgãos deliberativos de governo. Como revelara Siéyès, num debate análogo ocorrido na Assembleia Nacional, assinalando o surgimento do conceito de democracia representativa moderna,[335] será nesses órgãos que a nação se conformaria como tal. Definitivamente, o trabalho da representação não é outro senão reduzir a pluralidades das vontades particulares à unidade, a fim de constituir a vontade geral da nação. Esta não preexiste, assim, à sua própria representação.

Para a escola revisionista, a persistência de traços tradicionalistas se expressaria ainda, de qualquer maneira, nos mecanismos de eleição: os que foram designados como representantes continuariam sendo, por muito tempo ainda, os mesmos que desfrutavam de certa proeminência social, o que os habilitava a se pronunciar em nome de sua comunidade.[336] Inclusive, é possível observar um segundo

---

é no famoso capítulo XVI do *Leviatã*, de Thomas Hobbes, que aparece o primeiro tratamento sistemático do conceito de representação política. Sobre a etimologia do termo *representatio*, ver Pitkin (1972, p. 240-252). Sobre as ideias de Hobbes da representação política, ver Hernández (2002).

[335] O primeiro a apresentar esse conceito foi, na realidade, Edmund Bruke, em seu célebre "Discurso a los electores de Bristol", de 1774 (HOFFMANN; LEVACK, 1949).

[336] Como pedia uma ordem real de 1809, a eleição devia recair em "indivíduos de notória probidade, talento e instrução, isentos de qualquer nota que possa menoscabar a opinião pública" (GUERRA, 1999a, p. 55).

tipo de inversão da representação, também própria do Antigo Regime, pois nas cerimônias e na exaltação dos novos governantes não seria difícil encontrar os vestígios de uma vontade tradicional de representação *do* poder, a exibição dos atributos que conferem a ele sua autoridade. Mais significativa, no entanto, seria a incapacidade para conceber a própria ideia de uma democracia representativa. Representação e democracia serão vistas como termos antinômicos.

De novo, assim como analisamos este vínculo problemático que se estabeleceu entre ambos os termos, vemos que ele excedia o marco da oposição entre tradição e modernidade. A persistente impossibilidade de sua conciliação resulta, pelo contrário, profundamente significativa em relação às linhas de fissura que percorriam a própria linguagem política "moderna" ("forense"), razão pelas quais esta linguagem viria a entrar em crise posteriormente.

Democracia e representação: o vínculo conflitante, porém inseparável

O governo representativo, tal como era então compreendido, superpunha dois princípios em aparência contraditórios: o princípio democrático no plano da autorização com o princípio aristocrático no plano da deliberação. A instauração do sufrágio indireto estava destinada a produzir este desdobramento. A eleição recobrava assim seu sentido original, pois seria apenas um mecanismo de escolha *dos melhores* (o que nos devolve a outro dos traços do tradicionalismo mencionados, a representação associada à proeminência, seja social ou moral, seja intelectual, meritocrática). O governo representativo seria, então, uma *aristocracia eletiva*: "como afirma em 1813 o presidente da junta eleitoral de San Luís de Potosí, com uma admirável naturalidade: 'se nos encontramos congregados em uma verdadeira Junta Aristocrática é graças à Democracia do Povo'".[337]

Para Guerra, a ideia da democracia representativa como uma aristocracia eletiva denuncia a hibridez dos horizontes conceituais sobre os quais girou o discurso independentista. Este conceito, no

---

[337] GUERRA, 1999a, p. 51.

entanto, tinha fundamentos históricos certos. A recusa dos mandatos imperativos e da instituição de um sistema representativo teve como objetivo, com efeito, tratar de limitar os "excessos democráticos". Isso se traduziu numa série de restrições ao sufrágio popular.[338] Como afirma Marcela Ternavasio, para o caso de Buenos Aires, a fim de conter o movimento na direção da anarquia, era preciso acabar com o assembleísmo, o que se traduziu no encerramento dos conselhos que existiam na província (Buenos Aires e Luján).

Guerra introduz aqui uma distinção fundamental. Contrário ao que sustenta a versão épica da Independência, ele afirma que a participação popular não significou necessariamente um signo de irrupção da "modernidade" ("existem antes inumeráveis exemplos de motins, revoltas, insurreições e *jacqueries*, com composição e reivindicações populares evidentes").[339] Aqueles que se organizavam em torno das assembleias eram ainda esses "povos concretos", próprios do Antigo Regime. De maneira inversa, a imposição de um sistema representativo, apesar de seu caráter conservador, poderia ser interpretada como a expressão de um avanço fundamental no processo de modernização política e sociocultural.

---

[338] O fato verdadeiramente chamativo, a despeito disso, é o pouco restritiva que foi a legislação desta matéria na América Latina, quando comparada com a legislação que por essa época se impõe na Europa e nos Estados Unidos. Marcelo Carmagnani e Alicia Hernández Chávez assinalam, por exemplo, para o caso mexicano, que nas eleições para o Congresso Geral de 1815 participaram cerca de um milhão de votantes, o que representava aproximadamente 15% da população masculina adulta. "É difícil encontrar esta proporção", concluem, "nos sistemas propriamente censitários" (CARMAGNANI; HERNÁNDEZ CHÁVEZ, 1999, p. 376). José Murilo de Carvalho afirma algo similar para o caso brasileiro. Segundo revela esse historiador, a Constituição de 1824, conhecida por seu caráter conservador, impôs, na realidade, muito menos exigências ao direito de sufrágio que a francesa desse mesmo ano. Isso se expressou na prática, efetivamente: em 1872, por exemplo, votou 1 milhão de pessoas, o que representava 53% da população masculina maior de 25 anos (CARVALHO, 1999a, p. 327). Um caso particularmente interessante é o da lei eleitoral que foi sancionada em Buenos Aires em 1821 por Bernardo Rivadavia, permanecendo vigente até o final do século. Ver Ternavasio (2002).

[339] GUERRA, 1993, p. 87.

No entanto, é preciso matizar esta última afirmação. Conforme afirma Marcela Ternavasio, não se observa uma correlação entre atores definidos e tipos de imaginários, entre a natureza pressuposta dos sujeitos e suas atitudes políticas concretas (as quais foram, na verdade, cambiantes e erráticas).

> Apesar dos resultados conduzidos por esta controvérsia – na qual triunfaram os que sustentaram as formas representativas –, é necessário observar detalhadamente alguns aspectos do conflito. Uma interpretação mais sensível às perspectivas de análise que colocam o centro da questão na dicotomia tradição – modernidade, poderia ver nesta disputa a contraposição de princípios antigos e modernos de representação, invocados em cada caso por grupos relativamente permeáveis a assumir como próprios alguns de tais princípios, segundo suas experiências vitais precedentes. Porém, se consideramos, por exemplo, que a própria Assembleia se posicionou a favor do regime representativo nesta oportunidade – e de modo diferente em relação a outras disputas similares – é preciso admitir que a dimensão estritamente política (conjuntural) explica grande parte dos conflitos aqui descritos.[340]

Os delineamentos ideológicos seguiriam, também neste ponto, uma lógica estritamente política, invalidando qualquer tentativa de extrair deles conclusões a respeito da natureza social ou cultural dos atores.[341]

---

[340] TERNAVASIO, 2002, p. 47.

[341] A recusa dos mandatos estava, por sua vez, intimamente associada com o repúdio aos partidos. De modo inverso, na segunda metade do século XIX, com o surgimento das grandes máquinas partidárias e a ideia de um *sistema de partidos*, a crítica à ideia da independência dos representantes se generalizaria. Em sua interpretação desse fato, Bernard Manin, ao contrário de Guerra, assinala que "a independência dos mandatos é claramente uma característica não democrática dos sistemas representativos" (MANIN, 1998, p. 210). Ainda que não aceitemos esta proposição de Manin, é preciso admitir que a exigência de mandatos imperativos não é necessariamente "tradicionalista" (salvo se considerarmos também este professor da Universidade de Nova York como um ressábio do antigo regime), nem também uma peculiaridade latino-americana.

Seja como for, fica claro que o vínculo entre modernização política e democracia foi equivocado desde sua origem. Nele aparecem problemas não apenas de ordem empírica. A definição do presidente da Junta de Potosi, da democracia como uma aristocracia eletiva, tinha não apenas sustentos históricos reais, mas, e mais importante ainda, embasamentos teóricos fundados.[342] Apesar das eventuais consequências ideológicas que sua instauração supôs, esse processo colocava uma série de problemas conceituais, tornando difícil discernir até que ponto sua crítica expressava meramente preconceitos tradicionalistas ou apontava para aspectos conflitantes, inerentes ao próprio conceito. As ambiguidades a respeito do caráter tradicional ou moderno dos debates que se deram em torno desta categoria aparecem, inclusive, nas próprias interpretações da escola historiográfica liderada por Guerra.

Como afirma Véronique Hébrard, por trás da ideia da representação como "aristocracia eletiva" subjaz um determinado conceito de opinião pública (e encontramos aqui o ponto em que ambas categorias – opinião pública e representação – se tocam):

> Em última instância, quem está encarregado de revelar, fabricar e, finalmente, assentar a opinião é o corpo de representantes, segundo o princípio de evidência oposto ao senso comum. Esta opinião pública, que supõe a unanimidade e exclui um verdadeiro debate, constitui uma via imediata de acesso à verdade e ao interesse geral.[343]

Em sua interpretação, o postulado de que "quem está encarregado de revelar, fabricar e finalmente assentar a opinião é o corpo de representantes, segundo o princípio de evidência oposto

---

[342] Como afirma Manin, a ideia de uma democracia representativa foi originalmente concebida com uma espécie de instituição mista, de um modo nada arbitrário. "É preciso ressaltar", diz ele, "que as duas dimensões da eleição (a democrática e a aristocrática) são objetivamente verdadeiras e ambas acarretam consequências significativas" (MANIN, 1998, p. 192). "A eleição inevitavelmente seleciona elites, porém está nas mãos dos cidadãos comuns definirem o que constitui uma elite e quem pertence a ela" (MANIN, 1998, p. 291).

[343] HÉBRARD, 1998, p. 215.

ao sentido comum", expressa um traço tradicionalista que oculta um desejo de unanimismo contraditório com a modernidade. Porém, por outro lado, é justamente este princípio, como vimos, que permitiria recusar os mandatos imperativos, abrindo, desse modo, as portas à modernidade política. Assim, após a afirmação de Hébrard, começam a se filtrar dilemas que já não são próprios ao conceito moderno de democracia representativa.

A ideia de representatividade moderna supõe, com efeito, a recusa do "sentido comum". Como vimos, somente esta recusa é que dá lugar ao jogo de deliberação coletiva, abrindo assim o espaço ao *trabalho da representação*. Em lugar de ser um traço tradicionalista, ele surge de sua própria definição e será também, entretanto, o ponto no qual se modifica. Encontramos aqui o que Rosanvallon chama de "paradoxo constitutivo da representação".[344] Este paradoxo conjuga um princípio de identificação com um princípio de diferenciação. Toda representação supõe, de fato, a ausência daquilo que se encontra representado,[345] ou seja, se não houver certa distância entre representante e representado, a representação não seria necessária, o que levaria à quebra do vínculo representativo.[346] Assim, o trabalho da representação acontece, precisamente, a partir da aresta na qual ela mesma se destrói. Aparece aqui a natureza problemática da questão relativa aos mandatos imperativos. Por um lado, a liberdade de decisão dos deputados é necessária para dar sentido à deliberação nas Câmaras. O princípio de que os representantes deviam se limitar a expressar a vontade de seus mandantes reflete, com efeito, simplesmente o fato de que não ainda havia aparecido

---

[344] RONSAVANLLON, 1998, p. 41.

[345] Etimologicamente, *repraesentare* significa tornar presente ou manifesto, ou apresentar novamente algo que se encontra ausente.

[346] "É verdade que um homem não pode ser um representante – ou será apenas nominal – se habitualmente faz o oposto do que seus representados fariam. Porém, também é verdade que não será um representante – ou será apenas nominal – se não faz nada, se seus representantes atuam diretamente" (PITKIN, 1972, p. 151). "Este requerimento paradoxal é precisamente o que se reflete em ambos os lados da controvérsia entre mandato e independência" (PITKIN, 1972, p. 153).

o conceito da política como fundada no debate racional. Porém, por outro lado, se os representantes têm liberdade de decisão, que garantias haverá de que sua vontade particular coincidirá com a vontade daqueles que dizem representar?

Por trás da questão "técnica" dos mandatos imperativos poderia aflorar, assim, um problema muito mais crucial, o que, definitivamente, virá a se cristalizar na ideia moderna de representação: a impossibilidade de conciliar o princípio democrático com as concretas relações fáticas de poder.[347] Alguns autores, como Lucas Alamán, vão revelar o que está por trás desse vínculo, conflitante e ao mesmo tempo inseparável, entre política e democracia. Se a ideia representativa destrói aquela outra que constitui seu próprio fundamento, ela se desdobrará e servirá de índice à contradição ainda mais radical contida, mesmo que de forma encoberta, no próprio princípio da soberania popular.

> Diga, pois, ao povo: vocês são soberanos, mas não podem exercer a soberania; assim, é necessário que a entreguem a mim, para que eu possa exercê-la. E sobre quem vão exercê-la? Sobre o próprio povo!!! Não será esta a burla mais infame e atroz que se pode imaginar? [...] não é o sarcasmo mais cruel e degradante que se pode conceber? Certamente que se o povo pudesse exercer por si mesmo essa soberania que a ele corresponde, sem necessidade de deputados, senadores e cia., não haveria tantos defensores de seus direitos reais![348]

Isso se vincula, ao mesmo tempo, com o chamado "mistério da representação", mediante o qual os representantes se convertem,

---

[347] "Obviamente, o poder representativo de uma sociedade articulada não consegue representá-la como uma totalidade, sem se opor aos outros membros da sociedade. Existe aqui uma fonte de dificuldades para a Ciência política de nosso tempo porque, sob pressão do simbolismo democrático, a resistência a diferenciar os termos entre estas duas relações chegou a ser tão poderosa que afetou, também, a teoria política. O poder governante é o poder governante inclusive numa democracia, porém, poucos se animam a confrontar este fato" (VOEGELIN, 1952, p. 38).

[348] "Soberania popular", *El Universal*, v. I, n. 22, p. 3, 7 dez. 1848.

de indivíduos portadores de uma determinada *volonté particularière*, à expressão da *volonté générale* da nação e, desse modo, aparecer, em seguida, como soberanos sobre seus representados (facultados, portanto, a exercer de "maneira legítima" o poder de repressão sobre aqueles que lhes delegaram o mesmo poder).

> Conforme o sistema adotado, unidos, eles formam o soberano [...]. Entretanto, uma mínima fração dessa universalidade, por um incompreensível mistério, forma nas eleições a soberania; igualmente por outro mistério, também da política moderna, os representantes e outorgados se transformam de indivíduos dependentes em soberanos, e em soberanos de seus próprios representados e outorgantes. Oh, Altezas! Oh, profundidade da moderna ciência![349]

O certo é que, diferentemente do que ocorria, por exemplo, com as noções de opinião pública ou nação, a ideia de uma democracia representativa nunca chegará a se naturalizar na linguagem política da época. Ela permanecerá como uma espécie de fissura no conceito forense da opinião pública, através da qual irá finalmente se modificar. Como afirmava Ignacio Ramírez, essa ideia revelava a presença de um fundo metafísico no interior da linguagem liberal moderna: "Que coisa é representar? É fazer um papel alheio; fingir ser outra pessoa; colocar uma máscara sobre o rosto. Poderia dar certo um sistema baseado na mentira? Entre um congresso e um Concílio não existe diferença".[350]

A ideia representativa vai estigmatizar, em última instância, a brecha insuperável entre sociedade e política, esse excesso do social reduzido à ordem da política (introduzindo em seu seio um resíduo irrepresentável, que denuncia o fundo factual das relações de poder).

A presença de uma brecha entre democracia e representação não resultará estranha a Guerra. De fato, o autor termina com uma conclusão no fundo não muito diferente da do presidente da

---

[349] "Soberania popular", *El Universal*, v. I, n. 22, p. 3, 7 dez. 1848.
[350] RAMÍREZ, 1984, p. 158.

Junta potosina. "O regime representativo", afirma, "é um grande invento", uma vez que "permite conciliar a soberania radical do povo com o exercício do poder por uns poucos".[351] A democracia representativa acabava se parecendo, assim, a uma aristocracia eletiva. Entretanto, a maneira como ele formula o paradoxo também o esvazia de sentido, velando o núcleo problemático subjacente a ele. A ideia da democracia representativa aparece ali apenas como uma espécie de sutileza, mediante a qual se adiciona um adjetivo para qualificar o substantivo "democracia", de modo a torná-lo, de fato, irreconhecível. Seja como for, o ponto é que a ideia da democracia representativa como uma aristocracia eletiva não expressa necessariamente um preconceito tradicionalista, apesar de também não conseguir captar por inteiro o sentido de sua ideia moderna. Definitivamente, numa e noutra perspectiva, tanto na tese modernista (que atribui todos os problemas políticos à herança tradicionalista), como na antimodernista (que enxerga na chegada da modernidade o avanço de uma racionalidade autoritária e excludente), perde-se aquele núcleo problemático que a ideia de representação designa.

Como vimos, entre democracia e representação se estabelece, de fato, um vínculo conflitante por definição, uma vez que contém uma tensão constitutiva e, ao mesmo tempo, inseparável, dado que em contextos pós-tradicionais; uma vez quebrado o princípio de unificação provido pela presença de um soberano transcendente, somente na representação e através dela é que se pode articular a identidade daquele a ser representado. Em outras palavras, somente por meio dos mecanismos imanentes da representação é que se torna possível constituir esse "povo" que, por sua vez, delegará seu poder aos representantes, abdicando, assim, neste mesmo ato, da própria representação (como afirma Corinne Enaudeau, "toda representação é paradoxal; somente se capta a si mesmo nela sob a condição de se perder").[352]

---

[351] GUERRA, 1993, p. 257.
[352] ENAUDEAU, 1999, p. 71; ver também Ankersmith (2002).

O destino da representação é, assim, o de ser necessária e impossível ao mesmo tempo. Por essa razão, ela sempre está ameaçada por uma dupla partida. A primeira alternativa para conseguir a identidade do representado e do representante é simplesmente eliminando este último mediante a democracia direta. Porém, isso apenas muda de terreno o paradoxo da representação, do plano do *poder constituído* para o do *poder* constituinte, sem resolvê-lo no entanto. A problemática que então surge é como se constitui, por sua vez, o próprio poder constituinte. Isto é o que Eric Voegelin chama de questão da *articulação* do social,[353] ou seja, como e pluralidade de sujeitos se reduz à unidade.[354] A segunda alternativa para conseguir a identidade entre representante e representado consiste, inversamente, na alienação do segundo no primeiro, isto é, na completa delegação que o representado faz ao representante de suas faculdades soberanas. Porém, este processo rompe igualmente o vínculo representativo. O representante, uma vez independente do representado, passa agora a representar uma soberania inexistente, o que num sistema republicano de governo significa a privação de sua legitimidade.

Assim, a representação se articula em função de um *duplo* excesso: do social com respeito ao político, mas também do político com respeito ao social. Este último, encarnado no princípio jurídico da soberania, dota o sujeito de unidade, provendo aquele suplemento mediante o qual este mesmo sujeito adquire uma identidade. Isto é o que Rosanvallon chama de *representação-figuração*. O primeiro dos excessos, encarnado no princípio da soberania popular, condensa tudo aquilo que não pode, no entanto, ser reduzido a esta unidade, dando lugar ao que o autor chama de *representação – legitimação*. O trabalho da representação pressupõe a supressão do traço diferenciador do social, a sua heterogeneidade, pois do contrário,

---

[353] VOEGELIN, 1952, p. 37.

[354] "Com efeito", dizia Hobbes, "é a *unidade do representante*, não a unidade dos representados, o que torna a pessoa una" (HOBBES, 1984, p. 135). A recusa dos mandatos imperativos se fundou, justamente, no pressuposto de que a unidade da vontade não preexiste ao próprio trabalho da representação.

sua representação se tornaria impossível, e sua preservação, uma vez que em tal caso, ela se tornaria ociosa. A ausência de uma vontade geral unificada, destruidora do vínculo representacional, é também sua condição de possibilidade. A diagonal da representação se desprende, assim, a partir de uma dupla fissura. Por um lado, esta pressupõe aquilo que a destrói (a distância que separa o representante do representado) e, por outro, somente se constitui sobre a base daquilo que a torna ao mesmo tempo desnecessária (a vontade geral da nação). Assim como a constituição política do "povo", como sujeito unitário e soberano, pressupõe e exclui ao mesmo tempo a representação, de forma inversa, a representação pressupõe e exclui ao mesmo tempo a heterogeneidade do social com respeito à política. Será, então, nesse duplo excesso, a transcendência-imanência do político frente ao social (a simultânea ligação-independência da ordem da representação frente ao que representa, sua primeira aporia), e a necessidade-impossibilidade de reduzir a heterogeneidade do social à unidade da política (segunda aporia), que se manifestará a natureza eminentemente *política* (em última instância, indefinível) da representação.

Se a representação mostra aporias intransponíveis, nenhuma das alternativas para eliminá-la são, entretanto, mais consistentes ou menos problemáticas. A História das figurações da política moderna no século XIX latino-americano é, definitivamente, uma das diversas tentativas – sempre precárias e instáveis – de confrontar as inúmeras contradições resultantes do fenômeno de imanentização das relações de poder (as quais se verão privadas já de toda garantia e penalidade transcendente); estas são as que viriam, finalmente, a serem encarnadas na categoria de democracia representativa (tornando-a particularmente revulsiva nos marcos da linguagem política do período). Em meados do século XIX, a democracia se traduziria em termos de como dar expressão à heterogeneidade social como tal, buscando responder à pergunta de como *representar* no plano político-institucional o que é irrepresentável por definição, uma vez que assinala aquilo que o excede (ou seja, o princípio da soberania popular). A ideia da luta entre "modernidade" e "tradição" seria apenas uma das diversas manifestações pelas quais se trataria de explicar esta fissura inerente ao conceito de representação.[355] Essa é também, no entanto, a história do descobrimento, por parte dos próprios atores, da impossibilidade de fazê-lo, da revelação dos limites de um esquema explicativo que somente consegue compreender as contradições como resultantes de meros desajustes factuais, empíricos (a impossibilidade prática de fazer com que a realidade coincida com o modelo ideal).[356]

A ruptura do ideal deliberativo de uma ordem republicana, condensada no conceito forense da opinião pública, permitiria recolocar a questão da relação entre democracia e representação sobre bases completamente distintas. A combinação de ambas categorias num único conceito, o de democracia representativa, vai supor, por sua vez, a redefinição dos termos envolvidos (permitindo, respectivamente, o surgimento de dois neologismos, o de "representação social" e "governabilidade"). Não obstante, para que isso fosse possível, seria necessário antes introduzir entre ambos um terceiro termo, o de "sociedade civil", que se distinguirá então dessa entidade mais vaga chamada "opinião pública". Começaria, assim, a ser tecida a rede de categorias que conformará um novo campo semântico, cuja articulação nos leva para além dos confins da linguagem até então disponível.

Lastarria e a representação social

Por volta da segunda metade do século, época em que se difunde o ideário positivista, a perda do ideal de uma opinião pública

---

[355] Isso rompe de forma definitiva com o pressuposto da autoevidência do conceito de democracia representativa e procura levar a sério os problemas que historicamente revelou. Como afirma uma das autoridades no tema, confrontados com a variedade e ambiguidade de usos do conceito, "o que devemos buscar não é uma definição precisa, mas o modo de fazer justiça às várias aplicações particulares da representação nos mais diversos contextos – como aquele ausente se torna presente e quem o considera assim" (PITKIN, 1972, p. 10).

[356] "Até que ponto", pergunta Guerra, "esta longa e, entretanto, incompleta enumeração de condições e etapas aconteceu na realidade? Ou se trata ainda, e não apenas para América Latina, de um horizonte em parte inalcançável pelo caráter ideal do modelo de homem – indivíduo – cidadão?" (GUERRA, 1999a, p. 61).

unificada, articulada em torno de uma Verdade, colocaria no centro da reflexão a pergunta, sem expressão nos marcos do modelo forense, de como representar os sujeitos singulares como tais. Um novo horizonte de interrogação vai se abrir, para o qual o vocabulário até então disponível não contava com categorias necessárias para abordá-lo.

Se, como vimos, o tópico da "incompreensão da democracia representativa moderna" (cujo conceito supõe uma plena transparência) oferece um marco explicativo, com alguns acertos parciais, mas insuficiente para desentranhar a complexa trama de problemas que ao longo da primeira metade do século se esconderia atrás de tal conceito, quando projetado subsequentemente no tempo se revelaria completamente inadequado. Trasladado à segunda metade do século, acabará se tornando um obstáculo para a compreensão daquilo que, concretamente, estava em debate. Essa discussão vai esvaziar de sentido as polêmicas que apareceram no período, reduzindo-as a uma série de lamentáveis mal-entendidos que não merecem nenhum tratamento histórico mais específico, nem cuja compreensão demanda qualquer esforço intelectual. Em suma, somente se penetrarmos no núcleo aporético subjacente a tal conceito é que conseguiremos descobrir o sentido profundo das polêmicas que então se deram em torno dele.

De fato, entre ambos os momentos da história político-intelectual latino-americana existe uma fissura fundamental. As problemáticas que vão aparecer e os marcos teóricos com que deverão ser abordadas já são outros. A perda do ideal de uma opinião pública unificada, articulada através dos mecanismos de deliberação coletiva que convergem para essa Verdade na qual descansa a vida da comunidade, e o descobrimento das divergências como constitutivas da política, colocaria a necessidade de pensar quais *eram as clivagens sociais mais permanentes, mais resistentes à redução a uma unidade*. E, fundamentalmente, como tornar essas diferenças *representáveis*, a fim de miná-las em sua singularidade. Surge aqui, assim, a questão da *representação social*.

Nos marcos tradicionais da História das ideias, o surgimento desse conceito, de evidentes reminiscências corporativas, é a prova mais cabal da permanência dos imaginários tradicionais (o que permite a Guerra se referir ao Porfiriato como o "Antigo Regime", num anacronismo absolutamente óbvio). No entanto, essa história cobra um sentido muito mais substantivo quando é analisada à luz da série de problemas que viemos analisando. Longe de representar uma volta aos tipos de imaginários sociais próprios do Antigo Regime, as novas teorias organicistas do social se apresentam, pelo contrário, sinalizando um aprofundamento da ideia da imanência do poder.

De fato, o modelo forense da opinião pública ainda guardava alguns indícios de transcendência. Esse modelo pressupunha a existência de um público idealmente homogêneo, ao qual seriam transferidos os atributos próprios do soberano medieval. Uma vez perdida a ideia de uma Verdade objetiva, sobre a qual esse conceito estava fundado, surge a pergunta de como conceber um tipo de objetividade do social, compatível com a evidente disseminação do sistema das diferenças sociais. São essas mesmas diferenças que, comprovada sua impossível subsunção a uma vontade geral unificada, deverão se articular mutuamente, a fim de constituir um *bem coletivo* (o que não excluiria, mas integraria a pluralidade dos interesses e, de modo definitivo, também as racionalidades). A obra do chileno José V. Lastarria permite observar como se produz esta transição a uma nova linguagem política, em cujos marcos todas as categorias fundamentais que viemos analisando vão ser redefinidas.

A pergunta sobre como tornar representável uma sociedade que guarda em seu interior uma pluralidade irredutível de interesses, necessidades, inclinações e visões particulares, aparece em Lastarria precocemente no contexto latino-americano. Ela ocupa um lugar central em um texto que data de 1846, *Elementos de derecho público constitucional teórico positivo i político*,[357] que serviu como plataforma para a Revolução liberal de 1851 (o que custaria a Lastarria o seu

---

[357] Ali se busca pensar na "sociedade como um conjunto de instituições orgânicas, todas as quais repousam sobre as mesmas leis de independência e correlação, constituindo, assim, uma espécie de confederação entre as diferentes ordens" (LASTARRIA, 1906, p. 193). Esse texto, cabe esclarecer, foi elaborado antes de sua adoção do credo positivista, o que acontece, como revela em seu *Memorias*, somente depois de 1868. O termo "positivo", que aparece registrado no título de seu trabalho antes mencionado, figura em sua acepção jurídica mais ampla.

posto de docente na Universidade, apesar dele não ter participado pessoalmente da revolta).[358] Lastarria diferencia ali "a instituição civil e política chamada Estado" de outras instituições que, em seu conjunto, formam a sociedade civil. O primeiro, afirma ele, constitui o "poder político", ao qual se opõe um "poder social", diversificado em esferas autônomas entre si (o comércio, a indústria, as artes, as ciências, etc.).[359] "Por conseguinte, não há dúvida", afirma, "que a sociedade deve se dividir em tantas sociedades particulares quantos são os fins principais nos quais se divide o fim social".[360] Este poder social constitui, definitivamente, a *soberania nacional*, a qual é inalienável, "porque a sociedade não poderia abdicar de seu poder geral a favor de uma pessoa ou de muitos sem contrariar sua própria finalidade, uma vez que nesse gesto renunciaria à mais preciosa das prerrogativas, que é o atributo essencial de sua personalidade coletiva".[361] O grande problema político e constitucional é, para ele, como dar expressão institucional independente a este poder social, até agora confundido com o poder político e oprimido por ele.

> Para se formar uma ideia precisa do poder do Estado, este não deve ser confundido com a ideia do poder social em geral, porque, caso contrário, se perderia a justa independência na

---

[358] Sobre a vida e obra de Lastarria, ver Martel (1981); Grandón (1981).

[359] "A instituição civil e política chamada Estado, depois de ter se emancipado da instituição religiosa, arrogou a si e exerceu a tutela de todos os demais negócios humanos. Esta tutela foi legítima em seu momento, ao menos até o ponto em que o desenvolvimento das demais instituições sociais permitiu a elas dirigirem seus próprios caminhos; no entanto, esta tutela chegou a ser opressiva por um longo tempo e deteve o progresso da atividade humana. É verdade que até agora apenas a religião e o Direito foram constituídos socialmente por meio da Igreja e do Estado; porém, as sociedades pendem, sem seu progresso, ao desenvolvimento livre e independente da indústria, do comércio, das Ciências e das Artes, juntando seus esforços para dar a estas esferas de atividade uma organização que lhes seja própria, a fim de garantir sua existência contra as influências de outros poderes, cuja intervenção altera mais ou menos seu caráter e coloca problemas para seu aperfeiçoamento" (LASTARRIA, 1906, p. 47-48).

[360] LASTARRIA, 1906, p. 46.

[361] LASTARRIA, 1906, p. 53-54.

qual devem estar as diferentes esferas da atividade social. O poder social existe na sociedade e é, em suma, o conjunto de todas as forças postas em movimento pela sociedade e seus membros, nas diversas esferas da atividade humana. Já vimos que a finalidade geral do homem e da sociedade se compõe dos fins moral, religioso, científico, artístico, industrial, comercial e político; por conseguinte, o poder social também se compõe dos poderes encarregados de realizar estes fins particulares, dos quais não deve faltar nenhum na sociedade, ainda que nem todos existam na devida proporção [...]. A justa separação que deve existir entre eles, segundo sua natureza especial, é o que assegura a todas as esferas da atividade humana a sua independência respectiva e, ao mesmo tempo, é a única garantia contra os males que sofreria a sociedade se o poder político absorvesse todos os demais poderes e anulasse a ação do poder social em geral.[362]

A soberania nacional não pode ser reduzida ao poder político sem se destruir como tal, pois ela sempre o excede. Assim, é necessário desenhar mecanismos imanentes de integração social, compreender como é que todas estas funções especializadas possam "se encaminhar na direção da realização do fim geral do homem, ainda que cada uma funcione sob a ação de um princípio especial".[363] Isto coloca, por sua vez, um problema anterior a respeito de qual é a estrutura desse poder social (os "fins principais nos quais se divide o fim social"), quais são os sujeitos aos que será preciso representar.

Isso inverte, de algum modo, a situação anterior. Resolvida finalmente a segunda das questões, muito mais complexa e difícil de resolver, que apareceria imediatamente após a independência, a saber, qual era essa entidade que viria ser representada, a partir do momento em que se dá a ruptura do pressuposto do indivíduo como a base natural da sociedade (aquilo que então havia sido rapidamente naturalizado no discurso político), ressurge, entretanto, a primeira delas, que era saber como se constituía a nação. Nesse

---

[362] LASTARRIA, 1906, p. 50-51.
[363] LASTARRIA, 1906, p. 194.

ponto reaparece de maneira inevitável a ideia de uma Verdade. A noção de representação social é, definitivamente, inseparável também de um saber, de uma ciência social; pressupõe uma determinada *Sociologia*.[364] A sociedade é, para Lastarria, o sujeito da representação (representação-legitimação). Porém, de modo inverso, para sê-lo plenamente, a sociedade deve, por sua vez, tornar-se objeto de representação (representação-figuração). Aqui é onde reaparece o papel do Estado. "O Governo", disse Lastarria, "não somente deve conhecer a riqueza e os recursos da nação, mas também distribuí-los e dirigi-los [...], deve conhecer suas forças e possuir, em suma, quantos conhecimentos possam ser compreendidos no vasto círculo das ciências sociais".[365]

A afirmação do problema da representação-figuração do social permite que Lastarria reintroduza aquilo que havia, a princípio, procurado eliminar ou ao menos limitar: o papel do Estado como instância unificadora, uma vez que encarna o princípio aristocrático-inteligente, que é como deve figurar o social a fim de torná-lo representável.[366] Isto supõe, obviamente, um saber especializado ("e é fácil conceber", conclui, "que estas condições de capacidade não se encontram em todos os indivíduos de uma sociedade").[367] A tentativa de encaixar aqueles elementos do social (o âmbito da diversidade) que não aceitam serem reduzidos ao político-jurídico (o âmbito da unidade) termina, assim, permitindo o aparecimento,

---

[364] Em seu projeto, a representação se distribui da seguinte maneira: "Pelos interesses religiosos i morais, cinco [deputados]. Pelo interesse da agricultura, vinte e cinco. Pelo interesse da mineração, quinze. Pelo interesse das manufaturas i ofícios industriais, dez. Pelo comércio geral i suas indústrias auxiliares, trinta" (LASTARRIA, 1906, p. 543).

[365] LASTARRIA, 1906, p. 42.

[366] Lastarria mantém, assim, em seu projeto constitucional um duplo sistema de representação; limita-se a colocar, ao lado do sistema tradicional de representação política, articulado em função do princípio da maioria numérica, um sistema de representação social organizado a partir de um conjunto de instituições especializadas, que dariam expressão aos diversos componentes com os quais está conformada a sociedade.

[367] LASTARRIA, 1906, p. 56.

de um modo mais explícito do elemento da política que excede o social (e lhe permite constituir-se como tal). A tensão entre poder político e poder social reproduz, em última instância, aquela outra entre razão e vontade, indicada por Guerra, que permite introduzir restrições aos direitos políticos. É evidente que o liberalismo de Lastarria não era democrático. Entretanto, mais significativo que seu aristocratismo, é o modo como começava, então, a redefinir o conceito de democracia, apesar de que isto somente ficará claro em seus escritos tardios. O que inicialmente podemos ver é como a perspectiva de Lastarria reformula as relações entre tradição e modernidade política, invertendo, de fato, o esquema de Guerra.

Com efeito, diferentemente de Guerra, para Lastarria a persistência do princípio de representação política, fundado puramente na vontade popular, expressava a presença de "ressábios e reminiscências do regime antigo". Pelo contrário, a noção de representação social – que vista da perspectiva do contratualismo ilustrado aparece como uma volta ao ideal corporativo colonial – era a forma propriamente "moderna" de governo, seu ideal último. Enfim, o modelo político "organicista" não seria o de uma mera proposta de *república possível*, uma forma preliminar e transitória em direção a um ideal eterno de *república verdadeira*, representado pelo conceito contratual ilustrado, mas uma forma diversa de conceber esta última.[368]

Posteriormente, veremos qual era o ideal de democracia implícito nesse conceito. Em todo caso, está claro que de nenhum modo se tratava de um retorno a um ideal pré-moderno. Esse

---

[368] A articulação de uma totalidade orgânica só pode ser o resultado de um longo trabalho de autoconstituição do social, de afirmação das diversas esferas de atividade e sua mútua compatibilização. "A época da unidade ainda está distante, mas é preciso aproximá-la, preparando sua realização. Quando os poderes sociais existam em sua complexa organização, todos eles formarão uma verdadeira *representação social*, escolhendo cada um deles seus respectivos funcionários, esta representação será diferente de todas as conhecidas, porque sua missão não consistirá em intervir direta e continuamente no movimento dos órgãos particulares, nem dar-lhes a legislação e a lei, mas unicamente em velar para que nenhum deles saia de sua esfera, para que guardem as relações de harmonia e consigam o fim social que lhes tocou por destino" (LASTARRIA, 1906, p. 195-196).

ideal surgiu da revelação de um conjunto de aporias implícitas no conceito ("moderno") de representação política e aportará uma resposta à questão de como preencher a brecha entre representante e representado, sem reduzir simplesmente um ao outro; em suma, como conciliar representação e democracia.

Tudo isto levaria, por sua vez, à reformulação dessa questão. Nos marcos de uma nova linguagem que então começava a circular, a qual denominamos "conceito estratégico da sociedade civil", era necessário retraduzi-lo a fim de estabelecer um vínculo *existencial* entre representante e representado, encontrando algum tipo de *identidade substantiva* entre ambos que garantisse que a vontade do deputado coincidisse, de maneira espontânea, com aquela manifestada eventualmente por seus eleitores (algo que o mecanismo puramente formal da autorização ainda não conseguiria assegurar).[369] Aqui radica o núcleo da ideia de representação social. A introdução da problemática relativa às condições substantivas da representação reclamava, de antemão, uma reconfiguração fundamental da linguagem política. Este conceito de Lastarria representa, não obstante, uma tentativa ainda um tanto prematura, uma forma transicional na definição do novo conceito estratégico de sociedade civil, que se tornará mais nítido somente décadas mais tarde, acompanhando o ideário positivista na região. A obra posterior do próprio Lastarria resulta aqui também ilustrativa.

Positivismo, organicismo e *semecracia*

Em suas *Lecciones de política positiva* [Lições de política positiva] (1875), Lastarria retoma, três décadas mais tarde, as mesmas ideias antes esboçadas, reelaborando-as numa perspectiva comteana. Embora suas afirmações não se alterem essencialmente, é possível observar nelas alguns deslocamentos sugestivos. Em primeiro lugar, aparece agora de maneira explícita o modelo contratual moderno. Conforme o autor revela, são as visões contratualistas

---

[369] PITKIN, 1972, p. 60-91.

(absurdas e insustentáveis teoricamente, segundo ele) que levam a confundir o poder social com o poder político e, desse modo, "reduzem a atividade e todos os elementos da sociedade à vontade do Estado".

> Este funesto erro subsiste porque ainda se admitem dois absurdos capitais da falsa teoria do contrato social, mesmo por parte dos que já não acreditam nesta teoria, a saber: que a soberania [do Estado] é ilimitada e que o poder político exercido por ela tem sua base na abdicação de parte de nossa liberdade para conservar o resto.[370]

O ideal ilustrado de uma sociedade perfeitamente homogênea escondia, para ele, um impulso autoritário. Por outro lado, a política positiva seria aquela que permitisse distinguir a nacionalidade do Estado e conceber as nações e sociedades como entidades heterogêneas.

> Uma grande nacionalidade, ainda que tenha uma mesma origem, uma mesma história e um mesmo território, pode ter também várias unidades sociais, e constituir em cada uma delas outros tantos Estados ou governos [...]. Da mesma maneira podem existir distintas nacionalidades e, por conseguinte, diversas unidades sociais, submetidas a um único Estado. [...] Em todas estas combinações e nas demais que possam existir, o Estado é sempre uma instituição social e política que representa o princípio do direito para manter a harmonia e as correlações das diversas esferas da atividade social; de modo que a teoria política da nação, ou da sociedade civil, não é o Estado, apesar de ser a existência deste o que a constitui.[371]

Essa perspectiva o leva a reforçar seu "organicismo", radicalizando a oposição entre os dois princípios que antes havia tratado de equilibrar. A teoria da representação política e a teoria da representação social, como agora afirma Lastarria, articulam horizontes de sentido incompatíveis entre si. A primeira participa da ordem

---

[370] LASTARRIA, 1906, II, p. 271.
[371] LASTARRIA, 1906, p. 223.

especulativa; a segunda, da ordem ativa.[372] Ambas se desenvolvem segundo duas lógicas distintas. A deliberação se ordena em torno do princípio da maioria numérica; a representação, por outro lado, é irredutível a esta. Não se trata apenas de defender o *direito das minorias*. Este conceito, afirma o autor, "ainda é uma coisa muito vaga e indefinida". Não apenas porque resultava indefinível ("o que é *a priori* uma minoria?"),[373] mas, fundamentalmente, porque não cumpre seu objetivo. Os defensores da representação proporcional, sustenta, enumeram "como uma das excelências desta nova forma, o fato de que nela está amparada a *representação das minorias*, em lugar de dizer que sua verdade e justiça consistem no fato de que ampara a representação de todos os interesses coletivos da nação".[374] Um interesse social definitivamente não pode se submeter à decisão coletiva; sua representação não é passível de votação, na medida em que sua definição constitui a premissa de toda representação.

> O *poder de decisão*, se considerado uma condição da autoridade de uma assembleia deliberativa, é um direito coletivo, impessoal, que tem sua razão de ser nas necessidades reais e que, pela força das coisas, reside exclusivamente na maioria; por outro lado, o direito de representação, praticado por meio do sufrágio popular, é um direito imprescindível da sociedade, que cada cidadão exercita individual e pessoalmente para constituir a representação soberana; e isto é algo que tem sido confundido por uma preocupação nefasta, que está na origem do sistema representativo. Em geral, as eleições são realizadas pela maioria simples absoluta ou relativa dos votos, como se fosse uma decisão. [...] Na realidade, o que se coloca em votação não é a eleição de tais ou quais representantes, mas a questão de qual fração dos sufragantes será ou não representada.[375]

---

[372] "Em geral a ação de todos os membros da sociedade nesta grande obra de cooperação é de duas maneiras, especulativa ou ativa" (LASTARRIA, 1906, p. 223).

[373] LASTARRIA, 1906, p. 335.

[374] LASTARRIA, 1906, p. 334.

[375] LASTARRIA, 1906, p. 327-328.

O fato de redirecionar seu foco para os interesses sociais (por definição, supostamente plurais), permitirá a Lastarria, ao mesmo tempo, desvincular seu conceito político do pressuposto da existência de um saber objetivo do social e de um órgão especializado que o expressa (o Estado). Deste modo, este acentuado organicismo, na medida em que legitima as diferenças políticas, abrirá por fim as portas à ideia dos partidos como encarnações das clivagens sociais objetivas, o que vai se traduzir, por sua vez, no desenho de um modelo muito mais "democrático" (algo que, no marco das oposições tradicionais da História das ideias, resulta paradoxal).[376] Contrariamente ao que sustentava trinta anos antes, agora, com o Partido liberal já no poder, o crítico denunciará toda e qualquer tentativa de limitação do sufrágio com um ato despótico.[377]

Esse deslocamento ideológico, no entanto, nos revela pouco a respeito de seu pensamento político; por outro lado, não é certo afirmar que suas ideias anteriores, ainda atadas parcialmente aos postulados contratuais, fossem inerentemente aristocráticas, assim como esta obra organicista também não será intrinsecamente democrática. Ambas são derivações possíveis, ainda que não necessárias, daquelas premissas conceituais, determinadas, em cada caso, mais por considerações políticas práticas que pela estrita lógica interna de seus postulados. Mais significativos a respeito são os deslocamentos, um tanto mais sutis, que se observam no nível do aparato argumentativo pressuposto em tais posturas. Esses deslocamentos revelam como a própria ideia de "democracia" havia sido

---

[376] Rafael Núñez é quem expressa esse pensamento com mais clareza. "A controvérsia política", afirma, "é tão necessária para o progresso dos governos e da Ciência da legislação, que quando um dos grandes partidos desaparece, por qualquer causa extraordinária, o sobrevivente se divide e suas frações ou grupos que lutam com igual ou maior intensidade do que costumavam fazer, quando se enfrentavam com o falecido adversário comum" (NÚÑEZ, 1980, p. 233).

[377] Este não seria tão diferente de qualquer outra forma de violação do princípio da livre contestação. "Toda limitação oposta ao direito de sufrágio, que desnaturalize o exercício completo da soberania, será tão injusta quanto os requisitos que a lei opõe aos contratos dos particulares, contrariando sua liberdade de trabalho e sua liberdade de contratar" (LASTARRIA, 1906, p. 308).

redefinida, associando-se com a noção de *"semecracia"* ou "autogoverno" (*self-government*).

A mudança mais radical produzida pela ruptura com o conceito de deliberação é o que permite a Lastarria arrancar o princípio de constituição de uma totalidade social do marco da ordem estatal, reinscrevendo-o no seio da própria sociedade. A figuração social se abre agora num âmbito anterior ao da deliberação (e, consequentemente, do Estado político).[378] Remete à estrutura do campo no qual esta se desenvolve, o de suas condições objetivas de possibilidade; toda deliberação coletiva, toda "opinião pública", pressupõe já um sujeito anterior, uma "sociedade civil". Uma vez que ela não é o resultado, mas a premissa da deliberação, a pergunta que surge de imediato é como se constitui, por sua vez, esta sociedade civil. O regime da representação proporcional assinalaria, precisamente, o mecanismo de autoformação do social como o meio para a articulação, não consensual mas estratégica, de um fim geral, a partir da pluralidade de fins particulares; assim se constituiria a expressão institucional e o meio para o trabalho de definição respectiva e mútua compatibilização entre as diversas esferas da atividade social.

O mecanismo da representação funcional ou social expressa, assim, o aparecimento de um novo tipo de ideal de autogoverno ou *semecracia*. A superação do princípio da deliberação como único fundamento da ordem institucional terminaria, para Lastarria, com a fonte dos desajustes entre política e sociedade, que é o que permite a tirania dos representantes sobre os representados.

> Até aqui, segundo estes princípios, a delegação política poderia ter um caráter mais adequado aos fins do verdadeiro sistema representativo e, se encontrasse um modo de tornar efetiva a responsabilidade do representante em seu mandato especial, seria possível obter uma garantia contra

---

[378] A representação social surge da necessidade "de constituir separadamente uma autoridade que represente o princípio do direito, sendo que este poder de constituí-la, na linguagem dos políticos modernos, se chama de *soberania nacional*, ou soberania dos povos, como poder supremo e anterior ao do Estado" (LASTARRIA, 1906, p. 300).

os perigos que resultam quando se entrega ao delegado uma superioridade perigosa sobre seus comitentes. [...] A vantagem mais transcendental que a *semecracia* conquistou neste século, o governo do povo por ele mesmo, é a de estabelecer o sistema representativo de maneira que os depositários do poder político não tenham nem o poder, nem os meios, de praticar o mal, e este bem inestimável só foi conquistado quando se tornou franca e expedita a responsabilidade dos mandatários dentro do círculo bem determinado de suas atribuições.[379]

A representação social, conclui Lastarria, "não é somente a verdadeira representação, mas uma obra de justiça, de liberdade, de verdade, de paz e de política".[380] Esse ideal de governo, já completamente estranho ao modelo jurídico da opinião pública, está sustentado em um fundamento muito diferente daquele: o *princípio de associação*.

> A associação é o modo verdadeiro e completo de realizar todos os fins do progresso social, é a alavanca da atividade humana, o meio de combinar todas as forças, todos os elementos que se encontram separados e que devem ajudar a formar o equilíbrio social. [...] É necessário, pois, criar o equilíbrio social por meio da associação, mas para poder utilizar esta poderosa alavanca é indispensável buscar seu ponto de apoio na verdade.[381]

A associação representa um tipo de Verdade objetiva e subjetiva ao mesmo tempo; serve tanto como princípio de intelecção quanto

---

[379] LASTARRIA, 1904, p. 411. "O Estado", dizia Alberdi em 1872, "pode ser visto como um mandatário em relação à sociedade, cujos interesses e destinos representa. Porém, com relação aos poderes delegados e exercidos pelo governo de um povo democrático e republicano, o Estado ou povo soberano não têm mais relação do que a do mandante com o mandatário, relação que não admite caução juratória de parte de quem dá o poder, mas sim daquele que o recebe" (ALBERDI, 1996, p. 133).

[380] LASTARRIA, 1906, p. 391.

[381] LASTARRIA, 1906, p. 77.

como de princípio de ação; conjuga, enfim, a ordem especulativa e a ordem ativa, permitindo desse modo reunir a representação-legitimação com a representação-figuração. Porém, para compreender o sentido que então adquire este conceito de *associação*, bem como foi que Lastarria chegou a este ponto nodal de sua teoria política, é preciso considerar a série de transformações operadas no plano das práticas políticas no curso das três décadas que intermediaram *Elementos* e *Lecciones*.

O associacionismo e o ideal do *self-government*

Como vimos, o projeto político original de Lastarria buscava encontrar um lugar no sistema institucional para os diversos elementos particulares que constituem o social, sem destruí-los como tal. Isso implicava eliminar o excesso do social em relação ao político, identificando um e outro no plano da representação-legitimação, ou seja, tornando ambos domínios coextensivos, a fim de evitar que algum dos fatores que compõem o social se perdesse no mecanismo da delegação do poder. Este, não obstante, não poderia evitar que na instância da representação-figuração se manifestasse, inversamente, tudo aquilo do político que excede o social e permite a ele se constituir. A articulação de um conceito político coerente, fundado na ideia da representação social, ou *semecracia*, suporia assim um segundo movimento pelo qual seria eliminado também este último excesso, situando novamente o princípio constitutivo do social no seio da própria sociedade civil. Deste modo, a mudança conceitual colocada em funcionamento pela crise do modelo jurídico da opinião pública se completará. Esta mudança será expressiva, de forma definitiva, da série de transformações que naqueles anos haverão de reconfigurar a esfera pública latino-americana (e do qual as alterações antes analisadas sobre o papel que a imprensa assumiu na articulação do sistema político é, em última instância, uma de suas expressões), a partir da afirmação de uma vasta rede de associações civis especializadas.

Com efeito, na segunda metade do século XIX se registra uma "febre associacionista". "Por todo lado brotam sociedades artísticas, congressos científicos, associações de trabalhadores", afirmava no

México *El Monitor Republicano*.[382] De maneira análoga, Pilar González comprova "uma eclosão dessas formas de sociabilidade" em Buenos Aires.[383] De um extremo a outro do continente, os latino-americanos se reuniram, então, num amplo leque de organizações da mais variada espécie, desde as mais reputadas e influentes (como os clubes literários, científicos, sociedades jornalísticas e profissionais, etc.), até outras (como as sociedades promotoras de bailes, clubes de xadrez, agrupações de fãs das divas da ópera, etc.), organizadas em torno de questões menores, ou destinadas à organização de atividades cotidianas e eventos sociais. Estas sociedades congregariam, em seu conjunto, milhares, talvez milhões de pessoas, formando uma densa rede que ligaria o tecido social a partir de seu interior (de fato, estas sociedades cruzavam de maneira transversal as diversas regiões, classes, ideologias, etnias, colocando em comunicação os distintos segmentos de sua população). Como afirma Pilar González, especificamente em relação à segunda metade do século XIX: "a novidade do período radica menos na presença de reformas institucionais ou nas transformações das relações de força socioeconômica, do que nessa extensão da esfera política, que acompanha a reatualização das instituições republicanas".[384]

Um dos aportes mais importantes da escola de Guerra à historiografia do período foi, precisamente, o de salientar a importância do fenômeno da proliferação das "sociabilidades modernas". Para Guerra, a importância de seu desenvolvimento radicou no fato de que elas cristalizaram na prática o modelo de uma comunidade de indivíduos, reunidos por vínculos contratuais livremente assumidos; enfim, proveram a base material, o solo da experiência concreta a partir da qual surgiu o imaginário social "moderno". "Pouco a pouco", assegura o autor, "na medida em que se difunde estes tipos de sociabilidade e o imaginário que

---

[382] "Espíritu de Asociación". *El Monitor Republicano*, 5a época, p. 1, 13 out. 1867 (Assinado por Gabino F. Bustamante).
[383] QUIRÓS, 2001, p. 249.
[384] QUIRÓS, 2001, p. 266

as acompanham, a sociedade inteira começa a ser pensada com os mesmos conceitos que a nova sociabilidade: como uma vasta associação de indivíduos unidos voluntariamente, cujo conjunto constitui a nação ou o povo".[385] Seguindo esta mesma linha de argumentação, Pilar González afirma:

> Em que pese as diferenças entre as formas analisadas até aqui, é um fato que estas associações compartilham certas características comuns, que é se organizar a partir de formas contratuais e igualitárias de relação a partir da noção de indivíduo moderno, desenvolvendo um laço específico, o da sociabilidade associativa. Trata-se de um vínculo secundário, revogável e, portanto, de natureza contratual, que implica o compartilhamento de valores que reúnem e identificam os membros de todas as associações, apesar dos objetivos específicos de cada uma delas. Na realidade, esses intercâmbios respondem a uma mesma representação do indivíduo [como] ser racional, sociável por civilidade e social por um ato voluntário. A associação só existe no marco desses indivíduos-seres racionais, livres e iguais, que decidem formalizar seus intercâmbios a partir de um acordo comum.[386]

Esta afirmação, não obstante, deve ser matizada. Não existe um vínculo direto e necessário entre o conceito contratualista e o movimento associacionista, assim como não havia entre o desenvolvimento de um sistema de imprensa jornalística e o conceito de opinião pública, como se analisou antes. Definitivamente, a relação entre processos materiais e fenômenos conceituais não é unívoca e nem transparente. A interpretação sugerida é apenas uma das diversas leituras que esse fenômeno aceitaria. Em todo caso, as associações civis tinham também implícitas, de um modo talvez mais pertinente, outro modelo de sociedade, diferente da contratual, que é justamente o que vai remodelar o ideário liberal

---

[385] GUERRA, 1993, p. 91.
[386] QUIRÓS, 2001, p. 249.

na segunda metade do século XIX, mas cuja inteligibilidade se encontra obstruída pelo esquema que identifica o organicismo com um retorno a um ideal social pré-moderno.

Com efeito, tais associações pareciam cristalizar a forma moderna básica de auto-organização social espontânea, prévia a toda deliberação; enfim, elas seriam a encarnação atualizada do antigo ideal republicano de autogoverno, em contextos sociais heterogêneos e complexos. Sem dúvida, esta era uma perspectiva altamente estilizada daquelas. Tais organizações não eram, na verdade, nem democráticas e nem homogêneas. Enquanto algumas eram excessivamente aristocráticas ou exclusivistas (como o Círculo Francês, o Jockey Club, etc.), outras (como as associações de ajuda mútua e sindicais, as igrejas protestantes, etc.) organizaram vastos setores das classes baixas; enquanto algumas manifestaram pontos de vista políticos sumamente conservadores (especialmente aquelas ligadas à igreja católica), outras (entre as quais se incluíam não somente aquelas dos grupos políticos tradicionais e muitos dos novos sindicatos de trabalhadores, mas também as organizações criadas em torno de temas específicos, como as ligas contra as touradas ou ainda o ativo movimento feminista) mantiveram programas bastante radicais, inclusive de extrema esquerda; finalmente, enquanto algumas trabalharam em estreita aliança com o governo (como as agrupações vinculadas a educação, prevenção do crime e saúde pública), outras serviram de plataforma para a ação de forças opositoras aos regimes estabelecidos (tanto da esquerda, como da direita).

Não obstante, ainda que o caráter especializado dessas associações impusesse necessariamente restrições em relação a alguns assuntos, elas mantinham – ao menos idealmente – uma abertura para outros. Por exemplo, mesmo as associações mais exclusivas podiam ser – e de fato eram – tolerantes e permissivas em relação aos pontos de vista políticos de seus membros; ao contrário, aquelas organizações articuladas em torno de programas políticos precisos, que exigiam um forte compromisso ideológico por parte de seus integrantes, costumavam agregar e se comunicar com pessoas de diversa extração social, e assim sucessivamente. Por outro lado, esta rede de associações civis resultava, por sua própria natureza, muito mais compreensiva, socialmente falando, que o sistema político. Dela participavam, de fato, setores como os membros das colônias estrangeiras que não gozavam, por definição, de direitos políticos. Em última instância, o *sujeito* da "sociedade civil" não era o *cidadão* (como homem racional, despojado de qualquer apetite singular, que delibera na praça pública), mas o *homem* (como sujeito de interesses, inclinações e expectativas privadas, que se junta para lutar coletivamente por elas). As associações civis eram, em suma, ao mesmo tempo integradoras e exclusivistas; encarnavam um modo específico de integração social e participação política que era, segundo se postulava, igualitária e, ao mesmo tempo, sensível às condições diferenciadas de seus membros.

A *sociedade civil* se distingue, assim, dos mecanismos de conformação de uma *opinião pública*. O espaço social se fragmenta. Ele já não conforma agora um todo homogêneo, mas acolhe uma pluralidade de atores agrupados setorialmente, que não se juntam de modo coletivo para aceder a nenhuma "verdade do caso", mas apenas defender e harmonizar entre eles seus interesses específicos. A totalidade social já não se organiza a partir de uma Verdade unificada, mas de um bem comum, que nasce do próprio trabalho de mútua compatibilização da pluralidade de aspirações e demandas particulares. Surge assim um novo conceito do *trabalho de representação*, nas palavras de Voegelin, uma nova perspectiva a respeito do mecanismo da *articulação* do social. Esta não se constitui de maneira discursiva, mas estratégica, a partir do próprio jogo dos antagonismos e das transações mútuas. Sua ordem é, pois, sempre precária; deve ser continuamente reforçada e reconstruída. O espaço público se converte, assim, de um foro para o debate das ideias a uma espécie de arena para a oposição e mútua articulação de interesses sempre singulares.[387]

---

[387] Como afirmava então Alberdi: "A grande razão da superioridade da política dos interesses e conveniências sobre a política dos princípios ou direitos absolutos, é que ela torna possível a paz. Dois interesses opostos são sempre possíveis de conciliar; dois princípios opostos não conseguem ceder um ápice sem se destruir. Não existem meios direitos, nem meias verdades, na linguagem da filosofia do direito" (ALBERDI, 1996, p. 402). Este, afirma Alberdi, é o "método anglo-saxão",

Desse modo, o campo social assegura a imanência de seu âmbito, instituindo-se como um espaço autoconstituído e fechado sobre si mesmo. Com isso, se completa o segundo movimento conceitual de redução do político ao social, recolocando o mecanismo de articulação do social no interior da própria sociedade. Essa operação, não obstante, terá um preço. O reenvio da representação-figuração ao seio da sociedade levará, de modo inevitável, à internalização das aporias da representação.

Nesse ponto, no entanto, devemos voltar ao que analisamos anteriormente em relação às origens do conceito estratégico da opinião pública. A introdução da noção de representação social abriria as portas para um novo campo de aplicação, um novo terreno para a ação estratégica, levemente esboçado anteriormente, que conduz do plano da "opinião pública" ao da "sociedade civil". Isso vem de encontro ao já mencionado antes sobre o texto inicial de Lastarria, a respeito da figuração dessa sociedade a qual deve representar, segundo o conceito de representação social; isto é, como se identificam, qual é a natureza desses setores sociais aos quais o sistema institucional deve dar expressão, enfim, quais aspectos resultam relevantes para sua definição.

A afirmação de uma nova linguagem política somente se produzirá quando se descobre, por parte de uma segunda geração de pensadores positivistas, que o social como totalidade não preexiste aos modos de sua figuração, assim como os diversos grupos que o constituem. Sua unidade e identidade como tais já implicam um certo trabalho de *representação*. De fato, os grupos funcionais, diferentemente dos indivíduos que constituíram uma suposta *base natural*, não são algo meramente dado; sua conformação *participa já da ordem da política*. O campo de ação estratégica se amplia, assim, para compreender também o processo histórico de articulação de uma *sociedade civil*, que é a condição de possibilidade de uma vontade geral da nação.[388]

---

que é o da "transação", do compromisso, do arranjo conciliatório como meio de resolver seus conflitos, mediante concessões de um e outro lado.

[388] Como afirma Voegelin, "a articulação é a condição da representação". Porém, inversamente, "a fim de cobrar vida", continua, "uma sociedade deve produzir

A politização da representação política se abre agora numa politização da representação social. Somente então poderá se cristalizar a ideia formulada por Mitre, da ação política como um *trabalho da sociedade sobre si mesma*. Porém, já não se trataria de uma ação retórica (de matriz epidíctica), mas de uma intervenção material operada sobre o corpo social (este foi, de fato, o período em que tomaram forma na América Latina uma série de instituições disciplinares, como o sistema penitenciário, a educação básica, etc., que expandem concretamente a área de intervenção possível do Estado sobre a sociedade e os indivíduos). Aqui será o ponto em que encontramos o limite do "positivismo" de Lastarria. Apesar de seu *aggiornamento* em matéria de fontes teóricas, ele continuava sendo ainda um representante típico da classe política que emerge na primeira metade do século. A afirmação do ideário positivista esteve associada, pelo contrário, a uma mudança que se produziu na equipe governamental, que se traduziu, por sua vez, como um deslocamento com relação às orientações profissionais de seus membros; os advogados, como Lastarria, cederiam, então, seus lugares aos médicos.

Com efeito, a medicina apareceu nesses anos como o paradigma de uma disciplina que, ao estar ao mesmo tempo fundada no teórico e orientada para a prática, tornava-se adequada para a resolução de assuntos sociais, isto é, curar as tão frequentemente invocadas "patologias sociais e culturais" latino-americanas. Ela encarnava, enfim, o ideal *pastoralista* de um saber simultaneamente universal e individual ("a política", dizia Alberdi em 1873, "se aproxima mais da medicina do que da moral. Ela deve seus auxílios e cuidados a todos os viventes").[389] Neste ideal *pastoralista* se condensa o substrato político, o fundamento implícito e negado, ao mesmo tempo, do fenômeno associativo.[390]

---

o representante que deverá atuar por ela"; enfim, o social não preexiste aos modos de sua representação (VOEGELIN, 1952, p. 41).

[389] ALBERDI, 1996, p. 615.

[390] Sobre o conceito pastoralista, ver Palti (2005, cap. V).

A criação de sociedades científicas, especialmente médicas, aparece como parte daquele processo geral antes assinalado de auto-organização social. No entanto, isso levou a confundir dois fenômenos muito diferentes entre si. As novas sociedades médicas não eram, como as anteriores sociedades científicas, parte da *República das letras*; os novos médicos, diferentemente dos *médiciens-philosophes* do século passado, não eram homens de letras falando a outros homens de letras em pé de igualdade. Agora eles se dirigiam a uma sociedade que carecia do tipo de conhecimento que eles detinham. Os médicos passam agora a encarnar essa Verdade que foi arrancada do Estado para se alojar, por seu intermédio, na própria sociedade. A tentativa de dar conta da heterogeneidade do social, de superar a contradição entre Estado e sociedade, entre democracia (no plano da representação-legitimação) e aristocracia (no nível da representação-figuração) se resolve, assim, na disseminação do *poder*, na proliferação e imanentização dos sistemas de autoridade.

O "ponto de vista médico" resguardava, no entanto, por detrás do ideal da auto-organização, assimetrias fundamentais de poder. Tendo como meta a modelação das condutas coletivas, o desenho das políticas públicas implicava, de fato, a dessubjetivação do *público*, reduzindo a sociedade e os indivíduos a *objetos* das técnicas disciplinares, bem como do tipo específico de saber associado a elas (os especialistas sempre sabem melhor que os pacientes o que eles necessitam). Mesmo assim, a objetivação da sociedade inerente a esse ponto de vista não era necessariamente contraditória com o conceito da sociedade civil como encarnação do ideal democrático de autogoverno. A ação pastoralista não era concebida como emanando de uma instância superior à sociedade. Representava, por certo, uma definição particular do conceito de democracia como autogoverno, que seria interpretado, neste contexto, não no sentido tradicional da *autolegislação*, como se fazia nos marcos do modelo forense, mas no do *autocontrole*, termo que seria traduzido por *governabilidade*, entendido como a capacidade de um meio social dado de manter sob controle suas próprias tendências antissociais ("o *self-government* em que consiste a liberdade", dizia Alberdi, "começa no homem pelo governo de sua própria vontade, pelo domínio de si mesmo").[391]

Vemos aqui as consequências do reenvio da representação-figuração ao seio da sociedade civil, algo sobre o qual Lastarria já não conseguiria tematizar. Esse traslado produzirá uma divisão em seu seio. Desse modo, a sociedade civil se converte, ao mesmo tempo, em objeto e sujeito da representação, porém ambas dimensões se desdobram nas figuras do médico-sujeito-representante e do paciente-objeto-representado. Voltamos a encontrar aqui os paradoxos da representação, projetados agora num plano superior (o da representação social). Em definitivo, nos marcos deste conceito estratégico da ação política, a *re-presentação* social (o trabalho dos especialistas) somente se justifica sob o pressuposto da existência de uma defasagem entre os interesses objetivos e a manifesta vontade subjetiva dos sujeitos representados. Esta vontade cobra sentido sobre a premissa de que os sujeitos não conseguem identificar e representar, por si mesmos, sua identidade e natureza, o que leva novamente à ruptura, do vínculo representativo. Tão logo esta excisão perca esse véu que a naturalizava e se torne objeto de escrutínio crítico, o conceito positivista desnudará suas inconsistências, colocando de manifesto a natureza aporética da noção de representação social. O projeto de mútua redução do político e do social, tornando ambos domínios coextensivos, de buscar uma coincidência substantiva entre representante e representado mediante o expediente de assegurar um vínculo existencial entre ambos, acabaria se revelando inviável na prática e insustentável na teoria,[392] porém, não por isso menos fundamental, se o que se pretendia era conciliar a ideia representativa com o princípio democrático.

Em síntese, o positivismo, ao mesmo tempo em que abre a política aos processos de articulação das identidades subjetivas, oculta a natureza política de sua operação atrás do manto de um

---

[391] ALBERDI, 1996, p. 355.
[392] No plano da teoria política, esta nova mudança conceitual vai derivar, por sua vez, numa nova crise do conceito de *sistema de partidos*. Os textos clássicos a respeito são de Michels (1914); Ostrogorski (1964); Weber (1977).

saber objetivo do social. Por outro lado, se o novo modelo estratégico da sociedade também não poderia prescindir ainda de uma certa ideia de Verdade, de uma instância transcendente à própria política, a questão é que vai remetê-la a um plano diferente, anterior e mais primitivo, de realidade. A realidade, no final das contas, já não se situa no nível dos objetos da deliberação coletiva, mas nos modos de definição de seus próprios sujeitos. Em todo caso, pensar a instituição de uma ordem já desprovida de qualquer fundamento objetivo, de qualquer Verdade, é algo que está mais além do horizonte do pensamento do século XIX, o que nos leva a um universo conceitual radicalmente distinto.

No entanto, analisar como esse novo modelo *estratégico* da *sociedade civil* entra em crise, escapa ao alcance do presente estudo.[393] Aqui nos interessa assinalar como a mudança conceitual, introduzida pelo positivismo, supôs uma alteração das linguagens políticas, uma reformulação dos modos de definição das categorias políticas fundamentais, tão crucial como a que se produziu juntamente com a crise instalada pela Independência. É importante ressaltar que não caberia de nenhum modo pensar nesta mudança como um retorno a um ideal pré-moderno de sociabilidade, ou como uma espécie de formação ideológica transacional entre "modernidade" e "tradição". Pelo contrário, ela representou um aprofundamento da imanentização do conceito do poder, indicando uma tentativa mais radical de explicar as contradições resultantes da quebra de qualquer garantia transcendental do ordenamento institucional, demarcando assim um ponto superior na problematização do

---

[393] No século seguinte, o peruano Mariano Cornejo começaria refletir, ainda numa perspectiva positivista, sobre alguns dos problemas que seriam colocados pelo conceito associacionista. Entretanto, para ele os males que este conceito acarreta só podem ser remediados pelo desenvolvimento do associacionismo. "O número crescente de associações", afirma, "gera um resultado que de certo modo se opõe aos próprios mecanismos de sentimento solidário, cuja tendência é sobrepor o amor do grupo sobre o egoísmo, já que a supremacia do grupo é inversamente proporcional ao número de associações às quais pertence um mesmo indivíduo. Este indivíduo é compreendido em relação a uma única associação, sendo completamente absorvido por ela (CORNEJO,1980, p. 488).

conceito liberal-republicano. A tarefa já não será perguntar como, por que e em nome de quais direitos podem os sujeitos aceitarem se submeter, mas mostrar como se produzem concretamente as relações de subordinação. Assim como a mutação político-conceitual produzida com a Independência supôs uma ampliação concreta do âmbito da política, compreendendo aquilo que nos imaginários tradicionais aparecia como dado, uma emanação de uma ordem transcendente (as normas fundamentais constitutivas da comunidade), a nova linguagem surgida na segunda metade do século supôs, por sua vez, a incorporação ao âmbito da política de uma instância de realidade (os modos de articulação dos sujeitos coletivos e sua representação institucionais como tais), que nos marcos do anterior modelo forense aparecia como premissa. Superado este umbral, já não caberia também um novo retorno; seria impossível reconstruir a série de idealizações nos quais aquele estava fundado. Definitivamente, isso determina um princípio de irreversibilidade dos processos conceituais, que não vem dado pelo *telos* na direção do qual se orientam, ou deveriam se orientar (posto que não existia "nem diretor, nem roteiro, nem papéis definidos de antemão"),[394] mas pelas próprias realizações precedentes, a História de *efeitos* que organiza os discursos num horizonte aberto, contingente, voltando assim "à compreensão dos regimes políticos modernos como uma tarefa histórica, antes de mais nada: um longo e complexo processo de invenção", como pedia Guerra.[395]

---

[394] GUERRA, 1999b, p. 56.
[395] GUERRA, 1999a, p. 35.

CONCLUSÃO

A História político-intelectual como História de problemas

> *Longe de corresponder a uma incerteza prática sobre seus diferentes modos de funcionamento, o sentido flutuante da democracia participa fundamentalmente de sua essência.*
>
> Pierre Rosanvallon, *Por una historia conceptual de lo político*

> *Alguém que falta nos obriga a escrever, não cessa de se escrever em viagens para um país do qual estou distante. Ao precisar o lugar de produção, antes de mais nada, queria evitar o "prestígio" (impudico, obsceno, em seu caso), de ser tido como um discurso acreditado por uma presença, autorizado a falar em seu nome, enfim, que supõe do que se trata.*
>
> Michel de Certeau, *La fábula mística*

Um artigo recente de Terence Ball ilustra a encruzilhada perante a qual se encontra hoje a História intelectual. No texto, Ball discute a tese da essencial refutabilidade (*contestability*) dos conceitos,[396] que afirma que o sentido dos conceitos medulares do discurso ético, político e científico nunca podem ser fixados de um modo definitivo; isto é, "não existe nem podem existir critérios comuns compartilhados para decidir o que realmente significa, na estética, a 'arte', ou, na política, a 'democracia' ou 'igualdade'".[397] Tal tese, como afirma o autor, resultaria atrativa especialmente para

---

[396] Ver Connolly (1983).
[397] BALL, 2002, p. 21.

os historiadores, uma vez que não aporta apenas uma perspectiva para compreender a mudança conceitual, mas, além disso, permite fazê-lo de um modo significativamente neutro. A partir dessa perspectiva, nenhuma teoria política poderia se afirmar como superior ou mais verdadeira que qualquer outra. De fato, como confessa Bell, ele mesmo compartilhou essa teoria por muito tempo, até começar a encontrar suas deficiências.[398]

Em primeiro lugar, ele afirma, o postulado compreende uma falácia metodológica, uma vez que parte do fato contingente de que certos conceitos foram historicamente refutados (*contested*) para extrair dali uma lei universal acerca de sua natureza. Por outro lado, acarretaria, em segundo lugar, implicações éticas negativas, dado que se não houvesse forma de fixar o sentido dos conceitos fundamentais, se cada um deles pudesse ser interpretado à sua maneira, a própria ideia de comunidade se tornaria inconcebível.

> Se os conceitos constitutivos do discurso político, portanto, da vida política, fossem, com efeito, *essencialmente* refutáveis, então não existiria linguagem moral comum ou léxico cívico, logo, não existiria comunicação, logo, não existiria comunidade, incluindo a própria *esperança* de estabelecer e manter uma comunidade cívica. Se a tese da refutabilidade essencial estivesse certa, então o discurso político e, portanto, a vida política, se tornaria impossível, exatamente pelas mesmas razões pelas quais a civilidade e a vida social são impossíveis no estado de natureza imaginário e solipsista de Hobbes: cada indivíduo é uma mônada, radicalmente desconectado de qualquer outro indivíduo, na medida em que fala uma espécie de linguagem privada criada por ele mesmo. Uma vez que estas linguagens individuais não podem ser traduzidas ou entendidas mutuamente, cada falante é inevitavelmente um estranho e um inimigo para os demais.[399]

---

[398] O prólogo ao *Conceptual Change and the Constitution* [Mudança conceitual e Constituição], que Ball escreve juntamente com Pocock, é, de fato, um dos argumentos mais fervorosos a favor dessa tese. Ver Ball (1988, p. 1-12).

[399] BALL, 2002, p. 24.

Em última instância, afirma Ball, a tese mencionada tem implicações autoritárias. Em caso de que aparecessem discordâncias a respeito do sentido de conceitos tais como "poder", "liberdade", "justiça", etc., o entendimento mútuo seria conseguido somente por dois meios, a conversão ou a coerção: "e, presumivelmente, aqueles que não possam ser convertidos, devem ser coagidos (excluídos, silenciados, ridicularizados, ignorados, etc.)".[400]

Esse autor assinala um ponto fundamental, apesar da forma que utiliza para tanto não ser de todo apropriada. É evidente que afirmar que a tese da essencial refutabilidade dos conceitos conduz a uma espécie de solipsismo, tornando impossível toda forma de comunidade, é exagerado e, em última instância, equivocado. O que a tese sustenta, na verdade, é a impossibilidade de uma comunidade se constituir de maneira plena como uma totalidade orgânica, perfeitamente integrada e homogênea. Como afirma Pocock, toda sociedade relativamente complexa guarda uma pluralidade de códigos ou linguagens políticas.[401] O certo é que a tese da refutabilidade dos conceitos não nega, em princípio, a possibilidade de fixar seus sentidos; apenas reafirma que isso só é possível dentro dos marcos de uma determinada comunidade política ou linguística.[402]

Assim formuladas, as diferenças entre ambas as posturas perdem seu caráter de irredutibilidade (de fato, Ball não ignora que o sentido dos conceitos muda com o contexto de sua enunciação). Porém, deste modo, perdemos também o núcleo da controvérsia. Ball está correto, na realidade, quanto ao fato de que esta tese traz implícita uma premissa mais "forte", a qual ele recusaria. De acordo com ela, não somente qualquer fixação de sentido seria inevitavelmente parcial, pois é relativa a uma linguagem particular, mas, além disso, seria também sempre precária.

---

[400] BALL, 2002, p. 23.
[401] POCOCK, 1991, p. 1-36.
[402] Quem sustentou esta afirmação de um modo mais sistemático foi Stanley Fish, em seu provocativo texto "Is There a text in this Class?" (Cf. FISH, 1980).

Isso ocorre graças às causas que remetem não tanto ao contexto histórico externo, no qual se desenvolvem a linguagens, mas a razões muito mais inerentes, intrínsecas ("essenciais") a elas. Um artigo de Sandro Chignola é ilustrativo a respeito.[403]

Nesse artigo, Chignola diferencia duas etapas no desenvolvimento recente da história conceitual italiana. A primeira aparece centrada em torno de Pierangelo Schiera e do Instituto Ítalogermânico de Trento, que nos anos 1960 renovaram de maneira decisiva os enfoques relativos à História constitucional.[404] Seu modelo interpretativo, de matriz hintzeana,[405] permitiu a revalorização do elemento linguístico na articulação das relações políticas, enfatizando, assim, a necessidade de historicizar os conceitos a fim de proceder a uma reconstrução mais precisa, *típico-ideal*, da experiência político-constitucional moderna.

Uma segunda vertente historiográfica, identificada com a obra do Grupo de Investigación de los Conceptos Políticos Modernos, dirigido por Giuseppe Duso no Instituto de Filosofia da Universidade de Pádua, irá, no entanto, um pouco mais além, reformulando o objeto mesmo da História conceitual.[406] Segundo propõe esta escola, para descobrir o sentido das categorias políticas modernas não basta traçar longas genealogias conceituais ou historicizar seus usos. O que se necessita, por outro lado, é uma tarefa de "crítica e desconstrução". "Se os conceitos políticos modernos possuem uma historicidade específica", insiste Chignola, então "será possível reabrir a discussão em torno deles e de seu intrínseco caráter aporético".[407]

Como vemos, ambas correntes estão de acordo quanto à historicidade dos conceitos. Ambas também se distanciam dos cânones da antiga História das ideias. No entanto, partem de visões

---

[403] CHIGNOLA, 2003, p. 27-68.

[404] As ideias historiográficas desta geração de autores se encontram condensadas em Schiera (1970).

[405] O livro de Schiera, *Otto Hintze* (1974), foi importante na difusão das ideias históricas deste último autor na Itália.

[406] Ver, a respeito, Duso (1999a; 199b).

[407] CHIGNOLA, 2003, p. 35.

muito diferentes com respeito à fonte e a natureza da temporalidade histórico-intelectual. A primeira fase na temporalização dos conceitos busca revelar que as mudanças sofridas pelos conceitos ao longo do tempo não seguem nenhum padrão preestabelecido e orientado para a realização de uma meta final, que é o esclarecimento da verdadeira definição de tal conceito. Entretanto, a indefinibilidade dos conceitos está associada aqui ainda a fatores de natureza estritamente empírica. Ela indica uma condição fática, um acontecimento circunstancial. Porém, nada impede, em princípio, que estes conceitos consigam estabilizar seu conteúdo semântico. Dessa perspectiva, caso ninguém decida questionar ou alterar o sentido de uma categoria, este poderia se prolongar de maneira indefinida. Não existe nada intrínseco aos conceitos que nos permita anunciar ou entender por que suas definições estabelecidas se tornam instáveis e, chegado o caso, sucumbem. A historicidade aqui é, ao mesmo tempo, inevitável e contingente. Os conceitos, com efeito, mudam com o tempo, mas a historicidade não é uma dimensão constitucional deles. Para dizer com as palavras de Ball, eles sempre são, de fato, refutados, o que não significa que sejam *essencialmente* refutáveis.

O desenvolvimento de uma perspectiva mais forte a respeito da temporalidade dos conceitos supõe o traslado da fonte da contingência do contexto externo para o seio da própria História intelectual. De acordo com este último ponto de vista, o fato de que os conceitos não possam ter seus significados fixados não se refere, com efeito, a uma mera corroboração empírica, algo que eventualmente poderia não ocorrer, ainda que nos fatos isso sempre aconteça. Isso indica, pelo contrário, uma condição inerente a eles: que seu conteúdo semântico nunca é perfeitamente autoconsistente, logicamente integrado, mas algo contingente e precariamente articulado.[408]

---

[408] Segundo a minha compreensão, quem melhor define esta operação é Hans Blumenberg, quando discute a teoria da secularização. O que, para Blumenberg, a modernidade herda das antigas escatologias não é nenhuma série de conteúdos ideais traduzidos numa perspectiva secular, mas, fundamentalmente, um vazio resultante da ruptura das cosmovisões cristãs. Estas já não aportarão respostas a

Isso implica uma visão já muito distinta a respeito da temporalidade dos conceitos. Significa que, mesmo no caso improvável – e em longo prazo simplesmente impossível – de que os conceitos mudassem seu sentido, eles permaneceriam, de todo modo, sempre refutáveis, por sua própria natureza. Enfim, se o significado dos conceitos pode ser fixado de um modo determinado, não é porque ele muda historicamente; ao contrário, ele muda historicamente porque não pode ser fixado de um modo determinado. Não obstante, a fim de descobrir por que toda fixação de sentido é constitutivamente precária, devemos percorrer um campo semântico inteiro, ou seja, devemos transcender a História das ideias ou dos conceitos em direção a uma História das linguagens políticas. Definitivamente, reconstruir uma linguagem política supõe não apenas observar como o significado dos conceitos mudou ao longo do tempo, mas também, e principalmente, *o que impedia que estes conceitos alcançassem sua plenitude semântica.*

Isso é o que Pierre Rosanvallon chama, com mais precisão, de "uma História conceitual do político". Esta se propõe a deslocar as visões formalistas, típico-ideais, da História intelectual, que veem as formações conceituais como sistemas autocontidos e logicamente estruturados. Segundo afirma Rosanvallon, tais visões escondem sempre um impulso normativo que leva a deslocar o objeto histórico particular a fim de recolocá-lo num sistema de referências ético-políticas. Desta forma, deixam escapar a "coisa mesma" do político, que é, segundo assegura, sua essência aporética. O caso de Ball é um bom exemplo das tendências normativistas subjacentes às perspectivas "fracas" da temporalidade dos conceitos

uma pergunta – a respeito do sentido do mundo – frente a qual, entretanto, a modernidade poderia permanecer indiferente. Em última instância, as diversas linguagens políticas modernas serão, nada mais nada menos, que outras tantas tentativas de preencher significativamente esse vazio, tratar de entender, tornar inteligível, criar sentidos a fim de tornar suportável um mundo que, perdida toda e qualquer ideia de transcendência, já não pode deixar de confrontar, e nem mesmo aceitar, a radical contingência ("irracionalidade") de seus fundamentos; isto é, a "essencial refutabilidade" das categorias nucleares de todo discurso ético ou político pós-tradicional.

políticos.[409] A questão, no final das contas, para Rosanvallon, não é "procurar resolver o enigma [da política moderna] impondo a ela uma normatividade", como se uma ciência pura da linguagem ou do Direito pudesse indicar aos homens aquela solução razoável, frente a qual não teriam outro remédio a não ser aceitá-la, mas "considerar seu caráter problemático", a fim de "compreender o seu funcionamento".[410] Isso implica uma reformulação fundamental dos modos de abordar a História político-intelectual: "o objetivo – assinala – não é apenas opor de forma banal o universo das práticas ao das normas. Trata-se de partir das antinomias constitutivas do político, antinomias cujo caráter se revela unicamente no transcurso da História".[411]

Encontramos aqui, assim, uma segunda formulação, muito mais substantiva, a respeito da natureza da discordância entre ambas as escolas que viemos analisando. Este desacordo remeteria a perspectivas muito diferentes quanto à origem da temporalidade que, irremediavelmente, está presente nos conceitos políticos modernos. Enquanto a primeira situa sua fonte na brecha inevitável que separa as normas das práticas, para a segunda, esta é resultado de antinomias constitutivas. A fonte externa da temporalidade somente tornaria manifesta esta outra forma de temporalidade, inscrita já no interior de toda formação conceitual, que tinge de contingência o próprio universo normativo. As duas correntes historiográficas que Chignola distingue para o caso italiano ilustrariam, na realidade, uma oscilação característica na História

---

[409] A ideia de Rosanvallon de uma "História conceitual do político" supõe, de fato, uma inversão da perspectiva de Ball, a respeito das supostas implicações da tese da refutabilidade dos conceitos. Não é, na verdade, a impossível fixação do sentido dos conceitos políticos fundamentais o que torna impossível a política. Pelo contrário, se este sentido pudesse ser determinado de um modo objetivo, a política perderia *ipso facto* todo sentido; a resolução dos assuntos públicos deveria em tal caso ser confiada aos especialistas. Não haveria lugar, enfim, para as diferenças legítimas de opiniões a respeito do assunto; somente existiriam aqueles que *conhecem* essa verdadeira definição e aqueles que a *ignoram*.

[410] ROSANVALLON, 2001, p. 41-42.

[411] ROSANVALLON, 2001, p. 43.

intelectual, conforme é entendida hoje. Enquanto a primeira a remete a uma situação na qual ela beira a velha tradição da História das *ideias*, a segunda transfere a disciplina para um terreno novo e distinto, abrindo-a a um horizonte ao qual seria mais oportuno chamar de uma História das *linguagens políticas*. Na medida em que se trata de uma encruzilhada com a qual toda disciplina se enfrenta, também a História intelectual latino-americana não permanecerá alheia a ela.

Com efeito, a crítica revisionista está estreitamente associada à primeira das correntes italianas assinaladas por Chignola. Ela expressa a tentativa de introduzir um novo sentido da temporalidade das formações conceituais, superando os esquemas teleológicos da História das ideias. Entretanto, ela ainda é concebida como uma condição meramente factual, que emana da brecha que separa o reino das normas do âmbito das práticas efetivas. As normas não são, elas mesmas, vistas como contingentes, mas apenas num sentido debilitado; para os autores revisionistas já não existiria, com efeito, um conceito eternamente válido de democracia, mas um conceito verdadeiro de democracia representativa moderna, que é o que as elites latino-americanas do século XIX ainda não tinham conseguido entender, ou conseguido realizar, produzindo uma vasta espécie de fenômenos naturais anômalos e povoando a linguagem política de "hibridezes" conceituais.

Como o caso de Ball ilustra, debaixo dessa versão debilitada da temporalidade dos conceitos é possível perceber a presença de tendências normativas, que terminam reinscrevendo estas correntes revisionistas dentro dos mesmos marcos teleológicos que se propuseram desmontar. Romper com essa leitura, na verdade, supõe uma tarefa subsequente "de crítica e desconstrução", requer socavar a aparência de perfeita racionalidade e naturalidade dos "tipos ideais", introduzindo neles um princípio mais forte da temporalidade dos conceitos; enfim, exige passar de uma História centrada nos conteúdos ideais dos discursos para outra, orientada a detectar os núcleos problemáticos ao redor dos quais se abriria o debate político.

O século XIX latino-americano: uma visão político-conceitual

De acordo com a análise anterior, ao longo do período em questão é possível observar quatro grandes núcleos problemáticos que vão tensionar o debate político. O primeiro remete ao caráter equívoco do *sujeito* da soberania. O *povo* será "um amo indissociavelmente imperioso e inapreensível".[412] Na condição de sujeito e objeto simultâneo de seu próprio discernimento, ele não poderá (con)figurar a si mesmo sem se pressupor como tal. Assim, deverá se afirmar e se negar de maneira simultânea. O segundo núcleo problemático se refere à indeterminabilidade da *sede* da soberania. Isto se vincula à dupla natureza do cidadão moderno. Despojada a soberania de sua natureza transcendente, surge o paradoxo de que aquele que virá a ser o soberano, será também o súdito, sendo que somente poderá se tornar o primeiro se aceita se converter no segundo. Seu caráter como tal somente poderá ser atualizado sob a condição de se perder. Aqui se manifestará, em última instância, uma problemática maior, que é a radical impossibilidade de conciliar o princípio de soberania popular com as condições fáticas de poder, inerentes a todo sistema institucional regular. O terceiro dos núcleos problemáticos deriva, por sua vez, daí. Este se refere à incerteza relativa aos *fundamentos* da soberania, o que explica o duplo nascimento da política moderna. O ordenamento institucional fundará sua legitimidade na *vontade*, mas tomará seu sentido da *razão*. Ambos os princípios remeterão um ao outro de forma permanente, dado o vínculo inquebrantável e destrutivo que os une, ao mesmo tempo, impedindo que estas categorias fixem seu conteúdo referencial.[413] O quarto e último núcleo problemático, no

---

[412] ROSANVALLON, 2001, p. 23.

[413] Com efeito, como vimos, a *vontade geral* somente poderia se constituir como tal na medida em que se sustentasse sobre um fundamento racional; somente este fundamento poderia prover um horizonte de objetividade que tornasse possível um consenso assumido de maneira voluntária. Isto significa, no entanto, que aqueles conteúdos normativos nos quais a vontade se sustenta escapam ao seu alcance, não

qual se condensam os três anteriores, refere-se à incapacidade dos modos de *atualização/manifestação* da soberania se deixarem fixar; isto é, algo que se conhece como o "paradoxo da representação". Em condições pós-tradicionais, perdida a visibilidade que oferece o monarca como encarnação mística da própria república, a representação se converterá num *trabalho*, sempre inacabado, na medida em que somente haverá de ocorrer precisamente a partir da aresta na qual o vínculo representativo se rompe.

Esse quádruplo *impasse* (relativo ao sujeito, à sede, aos fundamentos e aos modos de manifestação da soberania) abrirá uma fissura na História intelectual, através da qual vai irromper a temporalidade, deslocando o âmbito regrado dos tipos ideais e abrindo o horizonte para sua dimensão *política* negada. Esse impasse delimita, assim, um universo discursivo, em cujo perímetro exterior já não se situam os supostos conteúdos ideais, nenhum conjunto de normas e valores que o demarcam e a cuja figuração plena os desenvolvimentos conceituais produzidos em seu interior tendem (ou deveriam tender), mas um entramado de problemáticas para as quais não há soluções válidas *a priori;* assim, o teor das respostas que eventualmente venham a ser elaboradas não poderá ser pré-determinado, mas será, de algum modo, revelado somente no próprio trabalho de reconstrução histórica. Em última instância, a História intelectual latino-americana do século XIX não é nada mais que a História dos diversos modos de confrontar estas aporias constitutivas da política. Trata-se também de fixá-las simbolicamente, de miná-las em sua irredutível singularidade, dando lugar, assim, às sempre precárias e instáveis constelações intelectuais.

A este primeiro objetivo (identificar os núcleos problemáticos que recortam a História político-intelectual latino-americana do

---

sendo eles mesmos considerados obra da vontade, mas impostos a ela como uma ordem objetiva. A questão, não obstante, é que, em condições pós-tradicionais, já não haverá também instância nenhuma, fora da própria vontade popular, capaz de decidir a respeito. A razão não poderá, assim, evitar se tornar, ela mesma e de forma permanente, matéria de opinião, o que levaria à sua destruição como tal. Assim, um e outro princípio se superpõem e se excluem, mutuamente.

século XIX), subjaz outro não menos central em nosso projeto: enfrentar as tendências normativas enraizadas na disciplina.[414] Será, em suma, a mesma tarefa à qual as correntes revisionistas se lançaram, sem alcançar, no entanto, sua completa realização. E isso, como indicamos, tem fundamentos conceituais precisos e está relacionado com uma visão limitada da temporalidade dos conceitos que a reduz a uma mera condição fática, o que nos devolve ao esquema "da tradição à modernidade".

Por trás do uso que a escola revisionista faz desses termos subjaz, na verdade, uma falácia lógica. Como vimos, a ruptura do vínculo colonial pode ser definido em tais termos. Mesmo com alguns problemas, a mencionada fórmula representa, mais ou menos adequadamente, a natureza da inflexão político-conceitual que então se produziu. O problema surge, na verdade, de um deslizamento conceitual sub-reptício introduzido por esta escola, mediante o qual as categorias de "tradição" e "modernidade" vão perder seu vínculo com as entidades históricas que originariamente designavam, passando a assinalar uma espécie de antinomia eterna que percorreria e explicaria toda a História político-intelectual latino-americana até o presente, adquirindo, em seu transcurso, claras

---

[414] Isso dará lugar ao que chamo de "síndrome de Alfonso o sábio". Segundo dizem, o monarca espanhol costumava afirmar que se Deus o tivesse consultado antes de criar o mundo, certamente este teria saído muito melhor. Do mesmo modo, como assinalara Guerra em sua crítica às versões épicas da História das ideias, os historiadores locais nunca deixaram de se lamentar de que as elites latino-americanas do século XIX não os tivessem consultado, ao erigir os regimes institucionais locais. O caso de Alfonso o sábio resulta também ilustrativo dos problemas que essas tendências normativas produzem. O rei, ao fazer tal afirmação, estaria pensando em certos aspectos irracionais, que seriam observados na estrutura do universo. Com efeito, a astronomia ptolomaica, da qual ele dispunha devido a seu caráter geocêntrico, obrigava a introduzir uma série de movimentos estranhos, irracionais (os famosos epiciclos), a fim de poder explicar a trajetória efetiva dos planetas. Seu exemplo deveria servir de advertência: é sempre prudente suspeitar que a aparente irracionalidade dos fenômenos certamente expressa problemas que tem a ver menos com a realidade que se estuda do que com o próprio instrumento de análise que se utiliza na abordagem. Essa poderia ser, na verdade, a razão que levaria a tornar o objeto algo incompreensível.

conotações valorativas. Isso terá como resultado, por fim, a dupla cadeia de equivalências antinômicas modernidade = atomismo = democracia, em oposição a tradição = organicismo = autoritarismo, sobre cuja base giram todas as interpretações revisionistas.

Em síntese, mediante este deslizamento, "tradição" e "modernidade" deixarão de ser categorias históricas que remetem a horizontes conceituais temporalmente localizáveis, para se converter naquilo que Koselleck chama de "contraconceitos assimétricos",[415] nos quais um será definido por oposição ao outro como seu reverso negativo. Juntos, ele vão projetar uma ordem fechada,[416] perfeitamente autocontida, cuja mútua oposição esgotará o universo conceitual da política, tornando-o legível em sua totalidade. Todo o conteúdo que houver nele será classificado ou como tradicional, ou como moderno, ou então, eventualmente, como uma combinação, em doses variáveis, de tradição e modernidade. Já não restará lugar, *a priori*, para alternativas possíveis.

A questão é que tal deslizamento conceitual não apenas esvaziará a História político-intelectual local de todo sentido substantivo, reduzindo-a a uma série de mal-entendidos sobre o sentido das categorias políticas modernas, mas também tornará a pesquisa histórica perfeitamente previsível. O que haverá de ser encontrado já sabemos de antemão: as contaminações tradicionalistas que impregnaram o ideário liberal em sua tentativa de aplicação a um contexto que não era adequado a ele. O trabalho do historiador das ideias deixará, enfim, de ser uma empresa verdadeiramente hermenêutica, para se reduzir à tarefa rotineira de comprovação empírica do que o próprio esquema estabelece previamente, a coleta de exemplos reiterados que, de maneira inevitável, haverá de verificar a vigência da oposição de base, pelo simples motivo de que o próprio esquema interpretativo exclui por definição qualquer outra possibilidade. Assim, carente de um princípio mais forte

---

[415] KOSELLECK, 1993, p. 205-250.

[416] Como dizia Kant (*Metafísica dos costumes* [1785]), "dividir em duas partes um conjunto de coisas heterogêneas não conduz a nenhum conceito determinado" (*apud* KOSELLECK, 1993, p. 209).

de temporalidade (historicidade) dos conceitos, cega à dimensão ultimamente contingente inscrita em seus próprios fundamentos, a recaída da escola revisionista nas visões teleológicas que procura desmontar foi inevitável.

Isso apenas mostra que não basta questionar os conteúdos dos enfoques tradicionais para se livrar do tipo de teleologismo sobre o qual eles se fundam. Para fazê-lo, é necessário penetrar e minar seus pressupostos epistemológicos de base. E isso inverte a referência com a qual começamos nosso estudo. Se o esquema dos modelos e dos desvios aparecia até aqui como o único imaginável, com o qual se podia tornar relevante o estudo das ideias locais, uma vez perdido o pressuposto da perfeita transparência e racionalidade dos "tipos ideais" e, ao mesmo tempo, minadas as visões essencialistas implícitas nas referências à cultura local, toda tentativa de devolver a ele um sentido substantivo, convertendo a historiografia conceitual latino-americana numa autêntica empresa hermenêutica, passará de maneira ineludível pelo deslocamento desse esquema; suporá, por fim, a tarefa de socavar criticamente o velho tópico das "ideias fora de lugar", sobre o qual ele se funda.

APÊNDICE

Lugares e não lugares das ideias na América Latina[417]

> *Se é necessário dessubjetivizar, o quanto antes, a lógica e a ciência, não menos indispensável é, em contrapartida, desobjetivar o vocabulário e a sintaxe.*
>
> Claude-Louis Estève, *Études philosophiques sur l'expression littéraire*

Em 1973, Roberto Schwarz publicou *As ideias fora do lugar*,[418] trabalho que marcou profundamente uma geração de pensadores na

---

[417] Agradeço a Erika Pani, aos membros do Seminario de Historia de las ideas, los intelectuales y la cultura, do Instituto Dr. E. Ravignani da UBA, aos participantes do seminário sobre História Atlântica dirigido por Bernard Bailyn e realizado, sob o título *"The Circulation of Ideas"* [A circulação das ideias], em agosto de 2000, na Universidade de Harvard, bem como ao seminário de História das ideias, organizado por Carlos Marichal e Alexandra Pita, no Colegio de México, pois com todos tive a oportunidade de discutir o presente trabalho. Agradeço também a Elisa Pastoriza e Liliana Weinberg, que me convidaram para apresentar seminários sobre o tema na Universidad de Mar del Plata e no CCyDEL-UNAM, respectivamente. O presente ensaio foi originalmente publicado pelo CCyDEL da UNAM, com o título "El problema de 'las ideas fuera de lugar' revisitado: más allá de la 'Historia de ideas'", na série Cuadernos de los Seminarios Permanentes. Agradeço ao CCyDEL e a Liliana Weinberg por me permitirem reproduzir o texto aqui.

[418] SCHWARZ, 2000, p. 9-32 (originalmente publicado em 1977). A paginação aqui utilizada corresponde a esta última edição. Há uma tradução para o espanhol em: AMANTE, Adriana; GARRAMUÑO, Florencia (Orgs.). Las ideas fuera de lugar. In: *Absurdo Brasil: polémicas en la cultura brasileña*. Buenos Aires: Biblos, 2000. p. 45-60.

América Latina. Primeiramente, esse ensaio tinha como objetivo servir de base teórica àqueles pensadores que, por meio de uma postura "progressista", tentavam fazer frente à forte influência exercida pelas tendências nacionalistas nas organizações de esquerda nos anos 1960 e 1970.[419] Entretanto, o conceito de "ideias fora do lugar" logo se expandiu, revelando-se particularmente produtivo para teorizar sobre o desenvolvimento problemático das ideias na História latino-americana. Sendo assim, após um quarto de século, a contribuição de Schwarz precisa, contudo, ser reconsiderada. No decorrer dos últimos anos, a aparente perda de centralidade dos Estados nacionais ajudou a revelar a complexidade inerente aos processos de intercâmbio cultural, oculta pela perspectiva que tendia a concebê-los exclusivamente em termos de relações internacionais (ou inter-regionais). Por outro lado, isso coincide com a emergência de uma série de novos conceitos, apresentados por aquelas disciplinas dedicadas especificamente a analisar esses processos, o que nos obriga a reconsiderar alguns dos pressupostos implícitos nessa perspectiva a fim de reformulá-la.

O objetivo deste apêndice é tentar explorar, à luz dos eventos ocorridos no final deste último século, novos enfoques relativos à dinâmica particular dos processos de intercâmbio cultural nas zonas periféricas, utilizando para isso ferramentas conceituais fornecidas pelo desenvolvimento recente alcançado nas disciplinas e teorias da área. Como se procura demonstrar, o conceito de Schwarz contém alguns equívocos, derivados de uma teoria linguística bastante simples (inerente à História das "ideias") que reduz a linguagem à sua função meramente referencial. Uma distinção mais precisa dos níveis de linguagem permitirá revelar aspectos e problemas obliterados por essa perspectiva. No entanto, a proposta de Schwarz pode ainda ser separada de seus pressupostos linguísticos a fim de ser reelaborada, fornecendo, portanto, um quadro teórico mais adequado para compreender a complexidade inerente aos processos

---

[419] Ver Schwarz (1992, p. 61-62). As tendências nacionalistas no Partido Comunista Brasileiro se traduziram, concretamente, no apoio a uma aliança cívico-militar. A esse respeito, ver Pécaut (1990, p. 205-222).

de intercâmbio cultural e, mais especificamente, ao tipo de problemática das ideias que Schwarz se propôs analisar.

Dos lugares e não lugares das ideias

Para compreender o sentido do conceito de "as ideias fora do lugar" de Schwarz, é necessário situá-lo no interior do quadro conceitual em que surgiu. Schwarz procurou por meio desse conceito, basicamente, traduzir pela via cultural os postulados da chamada "teoria da dependência", cujo núcleo foi criado no "Seminário Marx", organizado nos anos 1960, em São Paulo (do qual Schwarz participou).[420] Como se sabe, essa teoria tinha por intuito debater as teses "dualistas" do desenvolvimento capitalista, que compreendiam as zonas periféricas como meros vestígios pré-capitalistas que historicamente tendiam ao desaparecimento (o que levava a pensar que na região deveria ser reproduzido, pelo menos idealmente, o modelo de desenvolvimento dos países centrais). Os defensores da teoria da dependência pressupunham, ao contrário, a existência de uma dinâmica complexa entre "centro" e "periferia", os quais constituíam instâncias inerentes a um mesmo processo de desenvolvimento capitalista, formando, assim, um único sistema interconectado. Contudo, a "periferia" seria uma criação do próprio sistema capitalista, cujo caráter, enquanto tal, não estaria determinado pela origem (pré-capitalista), mas pela posição atual no sistema econômico mundial.[421] Assim, as consequências paradoxais da modernização na região não indicariam tanto uma "anomalia local", mas manifestariam contradições próprias do mesmo sistema capitalista. "Desse ângulo",

---

[420] PÉCAUT, 1990, p. 217-220.

[421] Essa perspectiva foi resultado de um trabalho de revisão historiográfica que transformou fundamentalmente nossa imagem do século XIX brasileiro. Os estudos realizados pelos membros desse grupo girariam, basicamente, em torno do objetivo de demonstrar até que ponto a escravidão no Brasil havia sido funcional para o sistema capitalista. Os trabalhos principais a esse respeito são os de Furtado, (1959) e Cardoso (1977), originalmente publicado em 1962. Um bom compêndio das ideias dependentistas está em Marini (1994) e Kay (1989). Para uma resenha crítica, ver Schwartz (1999b, p. 181-208).

afirmaria mais tarde Schwarz, "o cenário brasileiro lançava uma luz reveladora sobre as noções metropolitanas canônicas de civilização, progresso, cultura, liberalismo, etc.".[422]

A contribuição específica de Schwarz consistiu em perceber o potencial contido nos postulados dependentistas, que até então haviam sido aplicados apenas ao campo da história econômica e social, para o âmbito da crítica literária e da teoria cultural. Esses postulados permitiriam desmontar os esquemas romântico-nacionalistas sobre os quais, até então, todas as histórias da literatura brasileira se fundavam e que a apresentavam como a épica do progressivo descobrimento de um ser nacional oprimido, sob uma rede de categorias "importadas", estranhas à realidade local.

O objetivo último desse autor era refutar a crença nacionalista de que bastaria aos latino-americanos se desprender das "roupagens estrangeiras" para, com esse gesto, encontrar a "verdadeira essência interior".[423] Seguindo os postulados dependentistas, para Schwarz, não se trata de falar de uma "cultura nacional brasileira" preexistente à cultura ocidental, porque aquela não apenas é, historicamente, um resultado da expansão desta, mas é parte integral dela ("em estética como em política", disse Schwarz, "o terceiro mundo é parte orgânica da cena contemporânea").[424] Assim, o âmbito cultural operaria uma dialética complexa entre o "estranho" e o "próprio",

---

[422] SCHWARZ, 1999a, p. 153.

[423] "Neste ponto, guardadas as diferenças, as duas vertentes nacionalistas coincidiam: esperavam achar o que buscavam através da eliminação do que não é nativo. O resíduo, nesta operação de subtrair, seria a substância autêntica do país" (SCHWARZ, 1997, p. 33). Ao observar retrospectivamente a época em que os nacionalismos desenvolvimentistas ainda estavam no auge, Schwarz apontou que "há vinte anos [...] reinava um espírito combativo, segundo o qual o progresso resultaria de uma espécie de reconquista, ou melhor, da expulsão dos invasores. Rechaçado o imperialismo, neutralizadas as formas mercantis e industriais da cultura que lhe correspondiam, e afastada a parte antinacional da burguesia, aliada do primeiro, estaria tudo pronto para o desenvolvimento da cultura nacional verdadeira, *desnaturalizada pelos elementos anteriores, entendidos como corpos estranhos*" (p. 32).

[424] SCHWARZ, 1997, p. 128.

análoga ao político-social. Como assinala o autor em relação às ideias liberais na América Latina (que são as que estão no fundo desse debate), "de nada adianta insistir em sua óbvia falsidade", pois do que se trata, na verdade, é de "observar sua dinâmica, da qual a falsidade é um componente verdadeiro".[425] Apesar do fato de que a adoção de conceitos estranhos produz, de fato, graves distorções, a questão para Schwarz é que este exercício de distorcer conceitualmente nossa realidade é algo que os latino-americanos não conseguem evitar. Ao contrário, é precisamente em tais distorções, no fato de denominar a realidade local com nomes sempre impróprios, o lugar onde radica a especificidade latino-americana em geral, e a brasileira em particular. Os brasileiros, disse Schwarz, "são reconhecidos como tais em suas distorções particulares".[426]

Na verdade, esse conceito mantém uma relação complexa com os postulados dependentistas. Ainda que seja perfeitamente compatível com esses postulados, não provém diretamente deles. A simples mudança do conceito do plano econômico-social para o âmbito cultural impôs uma refração particular a eles, introduzindo uma certa distorção dentro dessa teoria. Neste caso, sua intervenção notoriamente não essencialista e antinacionalista se sustentaria com o argumento de que toda representação da realidade supõe sempre um determinado quadro teórico. Sendo assim, no caso da América Latina, esse quadro estaria abastecido por sistemas de pensamento de origem alheia à realidade nativa. Por isso, para Schwarz, os latino-americanos estão condenados a "copiar", ou seja, a pensar de maneira equivocada, lançando mão de categorias inadequadas à realidade que se busca representar.

Contudo, até mesmo para muitos seguidores dessa corrente, essa última afirmação não parece evidente (em suma, a corrente dependentista, como qualquer outra, apresenta-se de muitas maneiras). Pouco depois da publicação do artigo de Schwarz,

---

[425] SCHWARZ, 2000, p. 26. "Conhecer o Brasil", dizia em seguida, "era saber destes deslocamentos, vividos e praticados por todos como uma espécie de fatalidade, para os quais, entretanto, não havia nome, pois a utilização imprópria dos nomes era a sua natureza" (SCHWARZ, 2000, p. 26).

[426] SCHWARZ, 2000, p. 21.

Maria Sylvia de Carvalho Franco publicou nos *Cadernos de Debate* um trabalho cujo título, por si só, já é ilustrativo: "As ideias estão no lugar".[427] Enquanto estudiosa da ordem escravocrata no Brasil, Carvalho Franco havia rejeitado sistematicamente – nisto ela seguia igualmente os postulados dependentistas – não apenas a hipótese de que a escravidão teria sido contraditória com o processo de expansão capitalista, mas também a tese de que as ideias liberais estariam "desajustadas" no Brasil oitocentista.[428] Para Carvalho Franco, as ideias liberais não eram, nem mais nem menos, estranhas ao Brasil, assim como não estavam exatamente pior ou melhor ajustadas ao contexto local do que as correntes escravocratas. Ambas ideias eram parte integral da complexa realidade brasileira. Nem mesmo se poderia afirmar que fossem incompatíveis entre si, porque, assim como o ímpeto capitalista pelo lucro e as formas escravocratas de produção caminhavam juntos, as atitudes individualistas burguesas se misturam, no Brasil, às clientelistas e paternalistas, tornando difícil serem discerníveis entre si.[429] Segundo Carvalho Franco, por meio do conceito de "as ideias fora do lugar", Schwarz acabaria, de fato, recaindo no dualismo que procurava combater, isto é, o postulado dos "dois Brasis". Assim, ao Brasil "artificial" das ideias (e da política) liberais se oporia o Brasil "real" (social) escravocrata.

> Teríamos, de um lado, as ideias e as razões burguesas europeias sofregamente adotadas para nada e, de outro, o favor e

---

[427] FRANCO, 1976, p. 61-64.

[428] Ver Franco, 1997 (originalmente publicado em 1969). Nesse texto, Carvalho Franco contradiz as posturas mais tradicionais dos teóricos da dependência, os quais ainda hoje insistem na existência de uma contradição, que se não é entre capitalismo e escravidão, certamente será entre a escravidão e o ideário liberal. Ver Cardoso (1988).

[429] "Nessas breves indicações sobre a gênese e o significado prático do *favor*", disse retrospectivamente Carvalho Franco em relação à sua obra mencionada anteriormente, "procurei mostrar como o ideário burguês em um de seus pilares – a igualdade formal –, não 'entra' no Brasil, seja lá como for, mas *aparece* no processo de constituição das relações de mercado, às quais é inerente" (FRANCO, 1976, p. 63).

o escravismo brasileiros incompatíveis com elas. Montar essa oposição é, *ipso facto*, separar abstratamente os seus termos, ao modo já indicado, e perder de vista os processos reais de produção ideológica no Brasil.[430]

Em suma, a polêmica iniciada por Carvalho Franco estabelece um problema metodológico mais geral. Para essa autora, as ideias jamais estão "fora do lugar", pelo simples fato de que se elas podem circular publicamente em um meio dado é porque servem a algum propósito nesse mesmo meio, ou seja, nele já existem as condições para a recepção de ideias estrangeiras. Portanto, a antinomia entre "ideias" e "realidades", no qual o conceito de Schwarz se sustenta, seria falsa. Ambos os termos jamais seriam completamente estranhos a si mesmos.

Por fim, partindo dos mesmos postulados do autor de *Ao vencedor as batatas*, com o intuito de extrair conclusões opostas,[431] a crítica feita por Carvalho Franco leva diretamente ao cerne da argumentação schwarziana. O trabalho crítico então gestado vai perseguir Schwarz ao longo de toda a sua trajetória intelectual, determinando as suas sucessivas reelaborações. Como aponta Paulo Arantes, em *Sentimento da dialética*, as acusações contra Schwarz, pelo fato de permanecer dentro de um quadro de pensamento "dualista", seguirão sendo reiteradas ocasionalmente até o presente.[432] Até mesmo quando o seu biógrafo as rejeita, não deixa de admitir que a consistência das críticas, nesse sentido, não se deve a um mero mal-entendido.

Cabe ressaltar que a formulação de Schwarz tem algo de paradoxal e, por isso, não é totalmente coerente com a sua própria reflexão. O objetivo original de Schwarz era, precisamente, rejeitar o tema. Tal como ele demonstra, enquanto instrumento de luta política, a acusação de "falta de realismo político" (o fato de determinadas

---

[430] FRANCO, 1976 p. 62.

[431] Para uma crítica mais radical de ambas as posturas, ver Carvalho (1999b, p. 123-152).

[432] ARANTES, 1992.

ideias estarem, na América Latina, "fora do lugar") seria sempre um recurso fácil para desqualificar o adversário. Assim, esse instrumento não apenas se prestaria à acusação de imitação cômica (de Miguel Macedo, por exemplo, dizia-se no México que se vestia de acordo com a previsão meteorológica de Londres), mas, ao mesmo tempo, teria implicações conservadoras, pois, dessa forma, os "não realistas" seriam tipicamente os defensores das ideias consideradas mais progressistas em seu tempo. Como disse Schwarz, "em 1964, os nacionalistas de direita classificavam o marxismo como influência exótica, talvez por imaginar que o fascismo fosse uma invenção brasileira".[433]

Na verdade, o tema de "as ideias fora do lugar" é de longa data na região.[434] As acusações de falta de realismo político constituem, portanto, uma espécie de jogo de espelhos. Quando os historiadores das ideias qualificam, por exemplo, a Geração de 37, na Argentina, de "europeísta", não fazem mais do que repetir o que as correntes de pensamento nacionalista afirmaram em seu tempo, as quais, por sua vez, não fizeram nada além do que retomar (tornando-se contra ele) o argumento que os próprios membros da Geração de 37 já haviam, anteriormente, dirigido contra os seus rivais da geração precedente, os "unitários", os quais também negaram de forma contundente seu desconhecimento quanto à necessidade de adequar as ideias e instituições importadas às condições particulares da região. Está claro que, tomadas literalmente, tais acusações são insustentáveis, pois, obviamente, nunca se ignorou o fato de que as distintas formas constitucionais, por exemplo, não são igualmente viáveis em qualquer tempo e lugar. Na verdade, o ponto conflitante era determinar o que supostamente estava, em todo caso, "fora do lugar" e por que assim se encontrava (por certo que, para os próprios agentes, as ideias fora do lugar eram sempre *as ideias dos outros*). Em suma, a difusão desse tema não pode ser compreendida separadamente da função ideológica para a qual serviu.

---

[433] SCHWARZ, 1997, p. 33.

[434] Zea situou sua origem na ideia de Hegel de que a América era "eco do velho mundo e reflexo da vida imprópria" (ZEA,1949, p. 15).

Assim, isso explica a reação de Carvalho Franco, pois, por meio de sua formulação, Schwarz estaria, na verdade, colocando lenha na fogueira das afirmações que acusavam as ideias marxistas (tal como as ideias liberais no século XIX) de serem importações "exóticas" e, portanto, estranhas à realidade brasileira, visto que, no Brasil, estariam "fora do lugar". Em suma, apesar das consequências potencialmente reacionárias que o assunto levava implícito, Schwarz retornaria ao tema. Para Carvalho Franco, a procura de quais ideias estariam ou não desajustadas à realidade brasileira era simplesmente absurda (como vimos, para ela, tanto as ideias liberais como as escravocratas eram parte integral da realidade brasileira, pois, se assim não fosse, se não tivessem condições de recepção no contexto local, nem sequer poderiam circular). Como veremos, a postura da autora resulta, nesse sentido, bem mais consistente que a de Schwarz. No entanto, nesse ponto, a crítica de Carvalho Franco, ainda que fundamentada, perde de vista o núcleo da argumentação schwarziana.

Para Schwarz, também não se tratava de debater quais ideias estariam ou não desajustadas, porque, tal como afirmou, todas estavam. Tanto as fascistas como as marxistas, as liberais e as escravocratas, enfim, todas eram igualmente "importadas". O fundo de sua crítica a Silvio Romero – o melhor representante, para Schwarz, da visão romântico-nacionalista da literatura – centrava-se, na verdade, na denúncia da ilusão de que os desajustes ideológicos pudessem ser, nas regiões periféricas, evitáveis. Como assevera Schwarz, Romero pensava que bastava apenas propô-lo, "para que os efeitos do exotismo se dissolvessem como por encanto", e assim "ao sugerir que a imitação é evitável, o leitor cairia em um problema falso".[435]

Em última instância, as propostas de Carvalho Franco e Schwarz representariam duas vias diversas para fugir do tema. A da crítica estaria centrada na ênfase na realidade das ideias (suas condições locais de possibilidade); a do crítico, em realçar não a inadequação entre

[435] SCHWARZ, 1997, p. 41 e 47.

ideias e realidades, como sugere Carvalho Franco, mas os desajustes da própria realidade brasileira. Para Schwarz, não se tratava tanto da existência de "dois Brasis" contrapostos – um fictício (o das ideias) e outro real (o da sociedade) – pois o próprio da sociedade (e, por extensão, da cultura) brasileira seria o seu permanente desajuste, pelo fato de se encontrar exatamente na periferia do capitalismo.

Para Carvalho Franco, por meio desse conceito, Schwarz, na verdade, recairia mais uma vez em posições dualistas, empregando sob um novo nome a tradicional oposição entre duas lógicas de desenvolvimento, dois modos de produção contrapostos: um propriamente capitalista e outro "capitalista periférico". Para Schwarz, ao contrário, não se trataria de duas lógicas diversas, mas de uma mesma lógica (a procura pelo lucro) que opera, contudo, de modos distintos nas diferentes regiões. Desse modo, enquanto o centro tende a gerar condições próprias de sociedades capitalistas avançadas, na periferia apenas se perpetua o subdesenvolvimento, reproduzindo padrões pré-capitalistas de relação social.

A postura de Schwarz seria, portanto, mais sensível às particularidades advindas do caráter periférico da cultura local (as quais, pela ótica de Carvalho Franco, tendiam a se desfazer na ideia de unidade da cultura ocidental). Entretanto, esse posicionamento schwarziano não soluciona o problema original quanto ao suposto desajuste das ideias marxistas no contexto brasileiro (o argumento de que, no Brasil, as ideias fascistas não seriam menos "desajustadas" do que as marxistas dificilmente servem de consolo).[436] Aparentemente, a postura de Schwarz conduziria a um ceticismo em relação à viabilidade de qualquer projeto emancipador na região. As dificuldades que essa questão estabelece são analisadas com clareza nas "Respostas a *Movimento*" (1976). Diante da pergunta sobre se "uma leitura ingênua de seu ensaio 'As ideias fora do lugar' não poderia levar a concluir que *toda* ideologia, inclusive as libertárias, seria uma ideia fora do lugar em países periféricos", Schwarz responde o seguinte:

---

[436] De fato, ressoam aqui os ecos da polêmica suscitada, em 1905, na Rússia, quanto às possibilidades do socialismo nas nações capitalistas atrasadas.

Ideias estão no lugar quando representam abstrações do processo a que se referem, e é uma fatalidade de nossa dependência cultural que estejamos sempre interpretando a nossa realidade com sistemas conceituais criados noutra parte, a partir de outros processos sociais. Neste sentido, as próprias ideologias libertárias são com frequência uma ideia fora do lugar, e só deixam de sê-lo quando se reconstroem a partir de contradições locais.[437]

Tanto a pergunta como a resposta são bastante significativas. De fato, o entrevistador indica, por meio de sua pergunta, uma das consequências paradoxais anteriormente apontadas no conceito de Schwarz, isto é, suas afinidades com as ideias dos nacionalistas que, em princípio, levariam a condenar como "estrangeiras" as ideias marxistas de seu próprio autor. A resposta de Schwarz esclarece o ponto, mas também leva a uma nova aporia. O que se depreende dela deixa entender que nem *todas* as ideias na América Latina estariam, inevitavelmente, "fora do lugar", tal como afirmou na crítica a Romero. Ao contrário, as ideias, assegura Schwarz, poderiam eventualmente ser rearticuladas de um modo que se tornem assimiláveis na realidade local. Entretanto, isso contradiz tudo o que foi afirmado até aqui, o que não aponta somente uma nova convergência, sempre problemática, com as posturas nacionalistas (exceto em suas versões mais populares, o nacionalismo nunca negou a necessidade de "adequar" ideias estranhas à realidade local). Essa convergência o leva inteiramente – dessa vez sem possibilidade de fuga – ao tema, isto é, à busca e distinção de quais ideias estariam, então, ajustadas à realidade brasileira (o que, em sua *Filosofía de la historia americana*, Leopoldo Zea chamou de "projeto assuntivo")[438] e quais não, visto que as ideias supostamente desajustadas vão ser sempre, como é previsível,

---

[437] SCHWARZ, 1992, p. 120.

[438] ZEA, 1978. Nesse "projeto assuntivo", Zea inclui todos aqueles que, começando por Francisco Bilbao e Andrés Bello, continuando com José Vasconcelos e José Enrique Rodó, tentaram, segundo o entendimento do próprio Zea, adequar as ideias europeias à realidade local.

as ideias dos outros.[439] De qualquer forma, assim estabelecido (em sua versão "frágil", digamos assim), o conceito de Schwarz não teria feito mais que reatualizar o velho dilema antropofágico, não apresentando nenhuma contribuição conceitual original.[440]

De qualquer forma, isso que Schwarz estabelece não se alinha com seu próprio conceito; na verdade, desarticula toda a argumentação anterior. Formulada nesses termos, não haveria modo de abordar a questão – "as ideias fora do lugar" – sem pressupor a existência de alguma espécie de "essência interior", à qual as ideias "estrangeiras" não conseguiriam representar. Além disso (e aqui a postura de Carvalho Franco parece muito mais consistente que a do crítico), essa formulação de Schwarz pressupõe a descrição da realidade interior não mediada por conceitos, o que eventualmente permitiria avaliar as distorções relativas aos diversos quadros conceituais. A oposição entre "ideias" e "realidades" se revela, portanto, uma mera artimanha retórica por meio da qual apenas se procura ocultar o fato de que o que sempre se opõe, na verdade, são "ideias" diversas, ou seja, descrições alternativas da "realidade".

Em suma, chega-se aqui ao limite último do conceito schwarziano, pois a fórmula de "as ideias fora do lugar" necessariamente leva a instaurar um determinado lugar como o lugar da Verdade (e a conceber o resto como meras "ideologias"). O enfoque de

---

[439] Vale lembrar que a tendência nacionalista, a qual o progressismo de esquerda tentava debater, não era o nacionalismo romântico de linhagem reacionária, como o representado por Silvio Romero, mas as posições nacionalistas-desenvolvimentistas que floresceram nos anos de 1950 e procuraram converter o Brasil num país capitalista avançado. O que Schwarz e os "teóricos da dependência" tentavam mostrar era, precisamente, a impossibilidade de aplicar os padrões de desenvolvimento capitalista dos países centrais às regiões periféricas. Enfim, para ele, as *ideias desenvolvimentistas* estavam, na América Latina, inevitavelmente, "fora do lugar".

[440] Em 1949, Leopoldo Zea, retomando uma antiga e já bem estabelecida tradição, situava a questão em termos análogos, tingindo-a de tons hegelianos: "Dentro de uma lógica dialética", afirmava, "negar não significa eliminar, mas assimilar, isto é, conservar [...]. Quando se assimila plenamente não se sente o assimilado como algo alheio, importuno, incômodo, mas como algo que lhe é próprio e natural. O assimilado constitui uma parte do próprio ser" (ZEA, 1949, p. 15-16).

Carvalho Franco, ainda que dilua o problema relativo à natureza periférica da cultura local, serve, contudo, para manifestar o caráter eminentemente *político* das atribuições de "alteridade" das ideias.

Na verdade, esse é também o ponto para o qual tendem a convergir as elaborações originais de Schwarz (como vimos, para ele, todas as ideias estariam igualmente "fora do lugar" na região), ponto esse que a fórmula das "ideias fora do lugar" não conseguiria, contudo, representar de forma acabada. Ela daria, portanto, lugar a interpretações simplistas em relação a seu conceito (uma denúncia simples da "irrealidade" das ideias, mais especificamente, das ideais liberais do século XIX na região). No entanto, tais interpretações, ainda que pouco sutis, também não seriam injustificadas. A volta de Schwarz ao tema, em parte induzida pela própria ambiguidade da formulação, não procede diretamente de seu próprio conceito original, embora encontre nele a fundamentação correta. Na verdade, ela indica o limite último, desvelado pela crítica de Carvalho Franco. De fato, Carvalho Franco coloca Schwarz diante daquilo para o qual toda a sua argumentação conduz e, contudo, não consegue tematizar sem desarticular, simultaneamente, o sistema categorial sobre o qual o seu conceito se inscreve. Carvalho Franco confronta Schwarz exatamente no ponto cego inerente ao seu conceito, isto é, naquela premissa em que o sistema schwarziano se fundamenta e do qual constrói sua coerência, sendo, ao mesmo tempo, inacessível a partir de dentro do sistema: a radical indecidibilidade do tema. Ou seja, o fato de que jamais se pode determinar quais ideias estão fora do lugar e quais não estão, *a partir de um determinado quadro conceitual particular exterior*. A crítica de Carvalho Franco procura, portanto, ressaltar aquela premissa que, apesar de implícita no conceito de Schwarz, ele não obstante deve negar, a fim de poder se articular: a natureza eminentemente *política* das atribuições de "alteridade" das ideias. Tal revelação teria, contudo, seu preço. O enfoque de Carvalho Franco impediria, portanto, tematizar as particularidades que derivam da condição periférica da cultura local (em última instância, tenderia a ocultar sua condição enquanto tal), que é exatamente o problema em torno do qual orbitam as elaborações de Schwarz.

O que foi exposto define, enfim, o objeto em função do qual o presente estudo se organiza. Mais adiante, tentaremos analisar quais são as limitações do conceito de Schwarz, não em relação ao ordenamento ideológico, mas, sobretudo, quanto à ordem *conceitual*, que lhe impedem de se distanciar do tema a fim de torná-lo realmente matéria de escrutínio crítico (para evitar, portanto, o sucessivo retorno ao objeto), visando, ao mesmo tempo, resgatar o núcleo da teoria schwarziana, a qual, a meu ver, ainda hoje permanece vigente. Em suma, como veremos, a contribuição decisiva de Schwarz não se encontra tanto nas soluções que oferece (pois as que estamos apresentando não são, na verdade, as soluções), mas na própria formulação do problema original, que estabelece e movimenta todos os seus delineamentos teóricos, ou seja, o modo como aborda a questão relativa à natureza periférica da cultura local e como trata a peculiaridade da dinâmica que tal condição impõe às ideias na região, sem, por isso, recair nos dualismos e, em última instância, nos essencialismos próprios das correntes nacionalistas. Antes de entrarmos nessa análise, devemos, portanto, repassar brevemente outro debate do qual participou Schwarz. A polêmica anterior, como vimos, se referia ao âmbito cultural mais geral, isto é, retomando os termos de Arantes, à dialética entre ideias e sociedade. O que observaremos agora levará a um problema mais especificamente estético, a um segundo tipo de dialética a partir da qual Schwarz extraiu o modelo de análise literária que o tornaria um dos críticos mais reconhecidos no subcontinente, a saber, a dialética entre forma artística e conteúdo social.

Dos lugares e "entre-lugares" da crítica

Para abordar essa segunda dimensão da obra de Schwarz, antes é necessário, contudo, afastá-la do contexto conceitual mais geral do qual surgiu – as teorias da dependência – para situá-la na perspectiva das correntes de crítica literária mais específicas, nas quais o modelo se inscreve.

A referência fundamental é a obra de Antonio Candido. O mérito de Candido, para Schwarz, estava no fato de ter desenvolvido um modelo de abordagem sociológica do texto literário sem, contudo, obliterar a dimensão especificamente estética. O método crítico marxista de Schwarz é uma elaboração e evolução desse modelo, ao qual poderíamos definir, abreviadamente, como Lucien Goldmann denominou, de "estruturalismo genético".[441] Esse método trata, basicamente, de combinar a análise estética com o contexto histórico-social (vaivém que, para Schwarz, define um enfoque "de esquerda") e pressupõe uma dupla oposição: por um lado, aos enfoques conteudistas, que produzem uma "desdiferenciação" de esferas, anulando a riqueza da obra literária, e, por outro, às abordagens formalistas, que retiram os produtos artísticos do contexto e das condições materiais de produção. O conceito de *forma* contribui para a conjunção desses dois níveis de análise que, baseado em Walter Benjamin, chamará de "olhar estereoscópico". Esse conceito permite captar o fundo social a partir do qual nasce uma obra, procurando, ao mesmo tempo, dar conta da produtividade de sua dimensão linguística e literária. O entorno contextual não está representado nos materiais ou nos conteúdos que um artista utiliza ou aborda em sua obra, mas no nível dos procedimentos construtivos do relato no qual o entorno está representado, ou melhor, ele se encontra *reproduzido* de um modo especificamente literário. No entanto, se isso ocorre dessa maneira, é porque o aspecto social não é um conteúdo neutro sobre o qual a forma literária simplesmente se imprime.

Em suma, Schwarz consegue transcender a antinomia entre *forma literária* e *conteúdo social*, ao conceber este não como um mero material a ser elaborado por meios linguísticos, mas constituído por totalidades estruturadas, ou seja, *formas objetivas* "capazes de pautar tanto um romance como uma fórmula depreciativa, um movimento político ou uma reflexão teórica, *passíveis de serem confrontados através da reconstrução daquela condição prática mediadora*".[442] Isso abre caminho, finalmente, para a possibilidade de

---

[441] Ver Goldmann (1975).
[442] SCHWARZ, 1999a, p. 30.

encontrar homologias estruturais entre ambos os níveis (textual e extratextual) de realidade, sem, por isso, reduzir um ao outro. A "ideia *social* de forma" assegura que se trata "de um *esquema prático*, dotado de lógica específica":

> Ele se traduz num interesse econômico-político, numa ideologia, num jogo verbal, num enfoque narrativo. Quanto a afinidades, estamos no universo do marxismo, para o qual os constrangimentos materiais da reprodução da sociedade são eles próprios formas de base, as quais mal ou bem se imprimem nas diferentes áreas da vida espiritual, onde circulam e são reelaboradas em versões mais ou menos sublimadas ou falseadas, formas, portanto, trabalhando formas. Ou ainda, as formas que encontramos nas obras são a repetição ou a transformação, com resultado variável, de formas preexistentes, artísticas ou extra-artísticas.[443]

Na verdade, o conceito "estruturalista genético" já era parte do saber estabelecido nos anos em que Schwarz iniciou seu trabalho crítico, momento em que "a combinação de estrutura e história", segundo ele, "estava no foco do debate teórico da época", apontando, ainda, que a *Crítica da razão dialética*, de Sartre, "fazia dessa combinação a pedra de toque da compreensão do mundo pela esquerda".[444] A particular contribuição de Schwarz consistiu, na realidade, em relacionar a dialética entre forma e conteúdo, estrutura e história, análise literário e reflexão social, àquela outra, mais propriamente latino-americana, entre "centro" e "periferia". Desse modo, propunha-se compreender como a realidade local, a qual define as condições históricas particulares de recepção dos gêneros e formas de expressão artísticas (sempre necessariamente estrangeiras devido à nossa posição marginal nos sistemas de produção cultural), determina eventualmente as suas próprias formas,

---

[443] SCHWARZ, 1999a, p. 30. Esse é o conceito que se encontra resumido no subtítulo de sua obra clássica, *Ao vencedor as batatas*: forma literária e processo social nos inícios do romance brasileiro.

[444] SCHWARZ, 1999a, p. 50.

alterando-as. Como afirmava, o cruzamento dessa dupla dialética nas regiões periféricas será sempre, ao mesmo tempo, inevitável e problemático.

A obra de José de Alencar é, para ele, especialmente ilustrativa das contradições geradas pela reprodução, no Brasil, de uma forma literária (o romance realista, tal como se desenvolveu na França por Balzac) tipicamente burguesa e, portanto, pouco adequada para representar a realidade brasileira de escravidão, paternalismo e dependência pessoal. Na memorável análise de *Senhora* (o último romance de Alencar), Schwarz expõe como opera, no plano literário, aquela dialética anteriormente apontada entre verdade e falsidade. A falsidade da forma, o efeito paródico gerado pela transposição ao contexto brasileiro de situações próprias dos romances realistas burgueses, desvela o verdadeiro conteúdo dessa realidade social (um sistema em que o ímpeto pelo lucro individual se encontra incrustado nas relações de tipo paternalista, sendo mediado por elas). Como afirma, a genialidade de Machado de Assis consistiu em tornar esse efeito paródico um princípio construtivo do relato. Assim, a paródia se torna autoparódia, a qual se converte na *forma* da narração (cujo modo de articulação é a *digressão*). Com esse conceito, Schwarz produziu uma virada nos estudos machadianos (ou, como ele mesmo prefere dizer, uma continuação da revolução na crítica literária brasileira iniciada por Antonio Candido), introduzindo um aspecto fundamental para compreender o sentido da ruptura produzida nas letras latino-americanas pelo autor das *Memórias póstumas de Brás Cubas*.[445] Por meio da *digressão*, Machado de Assis quebrava o efeito de verossimilhança, tornando paródico o próprio impulso mimético do romance realista. Portanto, retrabalhado "a partir da periferia", o gênero traz a lume os dispositivos discursivos que deve ocultar para se constituir como tal (o que leva Schwarz a comparar os romances machadianos com os seus contemporâneos

---

[445] Para uma leitura da obra de Machado de Assis, que, ao mesmo tempo, retoma e discute a perspectiva crítica de Schwarz, ver Palti (2006).

russos: "há algo em Machado de Gógol, Dostoiévski, Gontcharov, Tchekhov").[446]

Também aqui vemos operar a dialética entre verdade e falsidade apontada na obra de Alencar, porém com um dado particular: a dialética agora se inverteria. O conteúdo "falso" da realidade brasileira desvela a verdade da *forma* europeia (que é a sua "falsidade" inerente). Desse modo, assegura Schwarz, "nossos exotismos nacionais se convertem em histórico-mundiais". Por isso, o vínculo encontrado entre a obra de Machado de Assis e a de seus pares russos.

> Algo comparável, talvez, ao que se passava na literatura russa. Diante desta, mesmo os maiores romances do realismo francês fazem impressão de ingênuos. Por que razão? Justamente, é que a despeito de sua intenção universal, a psicologia do egoísmo racional, assim como a moral formalista, faziam no Império Russo efeito de uma ideologia "estrangeira", e portanto, local e relativa. De dentro de seu atraso histórico, o país impunha ao romance burguês um quadro mais complexo.[447]

Schwarz desvela, portanto, o segredo da universalidade de Machado de Assis,[448] pois, na sua obra, convergiriam ambas as dialéticas, ou seja, a problemática sobre como alcançar uma produtividade especificamente literária, que fosse, ao mesmo tempo, socialmente representativa, associa-se à questão sobre ser universal na periferia, sem, contudo, renegar da condição marginal no interior da cultura ocidental, mas explorando-a. No entanto, é aqui também em que começa a complicar o seu esquema interpretativo.

Em primeiro lugar, fica evidente (Schwarz de modo algum a nega) que a parodização, bem como a autoparodização, do gênero não é, na verdade, uma originalidade brasileira ou propriamente

---

[446] SCHWARZ, 2000, p. 28.
[447] SCHWARZ, 2000, p. 27.
[448] Ver Gledson (2006, p. 236-278).

da "periferia". Machado de Assis, na verdade, tomou o modelo de Laurence Sterne, um autor também europeu. Isso problematiza a segunda dialética abordada por Schwarz (entre "centro" e "periferia"), pois, para "subverter" os modelos europeus, os autores locais deveriam sempre recorrer também a modelos importados. Nesse ponto, não apenas começa a se desfazer a oposição entre "falso" e "verdadeiro", enquanto correspondentes ao "local" e ao "importado", tal como uma leitura simplista da formulação de Schwarz pode sugerir. Para o crítico brasileiro, o "verdadeiro", nesse contexto, não seria menos "importado" que o "falso" e vice-versa. Persistindo nesse argumento até as últimas consequências, o que encontraríamos em ambos os casos (ou seja, tanto no "centro" como na "periferia") seriam, na verdade, constelações de elementos contraditórios, *cuja lógica de agrupamento não seria diretamente atribuível a contextos dados*. Em suma, essa situação frustraria qualquer possibilidade de descobrir traços que, talvez, particularizem a cultura latino-americana, afirmando a sua condição "periférica".

Realmente, a observação das possíveis "distorções locais" geradas a partir da transposição de formas discursivas, ideias e instituições, originariamente exteriores, para a região, também não levaria à conclusão de que as ideias habitualmente se encontram bem assentadas na Europa e normalmente mal situadas na América Latina, como o conceito de "as ideias fora do lugar" parecia supor. Evidentemente que isso não é correto. "Distorcer" as ideias e dar nomes deliberadamente às realidades não é uma peculiaridade brasileira ou latino-americana.[449] Podemos, ainda, de todo modo, conceber

---

[449] O caso do romance é ilustrativo sobre isso. Autores como Friedrich Hebbel, por exemplo, ponderavam que, como forma literária, o romance romântico fosse adequado à realidade alemã. Hebbel, tal como Schwarz em relação ao caso brasileiro, considerava que isso se devia ao fato de que a História alemã não havia tido uma evolução "orgânica". Segundo Hebbel, "é verdade que nós alemães não mantemos nenhum laço com a História de nosso povo [...]. Mas, qual seria a causa? A causa é que nossa História não teve nenhum resultado, não podemos nos considerar produto de nosso próprio desenvolvimento orgânico, como os franceses e os ingleses" (*apud* LUKÁCS, 1971, p. 75).

que a dialética encontrada por Schwarz na obra de Machado de Assis, indicaria um tipo particular de "distorção" específica das regiões periféricas. Isso salva o objeto, porém coloca o autor diante de um dilema ainda mais sério. O aspecto mais inquietante nessa tentativa de perceber os vestígios, por meio de textos narrativos, da condição periférica da cultura local se encontra, na verdade, no fato de que Schwarz acaba se aproximando perigosamente da concepção de um de seus dois grandes antagonistas, Silviano Santiago, cuja crítica forçou o próprio Schwarz a retrabalhar e a desenvolver mais o conceito de "ideias fora do lugar".

Bem cedo, Santiago introduziu, por meio de "O entre-lugar no discurso latino-americano" (1970), uma série de conceitos extraídos das teorias críticas francesas mais recentes (desconstrucionismo, pós-estruturalismo, etc.) para elaborar um conceito também implícito nas análises schwarzianas. Tal como para Schwarz, o caso de Machado de Assis, para Santiago, seria paradigmático quanto à condição particular do "discurso latino-americano", pois, esse discurso teria como âmbito próprio o "entre-lugar", isto é, o desvio da norma, a marca da diferença no interior do próprio texto original, destruindo a sua *unidade* e *pureza*. As leituras na periferia do capitalismo nunca seriam, contudo, inocentes. Essas leituras não consistiriam na simples assimilação passiva de modelos estrangeiros, embora também não os utilizassem para revelar um ser interior preexistente, mas se inscreveriam como o outro no interior do Uno da cultura ocidental, da qual são parte, manifestando, portanto, suas inconsistências inerentes.

Tal como Santiago o interpreta (ou reinterpreta), o método crítico de Cândido (e também de Schwarz), sua forma de conceber os modos de contato entre as culturas local e ocidental, supõe, contudo, a quebra do conceito de "influência" para colocar no lugar o de "escritura", compreendida como um *trabalho* sobre uma tradição da qual, ao mesmo tempo em que se participa, se violenta, apontando sempre os desajustes "locais", como elementos constitutivos do próprio conceito. A ideia de "entre-lugar", de Santiago, leva, portanto, a questionar a definição das relações entre "centro" e "periferia", a fim de pensá-las nos termos "original" e "cópia".[450] A obra de Machado de Assis não seria apenas uma versão degradada de um "modelo original" europeu, supostamente superior e perfeitamente acabado. Como vimos, para Schwarz também não era assim. A condição periférica de Machado de Assis havia permitido que ele, de algum modo, "superasse" o modelo francês, revelando suas limitações intrínsecas. Isso coaduna perfeitamente com a leitura (ou releitura) recente dos postulados da dependência, na qual Schwarz afirma que as contradições do desenvolvimento capitalista na periferia lançam "uma luz reveladora sobre as noções metropolitanas e canônicas de civilização, progresso, cultura, liberalismo, etc.".[451]

No entanto, quanto a isso, surgem, para Schwarz, reservas em relação às suas próprias conclusões. Para ele, o conceito aqui implícito sobre "as vantagens do atraso" (um eco, novamente, das discussões russas de 1905) implica o risco de se converter numa espécie de celebração do subdesenvolvimento.[452] Isso levaria a um dilema, ou seja, como explicar a universalidade da obra de um Machado de Assis, sem renunciar a encontrar nela vínculos com sua condição periférica (que determina seu contexto particular de aparecimento e a converte em uma obra socialmente representativa), mas, ao mesmo tempo, evitar o encontro, no campo epistemológico, que leve a diluir a situação marginal na cultura ocidental (não deixa de ser significativo, a esse respeito, o fato de que as teorias desconstrucionistas, que Santiago aplica na América Latina, sejam elas também europeias). Assim, diante de Santiago, Schwarz haveria de insistir na necessidade de estabelecer a condição periférica como *deficiência*, sem cair, contudo, na ingenuidade nacionalista de enxergar a questão apenas nos termos de uma mera *carência* (isto é, um tipo de inadequação que não deriva nem indica necessariamente uma *falta*, mas revela desajustes inerentes a certa

---

[450] Ver Santiago, 1978.
[451] SCHWARZ, 1999a, p. 153.
[452] CAMPOS, 2000.

lógica de desenvolvimento). Em suma, um dilema complicado, cuja singularidade já representa uma contribuição fundamental para a teoria cultural latino-americana, visto que delimita um horizonte de interrogação decididamente significativo e complexo, mas para o qual Schwarz já não poderia encontrar soluções consistentes por meio de seu próprio conceito.

Numa conferência proferida em abril de 2001, em Buenos Aires, Schwarz esquematizou sua proposta nos termos de um duplo "deslinde" (ou "desautomatização"). Como assevera, o grande mérito de Candido havia sido o de "deslindar" a oposição centro/periferia da oposição "superior"/"inferior", tal como primeiramente havia mostrado Machado de Assis (o que hoje já parece inegável, pois para tal demonstração bastaria apenas citar alguns poucos nomes), o caráter periférico da produção literária local não necessariamente a condenaria a uma condição de inferioridade em relação à europeia. Além disso, o crítico rejeita a intenção "pós-estruturalista" de "deslindar" a oposição entre centro e periferia da outra entre "modelo" e "cópia". Schwarz retoma aqui um delineamento do texto "Nacional por subtração" (1986), em que discutia com o que chamava de as teorias dos "filósofos franceses" (Derrida e Foucault). Segundo eles, afirmava Schwarz, "seria mais exato e neutro pensar nos termos de uma sequência infinita de transformações, sem começo nem fim, sem primeiro ou segundo, pior ou melhor".[453] A anulação da noção de "cópia" permitiria, portanto, "ampliar a autoestima e liberar a ansiedade do mundo subdesenvolvido", sem, contudo, resolver nenhuma das causas que mantêm a região no subdesenvolvimento.[454] Assim, tais teorias levariam ao pleno desconhecimento das assimetrias reais existentes no âmbito mundial, em termos de recursos materiais e simbólicos.

---

[453] SCHWARZ, 1997, p. 35. Como dizia Borges, "pressupor que toda recombinação de elementos é obrigatoriamente inferior em relação ao seu original é pressupor que o rascunho 9 é obrigatoriamente inferior ao rascunho H – já que não há nada além de rascunhos. O conceito de *texto definitivo* não corresponde senão à religião ou ao cansaço" (BORGES, 1974, p. 239).

[454] SCHWARZ, 2000, p. 35.

Em resumo, Schwarz pensa que as novas correntes críticas representam apenas uma espécie de adequação ao processo de comercialização da cultura (cuja falta de abordagem crítica é, para ele, um dos déficits fundamentais do "Seminário Marx"),[455] hoje projetado a nível mundial. No contexto da globalização econômica, o antigo formalismo adquiria um novo sentido. Na passagem do estruturalismo ao pós-estruturalismo, afirma Schwarz, o seu "pseudorradicalismo artístico, de subversão cultural abstrata, especialmente na linguagem, se converte em ideologia literária geral".[456] A simbólica inversão pós-modernista das hierarquias seria apenas o oposto e o complemento necessário de seu efetivo reforço. A revolução permanente no plano formal se tornaria, assim, funcional para a contrarrevolução material supostamente em curso.[457]

Isso explica, em última instância, o paradoxo apontado anteriormente, ou seja, o apelo de Schwarz a uma fórmula, tal como a de "ideias fora do lugar", em princípio, pouco apropriada ao seu objeto, mas que deu espaço às acusações (como vimos, nem sempre infundadas) de "dualismo", isto é, problematizar o pressuposto nacionalista de que as ideias europeias estariam, na América Latina, "fora de lugar". Esse paradoxo é esclarecido, contudo, quando o situamos no contexto particular do debate em que Schwarz concebe o seu conceito. No início da década de 1970, a questão relativa à "periferia" e a crítica aos "desvios nacionalista-populistas" da esquerda comunista haviam, na verdade, perdido a sua centralidade anterior e dado lugar a outro problema, dirigido às repercussões na produção crítica e artística que desenvolveu no Brasil por conta de um mercado capitalista e

---

[455] SCHWARZ, 1999, p. 103.

[456] SCHWARZ, 1999, p. 85.

[457] Essas críticas se ligariam às que Gérard Lebrun definiu como tendências anti-intelectualistas de Schwarz, isto é, uma suspeita em relação a toda produção intelectual que não sirva a propósitos revolucionários ou não possa ser legitimada a partir do ponto de vista político. Ver Lebrun (1980, p. 145-152), seguido da resposta de Schwarz (p. 153-156).

avançado de bens culturais e sua aparente capacidade para absorver qualquer intenção de transgressão, assimilando essa produção crítica e artística em sua lógica e convertendo-a em instrumento para sua própria reprodução.[458] Schwarz já estava escrevendo, na verdade, num contexto cada vez mais hostil aos postulados dependentistas. A fórmula, "ideias fora do lugar", à qual então se apegara, ainda que pouco apropriada porque tendente a aplanar as sutilezas do conceito, permitiria ao menos preservar a noção da existência de assimetrias entre centro e periferia, entre "modelo" (europeu) e a "cópia" (local).

No modo de definição deste conceito se combinam, portanto, razões de ordem teórica e não teórica. Assim, o crítico brasileiro enquadra o questionamento às correntes pós-modernistas numa perspectiva fundamentalmente ética e política. Isso o permitiria descartá-las a partir de considerações pragmáticas, ou seja, a partir da incapacidade dessas correntes de gerar ações que conduzem à superação da dependência cultural latino-americana. Em suma, essas correntes representariam uma forma de recompensação simbólica para algumas contradições reais, as quais ajudam a perpetuar. No entanto, a questão que se estabelecia não era exclusivamente de caráter ético e político, mas epistemológico, ou seja, compreendia aspectos relativos à dinâmica dos fatos dos processos socioculturais (os quais não podem, portanto, ser refutados apenas pelas suas supostas ou reais consequências ideológicas). O certo é que o tópico sobre a "imitação" é muito mais complexo do que o conceito de Schwarz sugere. Sua aproximação por meio dos termos "modelo" e "desvio" é, sem dúvida, uma simplificação dos sempre infinitamente intrincados processos de geração, transmissão, difusão e apropriação de ideias.[459] Por outro lado, também não existe uma

---

[458] A esse respeito ver a série de ensaios reunidos em Amante; Garramuño (2000).

[459] Em última instância, o problema que a definição de Schwarz estabelece é: como traçar, na prática, a linha que separa o âmbito em que as ideias se encontram bem situadas daquela em que estas estariam "fora de lugar"? Para dar um exemplo, extraído da literatura, *Noches tristes y día alegre* (1818-1819), de Fernández de Lizardi, é uma "imitação" de *Noches lúgubres* (1771), de José Cadalso, que é, por

correspondência unívoca entre ambos os aspectos de sua disputa polêmica. Alguém poderia muito bem estar de acordo com Schwarz quanto a seus postulados ideológicos e, mesmo assim, ter uma perspectiva dos processos de intercâmbio cultural muito distinta da sua.[460] Portanto, torna-se necessário introduzir uma distinção. A pergunta que surge agora procura compreender se a oposição entre "modelo" e "cópia" é, na verdade, a forma mais apropriada para abordar o tipo de assimetria cultural que Schwarz se propõe a enfatizar e analisar.

Regressando ao esquema de Schwarz dos "deslindes", ainda que o dilema formulado por ele próprio seja, como apontamos, muito significativo, deve-se dizer que a solução encontrada (aceitar o primeiro deslinde produzido por Candido, mas não o segundo, feito por Santiago) é deficitária. É possível argumentar que o primeiro deles já pressupõe o segundo. Na realidade, a dissolução da oposição entre o que é superior e inferior, paralelamente à oposição entre centro e periferia, destrói o paralelismo com a terceira oposição, pois se algo "periférico" deixa de ser "inferior", pode-se dizer que, de algum modo, superou a sua condição de simples "cópia" degradada em relação ao "modelo", para obter sua "originalidade" própria. De qualquer forma, persistindo no argumento schwarziano, aquele primeiro "deslinde" produzido por Candido – por ser poten-

---

sua vez, uma "imitação" de *Night Thoughts* [Reflexões noturnas] (1742-1745), de Edward Young, que é, provavelmente, uma "imitação" de alguma obra anterior, e assim sucessivamente. Por outro lado, os "imitadores" de Fernández de Lizardi, no México, formam uma legião. Como, então, podemos distinguir, na série de desvios, o original (ou originais) da cópia (ou cópias)?

[460] De fato, Schwarz estabelece relações bastante mecânicas entre teorias literárias e ideologias políticas, produzindo, assim, uma "desdiferenciação de esferas". Não obstante, como ele mesmo observa, entre os postulados de uma determinada teoria estética e suas possíveis derivações ideológicas não existe uma relação lógica necessária, mas um processo de tradução, sempre aberto, em diversas instâncias, para interpretações alternativas. Como aponta, tanto as teorias conteudistas (o conceito mimético da produção artística) como as formalistas (o construtivismo estético) podem "ter um valor crítico" ou podem "alinhar-se ao obscurantismo, podendo inclusive ter um efeito crítico graças a esse último alinhamento" (SCHWARZ, 1999, p. 40-41).

cialmente mais devastador da oposição entre centro e periferia do que o postulado de Santiago – acaba por tornar este último ocioso (diante da quebra da oposição entre superior e inferior, a preservação da segunda, entre modelo e cópia, aparece apenas como um frágil consolo). Sendo assim, se medidas ambas as formulações de acordo com o metro dos seus supostos efeitos práticos (que é o contexto em que o próprio Schwarz situa a discussão), não ficaria claro por quais motivos aceitar o primeiro deslinde e não o segundo.

Por outro lado, e isso fica mais grave se tomado pelo ponto de vista metodológico, a insistência de Schwarz em preservar o esquema de "modelos" e "desvios", embora teoricamente pouco eficaz, não necessita, de todo modo, de consequências (negativas) para a pesquisa histórico-intelectual. Seu delineamento acaba, na prática, servindo para reforçar problemas inerentes à História das "ideias" na América Latina.

As limitações inerentes à História das "ideias"

Na realidade, os paradoxos implícitos na formulação de "as ideias fora do lugar" se expressam, por sua vez, em uma certa tensão entre o método crítico e as derivações histórico-intelectuais. Sendo assim, ao passar à análise do discurso político, perde-se aquela noção central que havia permitido à formulação de Schwarz superar o tipo de reducionismo próprio dos enfoques "materialistas vulgares", ou seja, o conceito de *forma*. Apesar de que, como afirma, esse conceito poderia igualmente ser aplicado à esfera do pensamento político, ao abandonar o âmbito da literatura para se concentrar na análise dos sistemas conceituais, esses sistemas seriam tratados como simples conjuntos de ideias, reduzindo-os a seus conteúdos ideológicos (como se os discursos políticos não tivessem *forma*, servindo apenas como canais transmissores de ideias). Assim, no trânsito do plano da crítica literária ao âmbito dos discursos político-sociais, as sutilezas das percepções tendem a se perder de maneira inevitável, manifestando as estreitezas heurísticas do esquema de "modelos" e "desvios" para compreender o desenvolvimento errático das ideias na América Latina.

Acompanhando o esquema de "modelos" e "desvios", a historiografia das ideias na América Latina estaria, desde as suas origens, organizada em torno da busca e definição das "distorções" produzidas pela vinda das ideias liberais à região, que supostamente eram incompatíveis com as culturas e tradições herdadas.[461] Os historiadores latino-americanos das ideias concordam, portanto, com o postulado de que, no século XIX, o resultado do embate entre a cultura tradicionalista nativa e os princípios universais do liberalismo havia sido uma espécie de ideologia transacional, a qual José Luis Romero definiu como "liberal-conservadora".[462] Debatidas em um meio que lhes era estranho e hostil, as ideias liberais "modernas" adquiriram na região, como se afirmou, um caráter notoriamente conservador e "retrógrado".

No entanto, esse esquema, ao reduzir todas as arestas problemáticas da História intelectual local a questões relativas àquilo que em filosofia do direito se chama de *adjudicatio* (aplicabilidade ou não de uma norma a um caso particular), impediria, de fato, que os historiadores das ideias questionassem criticamente os "modelos" putativos, impedindo, portanto, de antemão, a eventual problematização desses mesmos modelos, *o que é precisamente, como afirmou Schwarz, o aspecto mais interessante da obra de Machado de Assis: como essa obra conseguia trazer à luz, do interior do gênero literário, problemas que lhe eram intrínsecos*. O apelo a essa entidade vaga chamada "Europa" funciona aqui, contudo, como uma invocação a essa espécie de esfera supralunar em que as ideias, supostamente, encontrariam o "seu lugar apropriado". É por isso que, no interior desse quadro conceitual, as ideias de um determinado autor que se distancia da suposta "espécie ideal" liberal (o *logos*),

---

[461] Nas palavras de um dos mais lúcidos historiadores das ideias da área, Charles Hale: "A experiência distintiva do liberalismo deriva do fato de que as ideias liberais foram aplicadas em países altamente estratificados, em termos sociais e raciais, economicamente subdesenvolvidos e com uma enraizada tradição de autoridade estatal centralizada. Em outras palavras, essas ideias liberais foram aplicadas num ambiente estranho e hostil" (HALE, 1989, p. 368).

[462] ROMERO, 1956, p. 184, cap. VII.

somente possam ser interpretadas como sintomático de algum *pathos* oculto. Na região, os "modelos" são tidos como plenamente consistentes e com sentido transparente; sendo assim, as definições de manual, simplistas por natureza, são tomadas aqui de modo acrítico, como ponto de partida válido. O único problema que a História das ideias estabeleceria, na América Latina, é algo, de fato, completamente externo às próprias ideias: sua aplicabilidade ou não à especificidade do contexto local.

A partir de um ponto de vista conceitual, a consequência mais grave do que mencionamos antes é que as aproximações tradicionais da "História das ideias" fracassam, sistematicamente, na intenção de encontrar algo "peculiar" na América Latina. Com o intuito de encontrar alguma "peculiaridade latino-americana", os historiadores das ideias locais não apenas simplificam a História das ideias europeia, apagando todas as arestas problemáticas e eliminando a complexidade de seu curso efetivo. O fato é que, ainda assim, dificilmente encontrarão algum modo de descrever as "idiossincrasias" latino-americanas com "categorias não europeias". Como enfatiza Schwarz, termos como "conservadorismo" e até mesmo a mistura ideológica expressa na formulação de Romero ("liberalismo conservador") são, evidentemente, categorias não menos "abstratas" e "europeias" do que o termo oposto "liberalismo". No entanto, é certo que, no contexto dessas aproximações, na medida em que, segundo o consenso geral, os pensadores latino-americanos não contribuíram de modo relevante para a História "universal" do pensamento, o único modo que ainda pode justificar e tornar relevante o seu estudo é a expectativa de encontrar "distorções" (como as ideias se "desviaram" do padrão). Encontramos, aqui, finalmente, a contradição básica das aproximações centradas nas "ideias", as quais geram uma ansiedade pela "particularidade" *que nunca podem satisfazer*. Em resumo, a História de "ideias" leva a um beco sem saída.

Dessa forma, obrigada a se colocar um objetivo que não pode ser alçando, a História das ideias mina os seus próprios fundamentos. Como vimos, Schwarz é particularmente lúcido em relação a essa situação (a simultânea necessidade e impossibilidade de distorções na História das ideias na América Latina). Contudo, ele toma como uma característica da História intelectual latino-americana aquilo que é, na verdade, um problema inerente às abordagens feitas por essa mesma História intelectual. Se não é possível encontrar as supostas características que especificam as ideias no contexto local, em última instância, é porque essas mesmas abordagens o impedem; visto a partir do conteúdo ideológico, todo sistema de pensamento cai, necessariamente, dentro de uma limitada série de alternativas, das quais nenhuma pode pretender aparecer como uma exclusividade latino-americana. As ideias de um determinado autor só podem ser, nesse esquema, mais liberais que conservadoras, mais conservadoras que liberais ou, ainda, devem se situar em algum ponto equidistante entre ambos os polos (o mesmo padrão será reproduzido em cada um dos distintos tópicos nos quais as Histórias das ideias tradicionais costumam estar organizadas). Em suma, quando analisamos os textos abordando-os exclusivamente no nível dos conteúdos proposicionais, o espectro dos possíveis resultados pode ser perfeitamente estabelecido *a priori*, cujas possíveis controvérsias se reduzem, portanto, ao modo de categorizá-los.

Assim, os problemas locais impõem questões epistemológicas de maior alcance. Do ponto de vista exclusivo do conteúdo semântico dos discursos, entre "ideias" e "realidade", entre "texto" e "contexto", haveria apenas uma relação mecânica externa. O "contexto" aparece aqui somente como uma espécie de cenário exterior para o desdobramento das ideias (que formam o "texto"). Entre um nível e outro ainda não há uma verdadeira interpenetração; e nisso se encontra também a limitação fundamental do enfoque de Schwarz. Enfim, se a abordagem schwarziana não pode dar conta das razões epistemológicas para a necessidade/impossibilidade de tais "distorções", é porque ela mesma repousa sobre as premissas que determinam tal necessidade/impossibilidade. A fonte última disso se encontra numa perspectiva linguística decididamente pobre, inerente à História das "ideias", que reduz a linguagem à sua função puramente referencial. É essa que provê os fundamentos para a distinção entre "ideias" e "realidades", na qual o problema de "as ideias fora do lugar" se sustenta. O problema, assim, se mantém baseado apenas na suposição daquela distinção: uma vez que essa distinção seja minada, a questão da "imitação" perde todo o sentido. Contudo, isso exige a reformulação de seu universo categorial por completo, o que implica não apenas a definição de outros temas para a História intelectual, mas, fundamentalmente, a reconfiguração do próprio objeto de estudo, isto é, do conceito de "texto", incorporando à sua definição a consideração da dimensão *pragmática* que lhe é inerente.

Representação e uso das ideias

Essa perspectiva tradicional da História das "ideias" representa, na verdade, uma simplificação do método crítico de Schwarz (pois, como vimos, ele é bem mais sutil e complexo). Mesmo assim, tal padrão interpretativo tradicional (que está na base do esquema de "modelos" e "desvios") encontra raízes conceituais profundas na sua própria teoria. Essas raízes se ligam, como afirmamos anteriormente, a uma perspectiva linguística pobre, que se concentra exclusivamente nos conteúdos semânticos dos textos (a sua dimensão referencial). A esse respeito, uma afirmação de Pocock é relevante: "o fato é que, sob a pressão da dicotomia idealista/materialista, concentramos toda a nossa atenção ao pensamento como condicionado pelos fatos sociais externos, mas não prestamos nenhuma atenção a ele como aquilo que denota, refere, assume, alude, implica e realiza uma variedade de funções, das quais ter e fornecer informação são as mais simples de todas".[463]

Com efeito, Schwarz, ao dizer que as ideias na América Latina se encontram "fora do lugar", associando isso ao fato de que essas ideias seriam descrições inadequadas ("representações distorcidas") da realidade local, demonstra que a sua perspectiva ainda se apoia sobre a base do conceito tradicional da História das "ideias", o qual reduz a linguagem à sua função meramente referencial (as "ideias" como "representações" da realidade). Entretanto, o tipo de problema

---

[463] POCOCK, 1989, p. 37.

que Schwarz se propõe a abordar excede a esfera semântica da linguagem. Na verdade, compreendida nesse sentido, a expressão "ideias fora do lugar" estabelece uma contradição nos próprios termos. A definição de um determinado discurso como "fora do lugar" implica a referência à sua dimensão pragmática, ou seja, às condições de sua enunciação. Algumas distorções conceituais nos permitirão, contudo, apontar as raízes conceituais dos paradoxos e problemas aos quais a formulação de Schwarz conduz.

Se tal formulação representa uma contradição nos termos é porque nela confundem-se duas instâncias linguísticas muito distintas. Schwarz introduz, nesta formulação, um fator *pragmático-contextual* no nível *semântico* da linguagem, o que necessariamente gera uma discordância conceitual, ou seja, leva-o a descrever as ideias nos termos de significados e proposições, atribuindo-lhe, contudo, funções próprias de seu uso. As "ideias" (o nível semântico) supõem *proposições* (afirmações ou negações em relação ao estado do mundo) e não se encontram determinadas contextualmente, pois o conteúdo semântico de uma proposição ("o que se diz") pode ser estabelecido além do contexto e do modo específico de sua enunciação. As considerações contextuais remetem, ao contrário, à dimensão *pragmática* da linguagem. Sua unidade é o *enunciado* (*utterance*), não a *proposição* (*statement*). O que importa no *enunciado* não é o significado (*meaning*), mas o sentido (*significance*). Este último, diferentemente do anterior, não pode se estabelecer independentemente de seu contexto particular de elocução. Ele não se refere apenas a "o que foi dito" (o conteúdo semântico das ideias), mas também a "como foi dito", "quem disse", "onde", "para quem", "em quais circunstâncias", etc. A compreensão do *sentido* supõe um entendimento do *significado*, contudo, ambos são de naturezas muito distintas. O segundo pertence à ordem da *língua*, descreve fatos ou situações; o primeiro, ao contrário, pertence à *fala*, e implica a realização de uma ação. O que foi visto até aqui pode ser assim representado[464]:

---

[464] DUCROT, 1984, p. 31.

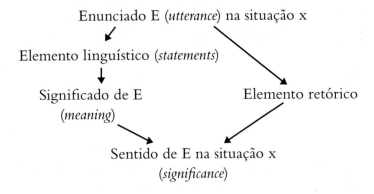

O ponto crítico para a presente discussão é que as "ideias" (na condição de *proposições* ou *statements*) são *verdadeiras* ou *falsas* (representações corretas ou erradas da realidade), mas nunca estão "fora do lugar"; apenas os *enunciados* podem estar, pois estar "fora do lugar" é necessariamente uma condição *pragmática*, assinala que alguém disse algo de um modo incorreto, ou que foi dito pela pessoa errada, ou num lugar inapropriado, ou num momento inoportuno, etc. Portanto, os *enunciados*, enquanto tais, podem eventualmente estar "fora do lugar" e não ser *falsos* ou *verdadeiros*, algo que apenas as proposições podem ser. Um enunciado particular pode talvez conter proposições falsas, mas mesmo assim ser "verdadeiro" ("real"), enquanto tal. Os enunciados, de fato, transcendem a distinção entre "ideias" e "realidade" porque eles são sempre "reais" como *atos de fala* (para dizer nos termos de Austin). Isso explica um dos paradoxos apontado por Schwarz, ou seja, um enunciado pode conter proposições falsas ("representação distorcidas da realidade") e ainda assim ser "verdadeiro". Entretanto, esse paradoxo não remete a nenhuma particularidade brasileira ou latino-americana, apenas a uma faculdade inerente à linguagem.

Já podemos, então, sintetizar o postulado fundamental que organiza este trabalho, isto é, o de conceber um modelo que dê conta da dinâmica problemática das ideias na América Latina, cuja definição, na medida em que compreende a consideração da dimensão pragmática da linguagem, não deve ser forjada a partir das ferramentas conceituais utilizadas por Schwarz (que são as tradicionais ferramentas da "História das ideias"). Somente a partir de uma consideração simultânea das diversas instâncias da linguagem é possível estabelecer relações significativas entre os textos e seus contextos particulares de enunciação, encontrando, assim, um nexo que conecte os dois canais do "olhar estereoscópico" ("análise literária" e "reflexão social"), proposto por Schwarz,[465] convertendo, assim, a História intelectual em uma verdadeira empresa hermenêutica. Se focarmos nossa análise exclusivamente na dimensão referencial dos discursos, não haverá modo de traçar as marcas linguísticas de seu contexto de enunciação, porque, na realidade, tais marcas não se encontram nesse nível. Por isso é que, acompanhando os procedimentos habituais da História das ideias, não é possível encontrar nas "ideias latino-americanas" qualquer característica que as particularize e as identifique como tais; somente a consideração da dimensão pragmática dos discursos permite compreendê-los como *eventos* (atos de fala) singulares. Em suma, a procura pelas determinações contextuais que condicionam os modos de apropriação, circulação e articulação dos discursos públicos nos conduz para além da História das "ideias".

Das "ideias" à "linguagem"

A passagem de uma História das "ideias" a uma História da "linguagem" oferece, na realidade, uma nova base para abordar as questões que Schwarz se propôs trabalhar. De qualquer modo, é certo que essa passagem obriga, ao mesmo tempo, a revisar aspectos fundamentais do conceito schwarziano. Um exemplo ajudará a esclarecer ambas as questões. Um modelo particularmente relevante, nesse sentido, foi desenvolvido por Iuri Lotman.[466] A aplicação de seu conceito de "semiosfera" à análise da problemática estabelecida por Schwarz nos permitirá observar em qual sentido uma aproximação centrada nas "linguagens" pode fornecer a base para avançar no próprio projeto schwarziano, ilustrando, ao mesmo

---

[465] SCHWARZ, 1999, p. 28.
[466] LOTMAN, 1996; 1998. Agradeço a Eduardo Saguier por alertar-me sobre as possíveis afinidades entre o conceito de Schwarz e as ideias de Lotman.

tempo, a natureza das limitações imposta pela sua inserção nos limites tradicionais da História das "ideias".

A Semiótica, como se sabe, é a disciplina que veio ocupar, em nossos dias, o lugar deixado pela Retórica clássica e que, portanto, tem buscado analisar sistematicamente os processos de intercâmbio simbólico. A pedra de toque dessa disciplina foi a definição da unidade comunicativa elementar, representada pelo esquema "emissor – mensagem – receptor". Entretanto, para Lotman, esse esquema monolíngue resulta num modelo abstrato, estilizado e estático dos processos de geração e transmissão de sentidos. Como ele mesmo demonstra, nenhum "código", "texto" ou "linguagem" (termos que usa de forma intercambiável) existe isoladamente, uma vez que todo processo comunicativo supõe, segundo Lotman, a presença de pelo menos dois códigos e um operador de tradução. O conceito de "semiosfera" indica, precisamente, a coexistência e superposição de uma infinidade de códigos no espaço semiótico (o que, em última instância, determina a sua dinâmica), representando, como dissemos, uma alternativa possível para a reelaboração do modelo de Schwarz, a fim de resgatar o núcleo "duro" de sua proposta original (que a sua própria formulação diluiu).

Em primeiro lugar, o modelo de Lotman esclarece um conceito que se encontra apenas parcialmente articulado nos textos do crítico brasileiro. Como afirma o semiólogo russo-estônio, apesar de todo código (por exemplo, uma "cultura nacional", uma tradição disciplinar, uma escola artística ou ainda uma ideologia política) se encontrar em constante interação com os outros que constituem o seu entorno, ele tende sempre ao próprio recolhimento, com o intuito de preservar o seu equilíbrio interno ou homeostase. Esse código gera, portanto, uma autodescrição ou metalinguagem, mediante a qual legitima seu regime de discursividade particular, recortando sua esfera de ação e delimitando internamente os usos possíveis do material simbólico disponível dentro de seus contornos. Desse modo, fixa também as condições de apropriação dos elementos simbólicos "fora do sistema"; uma "ideia" correspondente a um código que é estranho a ele não consegue se introduzir nele sem antes passar por um processo de assimilação por esse mesmo código. Isso mostra que, em suma, o "canibalismo" semiótico não é uma particularidade brasileira, nem muito menos uma herança cultural tupi, como imaginava Oswald de Andrade.[467]

Diante desse contexto é possível compreender melhor a primeira crítica de Schwarz sobre a rejeição dos nacionalistas à "imitação" dos modelos "estrangeiros". Segundo ele, a imitação não pode ser explicada por si mesma; deve-se, na verdade, procurar na própria realidade brasileira as condições que explicam a tendência a adotar conceitos estranhos para descrever (sempre inapropriadamente) a realidade local. Em resumo, é no ato de "imitar", assegura Schwarz, que a cultura brasileira manifesta sua natureza própria. Entretanto, isso também mostra que, como apontado por Carvalho Franco, nunca as "ideias" estão de fato "fora do lugar", isto é, nunca os intercâmbios comunicativos supõem recepções passivas de elementos "estranhos". Para serem assimilados, esses elementos devem ser (ou se tornar) "legíveis" pela cultura que deve incorporá-los, pois do contrário, no horizonte particular dessa cultura, esses elementos seriam "irrelevantes" e "invisíveis". O questionamento imposto a Schwarz por meio dessa comprovação pode ser formulado assim: como as ideias podem ser assimiláveis, ao mesmo tempo, como próprias e estranhas? A única maneira de salvar a noção dos "desajustes locais" seria retornar aos seus argumentos e postular a existência de um certo substrato mais autêntico de nacionalidade, a qual a própria cultura "superficial" falharia ao tentar expressá-la ou representá-la, e que é justamente o que sustenta o discurso nacionalista. Reencontramos, aqui, portanto, aquela escolha aparentemente inevitável, isto é, desfazer a problemática em relação à condição periférica da

---

[467] Em *Die Nationalitätenfrage und die Sozialdemokratie* [A questão da nacionalidade e a social-democracia], o líder socialista Otto Bauer sintetizou essa ideia em seu conceito de "apercepção nacional". A definição de Bauer é sugestivamente similar à reflexão de Oswald de Andrade sobre o "canibalismo cultural". Como afirma o próprio Bauer, a "percepção nacional" indica que "nenhuma nação adota elementos estrangeiros de forma inalterada; cada uma adapta-os a seu ser total, submetendo-os a mudanças no processo de adoção e digestão mental" (BAUER, 1996, p. 68). A esse respeito, ver Palti (2003).

cultura local ou retornar aos dualismos próprios do nacionalismo. Entretanto, existe ainda uma terceira opção que Schwarz delineia sem tê-la desenvolvido consistentemente.

A pedra de toque do seu conceito está na virada fundamental introduzida por ele na abordagem da questão. O questionamento original já não se referia, na verdade, à "estranheza" das ideias e da cultura brasileira, mas, mais propriamente, a como ambas são eventualmente percebidas como tais por determinados setores da população local. A referência às ideias de Lotman pode ser útil para esclarecer também esse ponto. Como apontou o semiólogo, ainda que os processos de intercâmbio cultural nunca compreendam a mera recepção passiva de elementos "estranhos", é exatamente por isso que é próprio desses processos a ambivalência semiótica, a qual possui duas origens. Em primeiro lugar, os equívocos resultantes do fato de que os códigos (tal como a semiosfera, considerada em seu conjunto) não são internamente homogêneos, porque em seu interior coexistem e se sobrepõem (é atravessado) por uma infinidade de subcódigos que tendem, por sua vez, à sua própria reclusão, nem sempre tornando possível sua mútua traduzibilidade. Por outro lado, essa mesma abertura dos códigos em seu entorno semiótico tende também a sempre produzir novos desequilíbrios internos. A fim de tornar assimilável um elemento externo, os sistemas devem adequar a ele a sua estrutura interna, reacomodar seus elementos, desestabilizando, portanto, de modo constante sua configuração presente. Isso se liga ao que Jean Piaget estudou como processos de *assimilação* e *acomodação*, definindo-os como mecanismos fundamentais ao equilíbrio/desequilíbrio das estruturas cognitivas.[468] Seguindo nesse conceito, cabe dizer que as ambivalências são, ao mesmo tempo, causa e efeito dos desequilíbrios. Os desenvolvimentos desiguais produzem necessariamente assimetrias entre os códigos e subcódigos (hierarquias e desníveis quanto às relações de poder), o que implica sempre, em todo processo de intercâmbio, a presença de certa *violência* semiótica (operante tanto nos mecanismos

---

[468] PIAGET, 1978.

de estabilidade dos sistemas, como nos impulsos dinâmicos que os deslocam), gerando compensações simbólicas insuficientes.[469]

O que Schwarz percebe como determinante última da "particularidade latino-americana" (a interação problemática entre "centro" e "periferia") poderia ser compreendida, portanto, como uma expressão de tais desenvolvimentos desiguais e intercâmbios assimétricos na esfera da cultura, o que resulta num duplo fenômeno. Por um lado, na periferia de um sistema os códigos sempre seriam mais instáveis do que no centro, porque sua capacidade de assimilação seria relativamente mais limitada. Por outro lado, a distância semiótica que os separa em relação ao centro faria que as pressões para sua acomodação fossem mais fortes. Vistas por essa perspectiva, as posturas de Carvalho Franco e de Schwarz perdem o caráter antagônico. Ambos estariam enfatizando, respectivamente, dois aspectos diferentes e igualmente inerentes a todo fenômeno de intercâmbio cultural. Enquanto o conceito de Carvalho Franco se concentra nos mecanismos de *assimilação*, o de Schwarz se centra nos processos de *acomodação*, aos quais aqueles costumam, por sua vez, dar lugar (bem como às inevitáveis tensões internas que tais processos geram).

A reformulação anterior do conceito de Schwarz condensa o núcleo de sua proposta teórica.[470] Ao mesmo tempo, comporta a

---

[469] A ideia da compensação simbólica como o procedimento que permite a reversibilidade das estruturas cognitivas (sem o qual não há nenhum conhecimento válido) foi trabalhada por Piaget no texto mencionado anteriormente, *La equilibración de las estructuras cognitivas* [Equilibrando estruturas cognitivas] (1978).

[470] Em "Discutindo com Alfredo Bosi", Schwarz se aproxima mais claramente dessa formulação. Nela, ele discute a ideia de Bosi de "filtro" cultural (BOSI, 1992). Como Schwarz afirma, "ela tem méritos claros, como o ganho em organicidade em relação a modelos mecânicos ou aleatórios da difusão do pensamento. Em especial, as ligações muito assimétricas entre países ricos e pobres [...] passam a ser olhadas com mais humanidade, e mais acerto, pois em lugar da imposição direta e unilateral somos levados a notar a eficácia, mesmo involuntária, da constituição interna da parte fraca, que nunca é totalmente passiva" (SCHWARZ, 1999, p. 83). Mas, ao mesmo tempo, indica que a assimilação de elementos estranhos nunca é completa pela mesma circunstância (na qual a noção de filtro tende a desconhecer) de toda cultura nacional ser parte de um sistema internacional, estruturado

revisão da proposta em três aspectos fundamentais. Em primeiro lugar, por essa perspectiva, os "centros" e as "periferias" já não são fixos e estáveis, mas variáveis no tempo e espaço. Determiná-los não é, portanto, uma tarefa simples. Eles não apenas se deslocam historicamente, mas são, inclusive num mesmo momento, sempre relativos (o que é um centro num sentido, pode ser periférico em outro,[471] pois centros e periferias contêm, por sua vez, seus próprios centros e periferias). Torna-se simplista e, portanto, falso falar de "centros" e "periferias" como se fossem entidades homogêneas e fixas, ou seja, objetos cuja natureza e características possam ser determinadas *a priori* (o que leva a uma visão abstrata e genérica da "Europa" e "América Latina", bem como de suas mútuas relações).

Em segundo lugar, os desajustes semióticos não se situam, aqui, no nível do componente semântico. Não se trata de as ideias "representarem inadequadamente a realidade"; nesse contexto, os desequilíbrios não remetem à relação entre "ideias" e "realidades" – conceito que implicitamente sempre tem (ao menos como contrafático) o ideal de uma sociedade completamente orgânica, na qual "ideias" e "realidades" convergem – mas à relação das ideias consigo mesmas. Esse tipo de deslocamento é, na verdade, inevitável, pois deriva, como vimos, da coexistência e sobreposição, num mesmo sistema, de códigos heterogêneos entre si. Isso determina que, embora as ideias nunca estejam "fora do lugar" (pois o seu significado não preexiste às próprias condições de inteligibilidade), estão, ao mesmo tempo, sempre "fora de lugar" (visto que todo sistema abriga preceitos contraditórios de leitura); mais precisamente, elas se encontram "sempre parcialmente deslocadas".

---

por "condições e antagonismos globais, sem cuja presença as diferenças locais ou nacionais não se entendem" (SCHWARZ,1999, p. 84).

[471] Ainda que exista uma evidente correlação entre economia e cultura, tampouco é possível afirmar que os "centros econômicos" coincidam sempre com os "centros culturais". Os Estados Unidos, por exemplo, mesmo depois de se tornarem um grande centro econômico mundial, continuaram sendo periféricos culturalmente (até mesmo hoje continuam a sê-lo em algumas áreas). A esse respeito, ver Campos (2000).

Isso é assim não porque as ideias e instituições estranhas não possam eventualmente se adequar à realidade local (de fato, sempre estão, num sentido, "bem adequadas"), mas porque tal processo de assimilação é sempre conflituoso devido à presença, no interior de cada cultura, de uma pluralidade de agentes e modos antagônicos de apropriação ("uma sociedade plural e complexa", afirma Pocock, "fala uma linguagem plural e complexa, ou melhor, uma pluralidade de linguagens especializadas, cada uma comportando suas próprias pautas para a definição e distribuição de autoridade").[472] Diante disso, pensar que as ideias pudessem estar completamente deslocadas implicaria afirmar um estado de completa *anomia* (a dissolução de todo o sistema), o qual não é verificável de maneira empírica (até mesmo o estado de guerra civil pressupõe regras). Pelo contrário, imaginar um estado no qual as ideias estivessem perfeitamente adequadas equivaleria a supor um sistema completamente orgânico, uma ordem totalmente regulamentada, que conseguiu eliminar todas as suas fissuras e contradições internas (fixar sua metalinguagem), algo que não é possível nem mesmo em sociedades relativamente complexas.

A percepção de "estranheza" da cultura brasileira em relação à sua sociedade, tal como apontado por Schwarz, se explicaria, portanto, como uma expressão dos desajustes produzidos por essa complexa dinâmica dos processos de aquisição cultural. Essa "estranheza" não se trataria apenas de um dado acolhido (como os nacionalistas pensam) pela "opinião popular", uma mera comprovação empírica, mas (como Schwarz eventualmente sugere) algo resultante das ambivalências que aparecem no próprio processo de produção, transmissão e apropriação dos discursos. Assim, já não se falaria de "ideias fora do lugar", isto é, de categorias que estariam, dada a sua natureza, desajustadas em relação à realidade local (dando lugar a representações distorcidas). Os desajustes seriam, na verdade, uma expressão do fato de que toda assimilação é sempre contraditória. Isso nos leva ao terceiro aspecto, o qual

---

[472] POCOCK, 1971, p. 22.

definitivamente escapa às possibilidades de abordagem dos temas implícitos no conceito do crítico brasileiro.

O terceiro aspecto, cuja consideração da dimensão pragmática da linguagem conduziu à revisão do conceito de Schwarz, encontra-se no fato de que, tal como se deu nas considerações anteriores, não apenas as "ideias" nunca estão completamente desajustadas ou "fora do lugar" — pois, nesse caso, sem condições apropriadas de recepção, se tornariam irrelevantes (invisíveis) para o código dado —, o que é, em suma, o que o próprio Schwarz afirma, mas que o sentido de seus desajustes não poderia ser definido somente em função de um código particular. Ou seja, a determinação das ambivalências, para um dado sistema, é em si mesma equivocada, uma função de um contexto pragmático particular de enunciação. Não existe *um* "lugar da realidade" em que se possa determinar — de forma taxativa e objetiva — quais "ideias" estão "fora do lugar" e quais não estão. Em suma, a definição do que está "fora do lugar" e o que está "no lugar correto" é, em si mesmo, parte do jogo dos erros (como vimos, para os próprios atores, os "não realistas" são sempre os outros). Isso redefine o objeto da história intelectual local. O que haveria de ser tratado então é compreender o que está "fora do lugar" em cada contexto discursivo particular; como, por fim, certas ideias ou modelos, e não outros, surgem como "estranhos" ou inapropriados para representar a realidade local; como ideias e modelos "apropriados" a *certos sujeitos* são "estranhos" para outros; e, finalmente, como ideias ou modelos que, em determinadas circunstâncias e para certos atores, eram "estranhos", eventualmente se revelam "apropriados" para os mesmos atores (e, o contrário, como ideias e modelos que pareciam "apropriados" se tornam "estranhos"). O clássico exemplo de Schwarz, tomado da Constituição brasileira de 1824, torna-se aqui também ilustrativo.

Baseando-se no texto da *Declaração dos Direitos do Homem e do Cidadão*, a Constituição assegurava que todos os homens nascidos em solo brasileiro seriam livres e iguais. Tal declaração, como afirma Schwarz, repetida num país em que aproximadamente um terço da população era escrava, gerava evidentes contradições. De qualquer forma, representava uma grosseira distorção da realidade.

Tratava-se, portanto, de mais uma expressão da série de desajustes produzidos pela inserção das ideias liberais num contexto em que não havia as mesmas condições sociais nas quais tais ideias surgiram. Entretanto, esse princípio não *necessariamente* estava em contradição com a existência da escravidão, porque atuava *justamente sob o pressuposto de que os escravos são sujeitos de direito*, algo que, precisamente, o discurso escravocrata negava.[473] O fato de que essa declaração seja contraditória em relação à existência mesma da escravidão, em suma, apenas revela nossas próprias crenças a esse respeito (ou seja, nós *todos*, seres humanos – incluindo os escravos –, somos sujeitos de direito, o que significa dizer que não participamos do discurso escravocrata),[474] o que não é relevante a partir do ponto de vista historiográfico.

Entretanto, Schwarz também está correto ao afirmar, contra Carvalho Franco, que tal declaração estava "fora do lugar". Certamente, não importa aqui o que pensamos a esse respeito. O fato é que a declaração, na verdade, assim pareceu para os próprios atores (ou, pelo menos, para alguns deles), sendo que, durante o século XIX, essa percepção se difundiu rapidamente (especialmente, na segunda metade do século). Portanto, o que havia sido contraposto não foram "ideias" e "realidades", mas dois discursos contrários (como afirmou Lotman, a geração de contradições ou ambivalências

---

[473] "O açúcar seria muito caro se não se empregassem escravos no trabalho, pois requer o cultivo da planta que o produz. Esses seres de quem falamos são negros dos pés à cabeça e têm, além disso, um nariz tão deformado que é quase impossível [não] nos compadecer deles. Não entra em nossa cabeça que, sendo Deus um ser infinitamente sábio, tenha dado alma e, sobretudo, uma alma boa a um corpo totalmente negro." Isso foi dito por ninguém menos do que Montesquieu (1984, livro XV, cap. V). Pode-se alegar que tal afirmação não era própria ao liberalismo, refletindo, na verdade, os próprios preconceitos pessoais, ou o clima da época, etc. (algo contra o qual o próprio autor adverte no prefácio: "não extraí meus princípios de meus preconceitos", e afirma, "mas da natureza das coisas"). Seja como for, fica claro que a conjunção liberalismo-escravismo – ainda que, por razões óbvias, no Brasil será sentida de forma mais notória – não foi uma "particularidade brasileira".

[474] Para a distinção entre "pessoa" e "coisa", ver Gorender (1973, p. 73).

semióticas pressupõe sempre a presença de, pelo menos, dois códigos heterogêneos entre si) que, em determinadas circunstâncias, entraram em contato e se chocaram. Em todo caso, o fato é que a "des-localização" de tal Carta não era algo "natural" ou fixo (o que foi e se manteve assim desde o momento de sua proclamação), nem algo que surgia imediatamente da própria letra da declaração quando se contrastava com a "realidade" social de seu tempo, mas um resultado histórico, o produto (contingente) de uma série de evoluções desiguais, que determinaram as condições particulares de articulação pública dos discursos neste país e naquele período. Em suma, seu estar "fora do lugar" não pode ser compreendido fora do processo de descomposição sofrido pela então instituição escravocrata (num país cuja economia segue, entretanto, funcionando sobre essa base). Ele reflete, portanto, como as premissas do discurso escravocrata estavam sendo corroídas.

Regressamos, assim, a uma definição centrada nos conteúdos semânticos dos discursos (as "ideias"), mas por um ângulo que incorpora a consideração da sua dimensão pragmática. Ela mostra por quais motivos a questão sobre as ideias liberais estarem, no Brasil, "fora do lugar" não poderia ser encerrada simplesmente por meio de uma afirmação positiva ou negativa. Isso nos obriga a transferir nosso foco para um plano diferente de análise (movimento que Schwarz esboça sem conseguir concretizar). Valeria definira História das "ideias parcialmente desajustadas" como uma espécie de História das "ideias das ideias-fora-de-lugar", uma História de uma segunda ordem de ideias, isto é, uma História das linguagens e seus modos de articulação, circulação e apropriação social, além dos inevitáveis desajustes que geram.

Em suma, podemos afirmar que o conceito de Schwarz das "ideias fora do lugar", assim reformulado, ou seja, reinterpretado nos termos das "ideias sempre parcialmente desajustadas", é ainda extremamente esclarecedor dos fenômenos de intercâmbio simbólico e, particularmente, da dinâmica desigual dos desenvolvimentos culturais na América Latina, oferecendo uma ferramenta mais sofisticada de análise em relação à que abastece o esquema de "modelos" e "desvios" dentro do qual o próprio Schwarz inscreveu sua proposta teórica (levando-o a analisar as ideias em termos de significados e proposições, a fim de atribuir-lhes funções próprias a seu uso). Como vimos, o recurso a modelos linguísticos mais complexos permitiria resgatar o núcleo "duro" da proposta original de Schwarz (definitivamente muito mais interessante que a versão acabada mais difundida), reelaborando-o com o intuito de evitar o retorno ao tema e, assim, torná-lo objeto de análise, o qual "desnaturalizado" e "desfamiliarizado" é passível, portanto, de avaliação crítica.

Essa sofisticação do modelo proposto por Schwarz, em última instância, não apenas é uma das direções possíveis nas quais ele pode se desenvolver, mas é, num sentido, muito mais compatível com os pressupostos antiessencialistas implícitos em sua polêmica intervenção. Contudo, o preço que devemos pagar por essa sofisticação argumentativa é renunciar a qualquer expectativa de encontrar algum traço genérico, facilmente formulável, que identifique a História intelectual latino-americana; isto é, chegar a descobrir alguma característica particular em sua dinâmica que seja comum aos diversos tipos de discursos, ao longo dos diversos períodos e igualmente perceptível em todos os países da região (os quais, por sua vez, distinguem essa dinâmica da dos discursos pertencentes a todos os demais continentes e regiões); finalmente, abdicar da pretensão de poder definir, para além de seu contexto particular de enunciação, quais ideias estão fora do lugar, e em qual sentido estão, na América Latina. Em suma, entendo que núcleo do argumento que aqui é apresentado se encontra perfeitamente resumido numa frase do próprio Schwarz, cunhada em um artigo de 1969-1970, quando discutia o movimento "tropicalista" (mas que também vale para a sua própria formulação): "a generalidade desse esquema [tropicalismo] é tal que abraça todos os países do continente em todas as suas etapas históricas – o que poderia parecer um defeito. O que dirá do Brasil de 1964 uma fórmula igualmente aplicável, por exemplo, ao século XIX argentino?".[475]

---

[475] SCHWARZ, 1992, p. 77-78.

Referências

AGESTA, L. S. *Historia del constitucionalismo español*. Madrid: Instituto de Estudios Políticos, 1955.

ALAMÁN, L. *Historia de Méjico*. México: Editorial Jus, 1942. v. 1.

ALBERDI, J. B. *Escritos póstumos*. Quilmes (AR): Universidad Nacional de Quilmes, 1996. v. 8.

ALBERDI, J. B. *Fragmento preliminar al estudio del derecho*. Buenos Aires: Biblos, 1984.

ALBORNOZ, C. S. *España, un enigma histórico*. Buenos Aires: Sudamericana, 1956.

ALTAMIRANO, I. *Obras completas*. México: Secretaría de Educación Pública, 1986. v. 1.

AMANTE, A.; GARRAMUÑO, F. (Orgs.). Las ideas fuera de lugar. In: *Absurdo Brasil: polémicas en la cultura brasileña*. Buenos Aires: Biblos, 2000, p. 45-60.

ANDERSON, B. *Imagined Communities*. Londres: Verso, 1991.

ANKERSMITH, F. R. *Political representation*. Stanford: Stanford University Press, 2002.

ANNINO, A. El voto y el XIX desconocido. *Istor*. México, n. 17, p. 43-59, 2004. Disponível em: < https://bit.ly/2R8tk92 >.

ANNINO, A. Pueblos, liberalismo y nación en México. In: ANINNO, A.; GUERRA, F.-X. (Coords.). *Inventando la nación. Iberoamérica: Siglo XIX*. México: FCE, 2003, p. 427-428.

ANNINO. El Jano bifronte: los pueblos y los orígenes del liberalismo en México. In: REINA, L.; SERVÍN, E. (Coords.). *Crisis, reforma y revolución. México: Histórias de fin de siglo*. México: Taurus; Conaultura/INHA, 2002. p. 209.

ANNINO, A. Soberanías en lucha. In: ANNINO, A.; CASTRO LEIVA, L. e GUERRA, F.-X. (Comps.). *De los imperios a las naciones: Iberoamérica*. Saragoça (ES): IberCaja, 1994. p. 251.

ARANTES, P. E. *Sentimento da dialética na experiência intelectual brasileira: dialética e dualidade segundo Antonio Candido e Roberto Schwarz*. São Paulo: Paz e Terra, 1992.

ARENDT, H. *The Human Condition*. Nova York: Doubleday, 1959.

ARGÜELLES, A. *La reforma constitucional de Cádiz*. Madrid: ITER, 1970.

ARGÜELLES, A. *Examen histórico de la reforma constitucional que hicieron las Cortes Generales y extraordinarias desde que se instalaron en la Isla de León el día 24 de setiembre de 1819, hasta que cerraron en Cádiz sus sesiones en 14 del propio mes de 1813*. Londres: Impressão de Carlos Wood e filho, 1835.

ARGÜELLES, A. *Diario de Sesiones de Cortes*, 6 jun.1811.

ARGÜELLES, A. *El Semanario Patriótico*, v. 38, p. 129, 7 dez. 1810.

ARMESTO, F. *Mitristas y alsinistas*. Buenos Aires: Sudestada, 1969.

ARTOLA, M. *Los orígenes de la España contemporánea*. Madrid: Instituto de Estudios Políticos, 1959.

ÁVILA, A. Las primeras elecciones del México independiente. *Política y Cultura*. México, v. 11, p. 29-60, jan. 1999.

BAILY, B. *The Ideological Origins of American Revolution*. Cambridge: Harvard University Press, 1992.

BAKER, K. M. *Inventing the French Revolution: Essays on French Political Culture in the Eighteenth Century*. Nova York: Cambrigde University Prees, 1990.

BALL, T. Confessions of a Conceptual Historian. In: IHALAINEN, P. (Ed.). *Finnish Yearbook of Political Thought*. Finlândia: Sophi Academic Press, 2002. v. 6, p. 21.

BALL, T.; POCOCK, J. G. A. (Eds.). *Conceptual Change and the Constitution*. Lawrence: Kansas University Press, 1988.

BAUER, O. The Nation. In: BALAKRISHNAN, G. (Org.). *Mapping the Nation*. London: Verso, 1996. p. 68.

BEALE, W. Rhetorical Performative Discourse: A New Theory of Epideictic. In: *Philosophy and Rhetoric*. Pensilvânia, v. 11, p. 225, 1978.

BERRUEZO, M. T. *La diputación americana en las Cortes de Cádiz*. Madrid: Centro de Estudios Constitucionales, 1986.

BLUMENBERG, H. *Die Genesis der kopernikanischen Welt*. Frankfurt: Suhrkamp, 1996.

BOLÍVAR, S. Manifesto de Cartagena. In: ROMERO, J. L.; ROMERO, L. A. *Pensamiento político de la emancipación (1790-1825)*. Caracas: Ayacucho, 1977. v. 1, p. 133.

BOSI, A. *Dialética da colonização*. São Paulo: Companhia das Letras, 1992.

BURNS, B. (Org.). *Perspectives on Brazilian History*. Nova York; Londres: Columbia University Press, 1967.

BUSTAMANTE, C. M. *La Constitución de Cádiz: o Motivos de mi afecto a la Constitución*. México: FEM, 1971.

CAMPOS, H. De la razón antropofágica: diálogo y diferencia en la cultura brasileña. In: *De la razón antropofágica y otros ensayos*. Seleção, tradução e prólogo de Rodolfo Mata. México: Siglo XXI, 2000.

CARDOSO, C. F. (Org.). *Escravidão e abolição no Brasil: novas perspectivas*. Rio de Janeiro: Jorge Zahar, 1988.

CARMAGNANI, M.; HERNÁNDEZ CHÁVEZ, A. La ciudadanía orgánica mexicana, 1850-1910. In: SABATO, H. (Coord.). *Ciudadanía política y formación de las naciones*. México: FCE/Fideicomiso de las América/El Colegio de México, 1999. p. 376.

CARR, R. *España (1808-1935)*. Barcelona: Ariel, 1968. p. 105.

CARTER, M. The Ritual Functions of Epideictic Rhetoric: The Case of Socrates Funeral Oration. *Rhetorica*, v. 9, n. 3, p. 209-232, 1991.

CARVAJAL, F. F. El pensamiento político español en el siglo XIX. In: DÍAS-PLAJA, G.; PIDAL, R. M. (Eds.). *Historia general de las literaturas hispánicas*. Barcelona: Sociedad de Artes Gráficas, 1957. v. 4, p. 349.

CARVALHO, J. M. Dimensiones de la ciudadanía en el Brasil del siglo XIX. In: SABATO, H. (Coord.). *Ciudadanía política y formación de las naciones*. México: FCE/Fideicomiso de las América/El Colegio de México, 1999a. p. 327.

CARVALHO, J. M. A história intelectual no Brasil: breve retrospecto. *Topoi*, v. 1, p. 123-152, 1999b.

CASTAÑEDA, M. C. R; TORRES, L. R.; CORDERO Y TORRES E. (Orgs.). *El periodismo en México, 450 años de historia*. México: Tradición, 1974.

CASTRO, R. S. *Prensa y periodismo en Chile (1812-1956)*. Santiago: Universidad de Chile, 1958.

CHARTIER, R. *Espacio público, crítica y desacralización en el siglo XVIII: los orígenes culturales de la Revolución Francesa*. Barcelona: Gedisa, 1995.

CHARTIER, R. *The Cultural Origins of the French Revolution*. Tradução de Lydia G. Cochrane. Durhan (EUA): Duke University Press, 1991.

CHIARAMONTE, J. C. Fundamentos iusnaturalistas de los movimientos de independencia. In: TERÁN, M.; ORTEGA, J. A. S. (Eds.). *La guerra de independencia en la América española*. Michoacán: El Colegio de Michoacán; Instituto Nacional de Antropología e Historia; Universidad Machoacana San Nicolás de Hidalgo, 2002, p. 99-123.

CHIARAMONTE, J. C. El mito de los orígenes en la historiografía latinoamericana. *Cuadernos del Instituto Ravignani*. Buenos Aires: Instituto de Historia Argentina y Americana "Dr. Emilio Ravignani", 1991. v. 2.

CHIGNOLA, S. Historia de los conceptos, historia constitucional, filosofía política. In: *Res publica*, v. 9, n. 11-12, p. 27-68, 2003.

CHUST, M. *La cuestión nacional americana en las Cortes de Cádiz (1810-1814)*. Valencia: UNED; Historia Social; UNAM, 1999.

CONNOLLY, W. *The Terms of Political Discourse*. Princeton: Princeton University Press, 1983.

COPLESTON, F. *A History of Philosophy, vol. III: Ockham to Suárez*. Westminster: Newman Bookshop, 1953.

CORNEJO, M. La solidaridad, síntesis del fenómeno social (1909). In: ZEA, L. (Comp.). *Pensamiento positivista latino-americano*. Caracas: Biblioteca Ayacucho, 1980. v. 2, p. 488.

D'AMICO, C. *Bueno Aires, sus hombres, su política (1860-1890)*. Buenos Aires: Americana, 1952.

DE LIZARDI, J. J. F. *Obras*. México: UNAM, 1968. v. 3, p. 107.

DE LIZARDI, J. J. F. *La Quijotita y su prima (1818-1819)*. México: Porrúa, 1967. p. 211.

DEALY, G. Prolegomena on the Spanish American Political Tradition. In: WIARDA, H. (Comp.). *Politics and Social Change: The Distinct Tradition*. Massachusetts: University of Massachusetts Press, 1982. p. 170.

DONGHI, T. H. *Ensayos de Historiografía*. Buenos Aires: El Cielo por Asalto, 1996.

DONGHI, T. H. *Tradición política española e ideología revolucionaria de Mayo*. Buenos Aires: Centro Editor de América Latina, 1988.

DONGHI, T. H. En el trasfondo de la novela de dictadores: la dictadura hispanoamericana como problema histórico. In: *El espejo de la historia: Problemas argentinos y perspectivas latinoamericanas*. Buenos Aires: Sudamericana, 1987. p. 2.

DUCROT, O. *El decir y lo dicho*. Buenos Aires: Hachette, 1984.

DUNN, J. *The Political Thought of John Locke: An Historical Account of the Argument of the Two Treatises of Government*. Cambridge: Cambridge University Press, 1995.

DUSO, G. (Ed.). *Il potere: Per la storia della filosofia política moderna*. Roma: Carrocci, 1999a.

DUSO, G. (Ed.). *La logica del potere. Storia concetuale como filosofia política*. Roma: Latterza, 1999b.

ECHEVERRÍA, E. *Dogma socialista*. Buenos Aires: Jackson, 1944.

ENAUDEAU, C. *La paradoja de la representación*. Buenos Aires: Paidós, 1999.

ESTRADA, Á. F. *Representación a S.M.C el S.D Fernando VII en defensa de las Cortes (1818)*. Madrid: Imprenta de Villalpando, 1820. p. 28. Disponível em: <https://bit.ly/2waZIAs>. Acesso em: 3 abr. 2020.

FERNÁNDEZ, M. G. *Las doctrinas populistas en la independencia de Hispano-América*. Sevilha: CSIC, p. 29.

FIGGIS, J. N. *Political Thought from Gerson to Grotius, 1414-1615*. Nova York: Harper Torchbooks, 1960.

FIGGIS, J. N. *El derecho divino de los reyes y tres ensayos adicionales*. México: FCE, 1942.

FISH, S. Is There a text in this Class? In: *Is there a text in this class? The authority of interpretive communities*. Cambridge: Harvard University Press, 1980.

FRANCO, M. S. C. *Homens livres na ordem escravocrata*. 4. Ed. São Paulo: Unesp, 1997.

FRANCO, M. S. C. As ideias estão no lugar. *Cadernos de Debate*, v. 1, p. 61-64, 1976.

GALVÁN, E. T. *Tradición y modernismo*. Madrid: Tecnos, 1962.

GETINO, L. A. *El maestro fr. Francisco de Vitoria*, Madrid: [s.n.], 1930.

GIERKE, O. *Natural Law and the Theory of Society: 1500 to 1800*. Boston: Beacon Press, 1957. p. 41.

GLEDSON, J. Roberto Schwarz: um mestre na periferia do capitalismo. In: *Por um novo Machado de Assis*. São Paulo: Companhia das Letras, 2006, p. 236-278.

GODOY, M. T. G. *El léxico del primer constitucionalismo español y mejicano (1810-1815)*. Cartuja: Universidad de Granada, 1999.

GOLDMANN, L. *Marxismo y ciencias humanas*. Buenos Aires: Amorrortu, 1975.

GÓMEZ FARÍAS, V. *Voto particular del Señor Gómez Farías, como individuo de la comisión especial nombrada por el Soberano Congreso para examinar la cuestión de si se debe o no convocar a un nuevo Congreso*. México: Imprenta de Palacio, 1823.

GONZALBO, F. E. La imposibilidad del liberalismo en México. In: VÁZQUEZ, J. Z. (Coord.). *Recepción y transformación del liberalismo en México: Homenaje al profesor Charles A. Hale*. México: El Colegio de México, 1991. p. 14.

GORENDER, J. *O escravismo colonial*, São Paulo: Ática, 1973.

GRANDÓN, A. F. *Lastarria y su tiempo*. Santiago: [s.n.], 1981.

GUERRA, F.-X. *México: del Antiguo Régimen a la Revolución*. México: FCE, 2000. v. 1.

GUERRA, F.-X. El soberano y su reino. Reflexiones sobre la génesis del ciudadano en América Latina. In: SABATO, H. (Coord.). *Ciudadanía política y formación de las naciones: Perspectivas históricas de América Latina*. México: FCE/Fideicomiso de las Américas/El Colegio de México, 1999a. p. 35.

GUERRA, F.-X. De lo uno a lo múltiplo: Dimensiones de la Independencia. In: MCFARLANE, A.; POSADA CARBÓ, E. (Comp.). *Independence and*

Revolution in Spanish America: Perspectives and Problems. Londres: Institute of Latin American Studies, 1999b. p. 56.

GUERRA, F.-X.; LEMPÉRIÈRE, A. (Orgs.). Introducción. *Los espacios públicos en Iberoamérica. Ambigüedades y problemas. Siglos XVIII-XIX.* México: FCE, 1998.

GUERRA, F.-X. La desintegración de la monarquía hispánica. In: ANNINO, A.; LEIVA, L. C.; GUERRA, F.-X. (Comps.). *De los imperios a las naciones: Iberoamérica.* Zaragoza: Ibercaja, 1994. p. 225.

GUERRA, F.-X. *Modernidad e independência: Ensayos sobre las revoluciones hispánicas.* México: MAPFRE/FCE, 1993.

GUERRA, F.-X. La política moderna en el mundo hispánico. In: PALAFOX, R. A.; ASSAD, C. M.; MEYER, J. (Coords.). *Las formas y la política del dominio agrário: Homenaje a François Chevallier.* Guadalajara: Universidad de Guadalajara, 1992.

GUERRA, F.-X. El olvidado siglo XIX. In: PRADA, V. V. V.; OLABARRI, I. (Comps.). *Balance de la historiografía sobre Iberoamérica (1945-1988): Actas de las IV Conversaciones Internacionales de Historia.* Pamplona: Ediciones Universidad de Navarra, 1989.

GUNN, J. A. W. Public Opinion. In: BALL, T. et al. (Orgs.). *Political Innovation and Conceptual Change.* Cambridge: Cambridge University Press, 1995.

HABERMAS, J. The European Nation-State – Its Achievements and Its Limits: On the Past and Present of Sovereignty and Citizenship. In: BALAKRISHMAN, G. (Org.). *Mapping the Nation.* Londres: Verso; New Left Review, 1996a. p. 287-288.

HABERMAS, J. *Between Facts and Norms: Contributions to a Discourse Theory of Law and Democracy.* Cambridge: The MIT Press, 1996b.

HABERMAS, J. *The Structural Transformation of the Public Sphere: An Inquiry into a Category of Bourgeois Society.* Cambridge: The MIT Press, 1991.

HALE, C. Edmundo O'Gorman y la historia nacional. *Signos Históricos.* México, v. 3, p. 11-28, 2000.

HALE, C. Political and Social Ideas in Latin America, 1870-1930. In: BETHEL, L. (Comp.). *The Cambridge History of Latin America: From c. 1870 to 1930.* Cambridge: Cambridge University Press, 1989. v. 4, p. 368.

HALE, C. The History of ideas: Substantive and Methodological Aspects os the Thought of Leopoldo Zea. *Journal of Latin American Studies.* Cambridge, v. 3, n. 1, p. 59-70, 1971.

HALE, C. *Mexican Liberalism in the Age of Mora, 1821-1853.* New Haven; Londres: Yale University Press, 1968, p. 6.

HAMILTON, B. *Political Thought in Sixteenth-Century Spain.* Oxford: Clarendon Press, 1963.

HARTZ, L. The Fragmentation of European Culture and Ideology. In: HARTZ, L. (Comp.). *The Founding of New Societes: Studies in the History of the United States, Latin American, South African, Canada, and Australia*. Nova York: Harvest/HBJ, 1964, p. 3-23.

HARTZ, L. *The Liberal Tradition in American*. An Interpretation of American Political Thought since the Revolution. Nova York: HBJ, 1955.

HÉBRARD, V. Opinión pública y representación en el Congreso Constituyente de Venezuela (1811-1812). In: GUERRA, F.-X.; LEMPÉRIÈRE, A. Introducción. *Los espacios públicos en Iberoamérica. Ambigüedades y problemas. Siglos XVIII-XIX*. México: FCE, 1998. p. 196-224.

HERNÁNDEZ Y DÁVALOS, J. E. *Historia de la Guerra de Independencia de México*. México: Comisión Nacional para las Celebraciones del 175 Aniversario de la Independencia Nacional y 75 Aniversario de la Revolución Mexicana, 1978. v. 1, p. 581.

HERNÁNDEZ, J. M. *El retrato de un dios mortal: Estudio sobre la filosofía política de Thomas Hobbes*. Barcelona: Antrophos, 2002.

HEROLES, J. R. *El liberalismo mexicano*. México: FCE, 1994. v. 2.

HERR, R. *Ensayo histórico de la España contemporánea*. Madrid: EDERSA, 1971.

HEWES, G. W. Mexican in Search of the 'Mexican'. *The American Journal of Economics and Sociology*. Nova Jersey, v. 13, n. 2, p. 209-222, 1954.

HOBBES, T. *Leviathan, o la materia, forma y poder de una república eclesiástica y civil*. México: FCE, 1984.

HOFFMANN, R. J. S. e LEVACK, P. (Comps.). *Burke's Politics. Selected Writings and Speeches*. Nova York: Knopf, 1949.

HOFSTADTER, R. *The Idea of a Party System: The Rise of Legitimate Opposition in the United States, 1780-1840*. Berkeley: University of California Press, 1969.

JOVELLANOS, G. M. *Escritos políticos y filosóficos*. Barcelona: Folio, 1999.

JUNCO, J. A. *Mater dolorosa: La idea de España en el siglo XIX*. Madrid: Taurus, 2001.

KANTOROWICZ, E. H. *The King's Two Bodies: A Study in Mediaeval Political Theology*. Princeton: Princeton University Press, 1981.

KAY, C. *Latin American Theories of Development and Underdevelopment*, Londres: Routledge, 1989.

KENNEDY, G. K. *The Art of Persuasion in Greece*. Princeton: Princeton University Press, 1963.

KOSELLECK, R. *Futuro pasado: para una semántica de los tiempos históricos*. Barcelona: Paidós, 1993.

KOSELLECK, R. *Crítica y crisis del mundo burgués*. Madrid: Rialp, 1965.

LABROUSSE, R. *La doble herencia política de España*. Barcelona: Bosch, 1942.

LAPESA, R. Ideas y palabras. Del vocabulario de la Illustración al de los primeros liberales. *El español moderno y contemporâneo: Estudios lingüísticos*. Barcelona: Gredos, 1996. p. 9-42.

LASTARRIA, J. V. *Obras Completas*. Santiago: Imprenta Barcelona, 1906. 2 v.

LEBRUN, G. Algumas confusões num severo ataque à intelectualidade. *Discurso*. São Paulo, n. 12, p. 145-152, 9 jun. 1980. Disponível em: <https://bit.ly/34df1Fl>. Acesso em: 3 abr. 2020.

LEMPÉRIÈRE, A. República y publicidad a finales del Antiguo Régimen (Nueva España). In: GUERRA, F.-X.; LEMPÉRIÈRE, A. Introducción. *Los espacios públicos en Iberoamérica. Ambigüedades y problemas. Siglos XVIII-XIX*. México: FCE, 1998. p. 63

LETTIERI, A. R. *La República de la Opinión: Política y opinión pública en Buenos Aires entre 1852 y 1862*. Buenos Aires: Biblos, 1999.

LLORENS, V. Notas sobre la aparición de liberal. *NRFH*, n. 12, p. 53-58, 1958.

LOCKE, J. *Two Treatises of Government*. Cambridge: Cambrigde University Press, 1967.

LOMBARDO, I. *De la opinión a la noticia*. México: Kiosco, 1992.

LÓPEZ, V. F. De la naturaleza y del mecanismo del Poder Ejecutivo en los pueblos libres. *Revista del Río de la Plata*. Buenos Aires, v. 4, n. 15, p. 518, 1872.

LOTMAN, I. M. *La semiosfera: semiótica de la cultura, del texto, de la conducta y del espacio*. Barcelona: Cátedra, Universitat de València, 1998, v. 2.

LOTMAN, I. M. *La semiosfera: semiótica de la cultura y del texto*. Barcelona: Cátedra, Universitat de València, 1996. v. 1.

LOVEJOY, A. Reflections on the history of ideias. *Journal of the History of Ideias*. Pensilvânia, v. 1, n. 1, p. 3-23, 1940.

LUKÁCS, G. *La novela histórica*. México: Era, 1971.

LUND, W. R. Hobbes on Opinion, Private Judgement and Civil War. *History of Political Thought*. Upton Pyne (RU), v. 13, n. 1, p. 67, 1992.

MALLON, F. *Peasant and Nation: The Making of Postcolonial Mexico and Peru*. Berkeley: University of California Press, 1995.

MANIN, B. *Los principios del gobierno representativo*. Madrid: Alianza, 1998.

MARAVALL, J. A. *La teoría del Estado en España en el siglo XVII*. Madrid: Instituto de Estudios Políticos, 1944.

MARAVALL, J. A. Estudio preliminar. In: MARINA, F. M. *Discurso sobre el origen de la monarquía y sobre la naturaleza del gobierno español*. Madrid: Centro de Estudios Constitucionales, 1988. p. 78.

MARICHAL, J. *El secreto de España: Ensayos de historia intelectual y política.* Madrid: Taurus, 1995.

MARINI, R. M.; MILLÁN, M. (Orgs.). *La teoría social latino-americana: Textos escogidos.* México: UNAM, 1994. t. 2.

MARTEL, A. A. et al. *Estudios sobre José Victorino Lastarria.* Santiago: Universidad de Chile, 1981.

MARTÍN, M. F. *Derecho parlamentario español.* Madrid: Imprenta de Hijos de J. A. García, 1885. p. 703.

MARTÍNEZ MARINA, F. *Discurso sobre el origen de la monarquía y sobre la naturaleza del gobierno español.* Madrid: Centro de Estudios Constitucionales, 1988.

MARTÍNEZ MARINA, F. *Principios naturales de la moral: de la política y de la legislación.* In: POSADA, A. (Org.). Madrid: R. A. de Ciencias Morales y políticas, 1933.

MARTÍNEZ MARINA, F. *Teoría de las Cortes o grandes Juntas Nacionales de los Reinos de León y Castilla: Monumentos de su Constitución política y de la soberanía del pueblo por el ciudadano Francisco Martínez Marina.* Madrid: Imprenta de Fermín Villalpando, 1813. v. 2, p. 472.

MATTEUCCI, N. Soberania. In: BOBBIO, N.; MATTEUCCI, N. *Diccionario de política.* México: Siglo XXI, 1988. p. 1535.

MEDIN, T. *Leopoldo Zea: Ideología y filosofía de América Latina.* México: CCy-DEL-UNAM, 1992.

MENDIETA, A. B. *Historia, ciudades e ideas: La obra de José Luis Romero.* México: UNAM, 2001.

MESNARD, P. *L'essor de la philosophie politique au XVIe siècle.* Paris: Boivin & Cie., 1936.

MICHELS, R. *Les partis politiques: Essai sur les tendance oligarchiques des démocraties.* Paris: Ernest Flamarion, 1914.

MIRANDA, P. A. *Palabras y ideas: el léxico de la Illustración temprana en España (1680-1760).* Madrid: Real Academia Española, 1992.

MITRE, A. (Org.). *Mitre periodista.* Buenos Aires: Institución Mitre, 1943.

MITRE, B. *Historia de San Martín y de la emancipación sudamericana.* Buenos Aires: El Ateneo, 1950.

MITRÉ, B. Estudios sobre la vida y escritos de Don José Rivera Indarte. In: *Obras completas.* Buenos Aires: Congreso de la Nación, 1949. v. 12.

MITRÉ, B. De la disciplina en las repúblicas. *La Nueva Era* (1846). In: MITRE, A. (Org.). *Mitre periodista.* Buenos Aires: Institución Mitre, 1943. p. 52.

MONTEQUI, R. F. El ejecutivo en la revolución liberal. In: ARTOLA, M. (Ed.). *Ayer: las Cortes de Cádiz.* Madrid: Marcial Pons, 1991. p. 36-65.

MONTESQUIEU. *El espíritu de las leyes*. Buenos Aires: Hyspamérica, 1984. v. XVII[VIII].

MORA, J. M. L. *Obra sueltas de José María Luis Mora: ciudadano mexicano*. México: Porrúa, 1963.

MORA, J. M. L. De la oposición. *El Observador*. 2ª época, n. 3, p. 42, 4 ago. 1830.

MORENO, M. *Escritos políticos y económicos*. Buenos Aires: La Cultura Argentina, 1915.

MORSE, R. The Heritage of Latin American. In: HARTZ, Louis. In: HARTZ, L. (Comp.). *The Founding of New Societes: Studies in the History of the United States, Latin American, South African, Canada, and Australia*. Nova York: Harvest/HBJ, 1964. p- 171-177.

MORSE, R. *New World Soundings: Culture and Ideology in the Americas*. Baltimore: The JHU Press, 1989.

NÚÑEZ, R. La reforma política en Colombia. Filosofía de la situación (1882). In: ZEA, L. (Comp.). *Pensamiento positivista latinoamericano*. Caracas: Biblioteca Ayacucho, 1980. v. 2, p. 233.

O'GORMAN, E. *México. El trauma de su historia*. México: UNAM, 1977.

O'GORMAN, E. *La supervivencia política novohispana: Reflexiones sobre el monarquismo mexicano*. México: Fundación Cultural Condumex, 1969.

ORTÍN, M. M. La formación de las Cortes (1808-1810). In: ARTOLA, M. (Ed.). *Ayer: las Cortes de Cádiz*. Madrid: Marcial Ponts, 1991. p. 13-36.

OSTROGORSKI, M. *Democracy and the Organization of Political Parties*. Chicago: Seymur Martin Lipset, 1964.

PALTI, E. J. O espelho vazio: representação, subjetividade e história em Machado de Assis. In: *A obra de Machado de Assis*: Ensaios premiados no 1º Concurso Internacional "Machado de Assis". Brasília: Ministério das Relações Exteriores do Brasil, 2006.

PALTI, E. J. *La invención de una legitimidad: Razón y retórica en el pensamiento mexicano del siglo XIX (Un estudio sobre las formas del discurso político)*. México: FCE, 2005.

PALTI, E. J. Guerra y Habermas: Ilusiones y realidad de la esfera pública latinoamericana. In: PANI, E; SALMERÓN, A. (Coords.). *Conceptuar lo que se ve. François-Xavier Guerra, historiador. Homenaje*. México: Instituto Mora, 2004. p. 461-483.

PALTI, E. J. *La nación como problema: Los historiadores y la "cuestión nacional"*. Buenos Aires: FCE, 2003.

PALTI, E. J. *Aporías*. Buenos Aires: Alianza, 2001.

PALTI, E. J. Patroklos' Funeral and Habermas' Sentence: A Review-Essay of *Faktizität und Geltung* by Habermas. *Law & Social Inquiry*. Cambridge, v. 4, n. 23, p. 1017-1043, 1998.

PÉCAUT, D. *Os intelectuais e a política no Brasil*. São Paulo: Ática, 1990.

PERELMAN, C.; OLBRECHTS-TYTECA, L. *The New Rhetoric: A Treatise on Argumentation*. Notre Dame; Londres: University of Notre Dame Press, 1971.

PIAGET, J. *La equilibración de las estructuras cognitivas*. México: Siglo XXI, 1978.

PIETSCHAMNN, H. *Las reformar borbónicas y el sistema de intendencias en Nueva España: Un estudio político administrativo*. México: FCE, 1996.

PITKIN, H. *The Concept of Representation*. Berkeley: University of California Press, 1972.

POCOCK, J. G. A. *Virtue, Commerce and History*. Cambridge: Cambridge University Press, 1991.

POCOCK, J. G. A. *Politics, Language, and the Time*. Essays on Political Thought and History. Chicago: The Chicago University Press, 1989.

POCOCK, J. G. A. *The Machiavellian Moment. Florentine Political Thought and the Republican Tradition*. Princeton: Princeton University Press, 1975.

POULAKOS, J. Georgias' and Isocrates' Use of the Encomium. *The Southern Speech Communication Journal*, n. 51, p. 307, 1986.

QUATROCCHI-WOISSON, D. *Los males de la memoria: Historia y política y la Argentina*. Buenos Aires: Emecé, 1995.

QUINTANA, M. *Memorias del Cádiz de las Cortes*. Cádiz: Universidad de Cádiz, 1996, p. 198.

QUIRÓS, P. G. B. *Civilidad y política en los orígenes de la Nación Argentina: las sociabilidades en Buenos Aires, 1829-1862*. Buenos Aires: FCE, 2001.

RABIELA, H. G. La organización política territorial: De la Nueva España a la Primera República Federal (1786-1827). In: VÁZQUEZ, J. Z. (Coord.). *El establecimiento del federalismo en México (1821-1827)*.México: El Colegio de México, 2003.

RAMÍREZ, I. *Obras completas*. México: Centro de Investigación Científica Ing. J. Tamayo, 1984. v. 1, p. 280.

RIEU-MILLAN, M. *Los diputados americanos en las Cortes de Cádiz*. Madrid: CSIC, 1998.

RIVADENEYRA, P. *Tratado de religión y virtudes que debe tener el príncipe cristiano para gobernar y conservar sus Estados: contra lo que Nicolás de Maquiavelo y los políticos de este tiempo enseñan*. Madrid: P. Madrigal, 1595.

ROJAS, R. *La escritura de la Independencia. El surgimiento de la opinión pública en México*. México: Taurus; CIDE, 2003.

ROMERO, J. L. *Las ideas políticas en Argentina*. Buenos Aires: FCE, 1956.

ROMEYER, B. La Théorie Suarézienne d'un état de nature pure. *Archives de Philosophie*, t. 18, p. 37-63, 1949.

ROSANVALLON, P. *Por una historia conceptual de lo político*. Buenos Aires: FCE, 2001.

RONSAVANLLON, P. *Le peuple introuvable: Historie de la représentation démocratique em France*. Paris: Gallimard, 1998.

ROSENFIELD, L. The Practical Celebration of Epideictic. In: WHITE, E. (Org.). *Rhetoric in Transition*. University Park (EUA): Penn State University Press, 1980.

RUGGIERO, G. *The History of European Liberalism*. Gloucester (EUA): Peter Smith, 1981.

SABATO, H. (Coord.). *Ciudadanía política y formación de las naciones. Perspectivas históricas de América Latina*. México: FCE/Fideicomiso de las América/El Colegio de México, 1999.

SABATO, H. *La política en las calles: entre el voto y la movilización. Buenos Aires, 1862-1880*. Buenos Aires: Sudamericana, 1998.

SANTA MARÍA, Fr. J. *Tratado de república y policía cristiana: para reyes y príncipes y para los que en el gobierno tienen sus veces*. Valencia: Pedro Patricio Mey, 1619. p. 96.

SANTIAGO, S. *Uma literatura nos trópicos*. São Paulo: Perspectiva, 1978.

SCHIERA, P. (Ed.). *Per una nuova storia constituzionale e soziale*. Nápoles: Vita e Pensiero, 1970.

SCHMIDT, H. *The Roots of Lo Mexicano Self and Society in Mexican Thought, 1900-1934*. College Station: Texas A&M University Press, 1978.

SCHWARTZ, S. B. La conceptualización del Brasil pos–*dependentista*: la historiografía colonial y la búsqueda de nuevos paradigmas. In: SOSA, I.; CONNAUGHTON, B. (Orgs.). *Historiografía latinoamericana contemporánea*. México: CCyDEL-UNAM, 1999.

SCHWARZ, R. *Ao vencedor as batatas: forma literária e processo social nos inícios do romance brasileiro*. São Paulo: Livraria Duas Cidades; Editora 34, 2000.

SCHWARZ, R. *Sequências* brasileiras: ensaios. São Paulo: Cia das Letras, 1999.

SCHWARZ, R. *Que horas são?* São Paulo: Cia das Letras, 1997.

SCHWARZ, R. *O pai de família e outros estudos*. São Paulo: Paz e Terra, 1992.

SEBASTIÁN, J. F. "Construir 'el idioma de la libertad'. El debate político-lingüístico en los umbrales de la España contemporánea", manuscrito.

SENOSIAIN, L. B.; ROBLE, M. L. S.; TORRE, L. S. (Orgs.). *La independencia de México: textos de su historia*. México: SEP/Instituto Mora, 1985.

SEOANE, M. C. *El primer lenguaje constitucional español (Las Cortes de Cádiz)*. Madrid: Moneda y Crédito, 1968.

SERRANO ORTEGA, J. A. *Jerarquía territorial y transición política*. Zamora, Michoacán: El Colegio de Michoacán; Instituto Mora, 2001.

SIMPSON, L. B. *Many Méxicos*. Berkeley: University of California Press, 1966.

SKINNER, Q. *Visions of Politics: Reading Method*. Cambridge: Cambridge University Press, 2002. v. 1.

SKINNER, Q. A Replay to my Critics. In: TULLY, J. *Meaning and Context: Question Skinner and His Critics*. Oxford: Polity Press, 1988a. p. 283.

SKINNER, Q. *The Foundations of Modern Political Thought*. Cambridge: Cambridge University Press, 1988b.

SUANZES-CARPEGNA, J. *La teoría del Estado en los orígenes del constitucionalismo hispánico (Las Cortes de Madrid)*. Madrid: Centro de Estudios Constitucionales, 1983.

SUÁREZ, F. *El proceso de convocatoria a Cortes*. Pamplona: Universidad de Navarra, 1982.

SUÁREZ, F. *De Legibus*. Madrid: CSIC, 1971.

TALAMANTES, Fr. M. Idea del congreso nacional de Nueva España. In: GARCÍA, G. *Documentos históricos mexicanos*. México: SEP, 1985. p. 373.

TERNAVASIO, M. *La revolución del voto: Política y elecciones en Buenos Aires (1810-1852)*. Buenos Aires: Siglo XXI, 2002.

THOMSOM, G. P. C. Popular Aspects of Liberalism in Mexico, 1848-1888. *Bulletin of Latin American Research*, v. 10, n. 3, p. 265-292, 1991.

TOCQUEVILLE, A. *Old Regime and Revolution*. Nova Yoirk: Doubleday, 1957.

TULLY, J. (Comp.). *Meaning and context. Quentin Skinner and his Critics*. Princeton: Princeton University Press, 1988.

UGARTE, J. B. *Periodistas y periódicos mexicanos (hasta 1935)*. México: Jus, 1966.

VALDÉZ, J. M. P. *Revolución de nación: Orígenes de la cultura constitucionalista en España, 1780-1812*. Madrid: Centro de Estudios Políticos y Constitucionales, 2000.

VARELA, J. S. C. Rey, corona y monarquía en los orígenes del constitucionalismo español, 1808-14. *Revista de Estudios Políticos*, v. 55, p. 123-195, 1987.

VARELA, J. S. C. *La teoría del Estado en los orígenes del constitucionalismo hispánico (Las Cortes de Madrid)*. Madrid: Centro de Estudios Constitucionales, 1983.

VARNHAGEN, F. A. *História Geral do Brasil*. São Paulo: Unesp, 1988.

VÉLIZ, C. *The Centralist Tradition of Latin American*. Princeton: Princeton University, 1980.

VERDO, G. El escándalo de la risa, o las paradojas de la opinión en el período de la emancipación rioplatense. In: GUERRA, F.-X.; LEMPÉRIÈRE, A. (Orgs.). *Los espacios públicos en Iberoamérica. Ambigüedades y problemas. Siglos XVIII-XIX.* México: FCE, 1998.

VILLEGAS, S. Leopoldo Zea y el sigo XXI. *Metapolítica*, v. 12, p. 727-732, 1999.

VOEGELIN, E. *The New Science of Politics: An Introduction.* Chicago: The University of Chicago Press, 1952.

WEBER, M. *From Max Weber: Essays in Sociology.* Nova York: Oxford University Press, 1977.

WIARDA, H. (Comp.). *Politics and Social Change: The Distinct Tradition.* Massachusetts: University of Massachusetts Press, 1982.

WILENUS, R. *The Social and Political Theory of Francisco Suárez.* Helsinki: Societas Philosophica Fennica, 1963.

WILLIAMS, R. *A Vocabulary of Culture and Society.* Nova York: Oxford Press, 1983.

WOOD, G. *The Creation of American Republic.* Chapel Hill: University of North Carolina Press, 1969.

ZARCO, F. Editorial. *El Siglo XIX*, 1 jan. 1857.

ZAVALA, L. *Obras: el historiador y el representante popular.* México: Porrúa, 1969.

ZEA, L. *Filosofía de la historia americana.* México: FCE, 1978.

ZEA, L. *Dos etapas del pensamiento en Hispanoamérica.* México: El Colegio de México: 1949.

Agradecimentos

Uma grande quantidade de pessoas participou do processo de elaboração e publicação deste trabalho, muitas delas sem sabê-lo, num grau que eu mesmo não conseguiria mensurar completamente, correndo o risco de ser injusto. Além disso, seus nomes se misturam e se superpõem quase que textualmente com uma lista incluída em outro livro que publiquei recentemente sobre o pensamento mexicano do século XIX, livro que, junto com este, forma uma única obra. Dessa vasta lista, gostaria de deixar constância aqui daqueles que estiveram mais diretamente envolvidos em sua elaboração. Peço desculpas, assim, antecipadamente, por não mencionar a todos que mereciam ser mencionados. Meu reconhecimento, no entanto, chega a todos por igual.

Em primeiro lugar, quero agradecer aos que fizeram parte do projeto original, frustrado, do qual surgiu a ideia desta obra: Erika Pani, Alfredo Ávila e Marcela Ternavasio. Espero que no próximo volume que preparamos em colaboração, cujo título aproximado é *Ilusões e realidade da cultura política latino-americana*, seja possível compensar a oportunidade, perdida desta vez, de trabalharmos de forma mais estreita. A Hilda Sabato, que, como sempre, levou tão a sério sua tarefa de crítica que somente seus comentários dariam lugar a outro volume. A Antonio Annino e Javier Fernández Sebastián, pelas sugestões e contribuições.

A Liliana Weinberg e Elisa Pastoriza, pelos convites para oferecer seminários que me permitiram avançar na confecção deste trabalho. O Seminário de História Atlântica, dirigido por Bernard Bailyn na Universidade de Harvard, o Seminário de História das ideias e dos intelectuais, coordenado por Adrián Gorelik no

Instituto Ravignani, o Seminário de História Intelectual de El Colegio de México, dirigido por Carlos Marichal e Guillermo Palacios com coordenação de Alexandra Pita, e o fórum virtual IberoIdeas, foram âmbitos nos quais pude intercambiar ideias e discutir alguns dos temas que aqui foram desenvolvidos. Agradeço a seus respectivos membros pelos comentários e sugestões que foram altamente produtivos. A Carlos Altamirano, por seu apoio para incluir o livro na coleção que dirige, e a Carlos Díaz, pelo início de um vínculo editorial que, estou certo, será frutífero e se prolongará por novos projetos. A meus companheiros do Programa de História Intelectual, com os quais mantive inumeráveis conversas, sempre enriquecedoras e, em particular, ao seu diretor, Oscar Terán, pela oportunidade de escutar suas prazerosas exposições nas longas viagens de regresso a Quilmes.

Este livro foi composto com tipografia Bembo Std e impresso
em papel Off-White 80g/m2 na Formato Artes Gráficas